Multitude et solitude

John Masefield

Writat

Cette édition parue en 2024

ISBN : 9789359945279

Publié par
Writat
email : info@writat.com

Contenu

je

Quel jeu jouent-ils ? Un jeu confus ou autre.
Envoyons chercher quelques cartes. Je n'ai jamais vu une pièce qui
contenait quoi que ce soit. *Une vraie veuve.*

Roger Naldrett, l'écrivain, était assis dans sa loge avec un ami, regardant le deuxième acte de sa tragédie. Le premier acte avait été reçu froidement ; les acteurs étaient nerveux et la salle, aussi critique que l'est toujours le public du premier soir, avait commencé à s'agiter. Il a assisté à son échec sans grande émotion. Il avait vécu son enthousiasme les jours précédant le tournage ; mais le moment qui l'intéressait était tellement irréel. La pièce ne ressemblait pas à la pièce qu'il avait si souvent regardée en répétition. À moins qu'un discours ne lui paraisse inefficace, comme n'aidant pas l'action, il s'aperçut qu'il ne pouvait pas en juger en détail. Dans le manuscrit et lors des répétitions, il ne l'avait testé qu'en détail. Maintenant, il le voyait dans son ensemble, comme quelque chose de nouveau, comme une idée brute et forte, dont il ne pouvait rien tirer. Enfermé dans la loge, loin des émotions de la maison, il se sentait hors du temps, seul dans la salle à ne pas être obligé d'y assister. Il s'est assis loin dans la loge, pour que son ami, John O'Neill, ait une meilleure vue de la scène. Il était conscient de la noirceur de la tête de John contre les lumières de la scène et d'une lueur dorée sur les loges opposées. Parfois, quand, à intervalles irréguliers, il apercevait certains acteurs, à l'extrême gauche de la scène, il éprouvait du dégoût devant la crudité de la peinture grasse étalée sur leurs visages.

Parfois, un acteur hésitait sur son texte, oubliait quelques mots ou en improvisait d'autres. Il respirait brusquement, chaque fois que cela arrivait, c'était comme une fausse note de musique ; mais il savait qu'il était le seul à ressentir la discorde. Il se surprit à admirer l'adresse de ces acteurs ; ils avaient du courage ; ils continuèrent la pièce, même si leurs souvenirs n'étaient qu'un tourbillon de vieilles étiquettes toutes mélangées. C'était lorsqu'il y avait une pause dans l'action, par suite d'un retard à une entrée, que la herse lui fonçait sur l'âme ; car dans le silence, à la fin, quand ceux qui voulaient tousser avaient toussé, il y avait parfois un seul applaudissement sans enthousiasme, plus accablant qu'un sifflement. Dans ces moments-là, il avait envie de monter sur scène et de crier aux acteurs combien il les admirait. Il était enfermé dans sa loge, à l'abri, mais ils faisaient face à la musique. Ils jouaient devant un mur froid de plastrons de chemises, pas encore hostiles, mais intrigués par le nouvel esprit et contrariés par lui. Ils pourraient susciter une indifférence flagrante dans les plastrons des chemises, ils pourraient susciter la fureur, ils ne gagneraient certainement aucun éloge. Roger eut pitié d'eux. Il souhaitait que la fin vienne rapidement, qu'il puisse être décemment damné et autorisé à partir.

Vers le milieu de l'acte, la vedette fit un effort courageux et pitoyable pour sauver la pièce. Elle jouait de toutes ses forces, d'une manière qui faisait s'élever son esprit pour la bénir. Ses efforts ont gardé la maison pendant un moment. Cette vague rangée de têtes et de plastrons de chemises devint polie, attentive ; une petite lueur de frisson commença à passer des étals au-dessus de la maison, à mesure que la magie transmissible devenait plus forte. Puis la seconde dame, qui, comme Roger le savait, avait été fiévreuse à la répétition générale, se débattit un instant avec un mal de gorge qui fit d'elle une torture pour la représentation. Roger entendit sa voix se briser, sachant très bien ce que cela signifiait. Il avait envie de crier pour la réconforter ; mais les seuls mots qui lui venaient au cœur étaient : « Pauvre petit diable. Puis un homme dans la galerie lui a crié : « Parlez, s'il vous plaît ». Une demi-douzaine d'autres ont repris le cri. Ils répandaient sur le malheur de la pauvre femme tout le venin qu'ils sentaient contre la pièce. En se penchant loin en avant, l'auteur a vu la deuxième dame se mordre la lèvre avec chagrin ; mais elle parlait comme une héroïne. Après cela, le sort perdit prise. L'action s'éternisait, les gens toussaient et s'agitaient ; la pièce semblait grandir dans une irréalité absurde, jusqu'à ce que Roger se demande pourquoi il n'y avait pas de sifflement. Les acteurs, jusqu'alors trop lents, commencèrent à se dépêcher. Ils passèrent en toute hâte un moment d'intérêt dramatique qui, avec un bon public, se serait déroulé de manière solennelle. Le point culminant est venu avec précipitation, l'acte s'est terminé, le dernier discours a été prononcé. Puis, pendant cinq, dix, quinze, vingt secondes effrayantes, le rideau hésita. Les acteurs absurdes attendaient absurdement que le lourd drap rouge les cache de la maison. Quelque chose s'était bloqué, ou le pilote avait raté son signal. Quand le rideau tomba, la moitié de la maison ricanait. La demi-douzaine d'applaudissements moqueurs qui suivirent étaient destinés au flyman.

La loge de l'auteur se trouvait être la loge royale, avec un salon au-delà, meublé principalement de chaises et de cendriers. Lorsque les lumières s'éclairèrent, Roger entra rapidement dans le salon et alluma une cigarette. John O'Neill le suivit en trébuchant.

"C'est très bien. C'est très bien", a-t-il déclaré avec véhémence. "C'est tout ce que j'ai pensé quand vous l'avez lu. Le public ne sait pas quoi en penser. Ils sont intrigués par le nouvel esprit. C'est la plus belle chose qui ait été faite ici depuis l'histoire du pauvre Wentworth." Il s'arrêta une seconde, puis regarda Roger avec un regard médical dur et astucieux. "Je n'aime pas vraiment le look de votre actrice principale. Elle va s'effondrer."

"Ils ne supporteront jamais le troisième acte", a déclaré Roger. "Il y aura une dispute au troisième acte."

A ce moment la porte s'ouvrit. Falempin, le directeur du théâtre, un monsieur grossier et gai, avec les reliques d'une beauté vineuse et turbulente sur le visage, entra avec une révérence moqueuse.

"Naldrett," dit-il avec un fort accent français, "vous allez bien. Votre pièce est très belle. Très intéressante. Je vais perdre quatre mille livres à cause de votre pièce. Hein ? Très bien. Quoi donc ? Som « Le jour où je vais gagner quarante mille livres avec votre pièce, hein ? Tout cela fait partie du travail d'une journée. Les peegs » (il voulait dire ses clients, le public) « ne supporteront pas votre troisième acte. — c'est aussi le cas — » Il secoua la tête à propos du troisième acte. "Miss Hanlon, la jolie petite Miss Hanlon, elle devient hystérique."

« Puis-je aller lui parler ? » demanda Roger.

"Pas bon", a déclaré Falempin. "Elle ne voit personne. Elle n'interrompra pas son illusion."

« Qu'est-il arrivé au rideau ? » a demandé O'Neill.

"Ah, le rideau. C'était absurde. Je vais voir pour le rideau. Nous nous retrouvons à Philippes. Hein ? Il y aura une dispute. Mais vous allez bien, Naldrett. Vous connaissez John O'Neill. Hein ? M. O'Neill, il te dit que tu vas bien." Il s'inclina d'un geste de mains gantées et disparut par la porte de la scène.

"John", dit Roger, "la pièce est tuée. La pièce ne me dérange pas ; mais je veux savoir ce qu'ils détestent."

"Ils détestent les nouveaux esprits", a déclaré Roger. "Ils sont habitués à la folie, au persiflage, à l'avortement du héros masculin et à la justification de leurs vices. Ils aiment les caricatures d'eux-mêmes. Ils aiment les photographies. Ils aiment les textes enluminés. Ils décorent leur esprit comme ils décorent leur maison. Vous venez vers eux du désert, tous criquets et miel sauvage, criant à la beauté. Ces gens ne le supporteront pas. Ce sont les gens du Frith's Derby Day. Ils pensent qu'ils ne le sont pas.

"Je suis désolé pour Falempin", a déclaré Roger. "C'est un brave garçon. Je vais lui perdre beaucoup d'argent."

« Falempin est Français. Il préfère produire une œuvre d'art plutôt que de passer ses journées, comme il dit, à vendre du « linge pour les gens ». Qu'est-ce que quatre mille dollars pour un directeur de théâtre ? Et qu'est-ce qu'un quart de loyer pour n'importe qui ? »

"Eh bien," dit Roger, "c'est une bonne affaire pour moi. Faisons le tour de la maison et écoutons ce qu'ils disent."

Ils mirent leurs cigarettes dans des cendriers et traversèrent les étals jusqu'au hall. Le hall de l'Hôtel du Roi était grand. Les décorations de miroirs, de dorures, de marbre et de velours rouge, lui donnaient cet aspect d'hôtel qui manque rarement aux temples de l'art dans ce pays. C'est une concession au goût des clients ; on le voit dans les théâtres et dans les galeries de tableaux, partout où la vulgarité a ses miroirs. Il y avait beaucoup de monde rassemblé là-bas. Une demi-douzaine de critiques mineurs se sont réunis pour comparer leurs notes et décider, comme le pensent les étrangers, de ce qu'il serait prudent de dire. Roger remarqua parmi eux un homme petit, costaud, aux cheveux hirsutes, qui portait un col rabattu. Il ne connaissait pas cet homme ; mais il comprit tout de suite, à son apparence, qu'il était un critique et une personne sans distinction. Il était sur le point de regarder ailleurs, lorsqu'il vit, avec un accès de colère, que le petit homme costaud s'était arrêté dans son discours, la cigarette tombée de la bouche, pour les observer de près, à la manière secrète des gens mal élevés. et malin. Roger le vit donner un léger coup de coude à l'homme le plus proche de lui. L'homme se tourna pour regarder ; trois des autres se tournèrent pour regarder ; Les lèvres du petit homme remuèrent dans une explication murmurée. Le groupe a regardé. Roger, qui n'aimait pas leur impertinence, leur rendit un regard si insistant que leurs yeux tombèrent. Les mains d'O'Neill tremblèrent. Roger prit conscience qu'il s'agissait d'une des querelles d'O'Neill. Ils passèrent ensemble devant le groupe, avec des visages indifférents. Alors qu'ils passaient, le petit homme, toujours les yeux fixés, remarqua : « Un de cette école. » Ils entendirent ses pieds bouger pour qu'il puisse les suivre du regard. O'Neill se tourna vers Roger.

"Savez-vous qui c'est?"

"Non."

"C'est O'Donnell, de *The Box Office*. C'est l'homme qui a fait le truc du pauvre Wentworth. Je l'ai appelé à Paris. Il n'a pas voulu venir."

« Vraiment, John ?

"Oh, vous êtes trop jeune, vous ne vous en souvenez pas. Il a écrit partout. Il a écrit un ignoble traité intitulé *Drama and Decency*. Il a failli faire poursuivre Wentworth."

"J'en ai entendu parler ! Alors O'Donnell a écrit ça ?"

"Il a fait."

"Qui sont les autres ?"

"Quotidiens et illustrés obscurs."

Un petit homme gris, aux yeux nerveux, s'approcha de Roger, prétendant le connaître sur la foi d'une précédente rencontre. Il commença à parler à Roger avec le patronage facile de quelqu'un qui, bien qu'impuissant en art lui-même et sans idée divine en lui, a le goût de sa société, ses commérages, son langage critique et une connaissance de certains de ses aspects mineurs. bardes.

« Il ne faut pas se décourager », dit-il avec une supériorité intellectuelle implicite ; "J'ai entendu dire que vous avez pas mal de followers. Comment aimez-vous le jeu des acteurs ? Je n'aime pas moi-même le jeu de Miss Hanlon. L'avez-vous choisie ?" Pendant qu'il parlait, ses yeux erraient sur O'Neill, qui se tenait à l'écart, leur tournant le dos à moitié. Il était évident qu'il connaissait O'Neill de vue et qu'il souhaitait lui être présenté. Roger se souvint de la façon dont cet homme avait traité O'Neill de charlatan. Une insulte lui monta aux lèvres. Qui était ce petit citadin maladroit, avec sa villa du Surrey et sa collection de gravures de Meryon, pour le prendre avec condescendance, le condamner et lui demander de ne pas se décourager ?

"Oui," dit-il froidement. "J'ai écrit la pièce pour elle. C'est la seule actrice tragique que vous ayez ici depuis Miss Cushman."

Le petit homme de la Cité sourit, apparemment en allongeant les yeux. Il a préparé, pour un prochain dîner, une condamnation de ce jeune dramaturge, comme étant trop « opiniâtre », trop « grossier ».

"Oui?" il a répondu. " A propos, ma fille est là ; elle a tellement envie de te parler de la pièce. Veux-tu venir ? "

Roger avait déjà rencontré cette fille une fois. Il la voyait maintenant, une fille anémique, en robe Liberty, debout, le nez en l'air, au milieu d'une foule de première nuit. Elle aussi voulait le prendre avec condescendance et critiquer l'oracle. La supériorité d'une jeune fille de dix-neuf ans était plus qu'il ne pouvait supporter.

"Merci", dit-il. "Après, peut-être. Il faut que je parte maintenant avec mon ami."

Il hocha rapidement la tête, attrapa le bras d'O'Neill et s'enfuit. Deux hommes se sont heurtés sur son chemin et ont échangé des critiques.

« Bonjour, vieil homme », dit l'un d'eux ; "Qu'est-ce que tu en penses?"

"J'appelle ça une farce allemande."

"Oui; plutôt incolore. Il s'est bien ouvert."

Plus loin, une grande femme pâle et grasse, à la bajoue tombante, parlait haut et fort à deux femmes plus petites.

"Je qualifie cela de dégoûtant. Je me demande qu'une telle pièce devrait être autorisée."

« Cela ne me dérangerait pas que ce soit si dégoûtant », a déclaré une de ses amies ; "Mais ce que je ne supporte pas, c'est que ce soit si inintéressant. Cela n'a aucun sens. Cela ne veut rien dire. Cela n'a aucune critique de la vie."

"On dit qu'il se suicide avec du chloral", a déclaré la troisième femme.

A l'entrée du fumoir, ils furent arrêtés par la foule. Une dame aux beaux yeux s'éventait vigoureusement au bras de son escorte.

"C'est très intéressant", dit-elle ; "mais bien sûr, ce n'est pas une pièce de théâtre."

"Non, ce n'est pas une pièce de théâtre", a déclaré son amie. Après une pause, il définit sa position critique. "Tu sais, je ne crois pas à toutes ces discussions sur Ibsen et ça. J'aime qu'une pièce soit une pièce de théâtre."

Le fumoir était rempli d'hommes avec des cigarettes. Presque tous avaient un air de théâtre, quelque chose de rasé de près, quelque chose dans les yeux, dans la graisse de la mâchoire inférieure et dans l'exagération générale du maintien. Quelque chose de fort et d'irréel. Les jolies filles du bar s'affairaient, dépensant le même sourire et le même charme de manières sur chaque client, et le renvoyant lorsqu'il était servi avec une indifférence qui ressemblait à un effacement. Les amis allumèrent des cigarettes fraîches et partagèrent une bouteille d'eau Perrier. La jolie serveuse au visage las regarda Roger attentivement, avec une sympathie intéressée. Elle avait vu la répétition générale, elle était une de ses admiratrices.

Des allumettes rayées et éclaboussées ; l'eau gazeuse bouillonnait dans les spiritueux ; les extracteurs de bouchons grinçaient et cognaient, avec un bruit de pétillement. Un homme pâle, aux cheveux blancs, avec un fume-cigarette ambré de neuf pouces de long, de toute évidence son seul titre de distinction, tenait un verre de biais, distribuant des critiques.

"C'est de la putain de pourriture", dit-il. "Tout cela, c'est ce que ces jeunes gens écrivent. C'est ce que j'appelle la rougeole allemande. Maintenant, nous avons un drame. Vous pouvez dire ce que vous voulez de ces Scandinaves, et de Hauptmann, et quel est le nom du Français qui a écrit le un livre sur les guêpes ? Ils sont tous. Vous voyez ce que je veux dire. Chacun d'eux était comme les préraphaélites ; mais mettez-les à côté de nos dramaturges anglais ;

Quelqu'un avec une voix irlandaise affirmait dans une accalmie, assez brillamment, que Shakespeare n'avait pas d'intelligence, mais que Coriolanus montrait un véritable sens de la scène.

Un ami, sans contradiction manifeste, proposa, en amendement, que : « Aucun des élisabéthains n'était bon du tout ; Coriolanus était un exercice de latin. Le drame anglais datait de 1893. »

Un troisième a mis un mot pour Roméo et Juliette. "Bien sûr, dans toute son œuvre sérieuse, Shakespeare est un écrivain des plus irritants. Mais dans Roméo et Juliette, il est moins irritant que d'habitude. J'aime la scène du Tombeau."

La voix irlandaise répondit que les Anglais avaient l'instinct de la ballade et aimaient les histoires qui seraient tolérables dans une ballade ; mais cette éminence intellectuelle se manifestait par la forme et non par un état émotionnel. Cela a conduit à la rétorque évidente des Anglais que la forme n'était rien, tant que la pensée était bonne ; et que de toute façon notre construction était meilleure que celle des Français. La conversation se referma sur la discussion, la clôturant par un bavardage ; on n'entendit plus rien.

Les deux amis, sirotant de l'eau Perrier, se sentaient hostiles dans la maison, sans entendre d'accusations précises. Une cloche électrique vrombissait au-dessus de nous. Les verres furent déposés en toute hâte ; des cigarettes étaient déposées dans des pots de conifères. La marée recule vers les étals. Alors qu'ils s'arrêtaient pour laisser une dame les précéder dans une passerelle, ils l'entendirent porter un jugement sur un ami.

"Bien sûr, c'est peut-être très astucieux ; mais ce que je veux dire, c'est que ce n'est pas amusant. Ce n'est pas comme une pièce de théâtre."

Une voix féminine claire laissa échapper un dernier coup de feu dans le silence. "Oh, je pense que c'est extrêmement de second ordre ; comme tous ses livres. Je pense que ce doit être un jeune homme des plus intolérables. Je connais quelques-uns de ses amis."

Se demandant quels amis ils étaient, Roger Naldrett prit place dans sa loge un instant avant le lever du rideau.

Quatre minutes plus tard, lorsque la maison a constaté que le capuchon était bien ajusté, une ligne a été sifflée bruyamment. C'est passé, les acteurs se sont ralliés, le jeu de Miss Hanlon a gagné en intensité. Alors que la crise émotionnelle du spectacle approchait, elle semblait s'emparer du public. La beauté de la pièce a même un peu ému l'auteur. Puis, à son plus beau moment, dans une pause, prélude à son grand appel, une voix féminine grossière, sans beauté naturelle, et gênée plutôt qu'aidée, artificiellement, par un segment de pomme fraîchement mordu, qui disait ironiquement : « Aïe, chyce me", venant de quelque part bien au-dessus. L'humeur de la maison dans son ensemble était probablement contraire à la voix ; mais l'attention collective est inconstante. Il y eut une seconde d'hésitation pendant laquelle, tandis que la pièce continuait, le public se demandait s'il devait rire en suivant les gloussements, ou dire vigoureusement « Ch » en opposition à eux. Un grand homme dans les stalles les a décidés, en laissant sa gaieté, décemment contenue à l'instant, exploser, un peu comme une vessie dilatée explosera lorsqu'elle sera frappée avec un instrument contondant.

"Aïe, Charlie !" cria encore la voix. Tout le monde a ri. Le grand homme, confirmé dans ce qui l'avait d'abord alarmé, rugit comme un taureau. Quand les rires cessèrent, la pièce était perdue. Aucun acte au monde n'aurait pu le sauver.

Pendant un moment, cela a continué ; mais leur succès avait encouragé leur esprit. Quelques jeunes hommes doux, très audacieux, posaient timidement des questions sur scène d'une voix gênée. Des sifflets retentirent soudain, en rafales stridentes. Quelqu'un a sifflé dans les étals. Une ligne qui réfléchit sur la politique étrangère de l'Angleterre, ou semble le faire, car il n'y a rien d'actualité dans la bonne littérature, qui fait monter les cris de « Yah » et de « Pro-Boer », phrases encore criées aux penseurs avancés dans les moments de fierté populaire. Au moment le plus poignant de la tragédie, la galerie a crié « Bouh » avec pure colère. Les étals, excités par le bruit, se retournaient et se levaient en souriant. Les chanteurs commencèrent une de ces viles chansons des music-halls, avilies dans ses paroles, ses rythmes et sa mélodie. Leurs pieds battaient le pas. Les huées faisaient une monotonie comme des tam-tams ; des sifflements et des cris de chat résonnaient, comme des oiseaux sauvages volant dans l'obscurité. Les gens se levaient maladroitement pour sortir du théâtre, marchant sur les pieds des autres, trébuchant à genoux, les jurons dans le cœur et les excuses aux lèvres. La pièce était terminée. Les acteurs attendirent que le bruit cesse. Miss Hanlon, l'épée sous la gorge, se tenait maître d'elle, prête à prononcer sa ligne et ses gestes, n'attendant que le calme. Deux des acteurs se parlaient, regardant droit à travers la scène la foule obscure devant eux. Roger pouvait voir leurs lèvres bouger. Il imaginait les propos cyniques et argotiques qui s'échangeaient entre eux. Il reconnut la sœur de Miss Hanlon qui se tenait dans l'une des loges de l'autre côté.

Le bruit devint plus fort. John O'Neill, quittant son siège, s'approcha de lui et lui cria à l'oreille. "Vous avez une belle dispute", a-t-il crié.

Roger fit un signe de tête à John dans l'obscurité. "Oui, oui", dit-il. Il se demandait pourquoi il ne se souciait pas plus profondément de cette ruine de son travail. Il s'en fichait. La foule qui hurlait le dégoûtait ; mais pas plus que n'importe quelle autre foule hurlante. Il aurait voulu qu'elle n'ait qu'une seule face, pour pouvoir cracher dedans et la frapper, pour venger la brave Miss Hanlon, le génie crié par la populace, qui attendait encore, les sanglots l'étouffant. Sinon, il s'en fichait. Il croyait en son travail. La beauté valait la peine d'être suivie, quoi qu'en pense cet idiot. Il s'assit sur le bord de la boîte et regarda ses ennemis, « les peegs ». Un tapageur dans les étals, tirant son arc au hasard, a crié « Auteur ». A cet instant, le rideau descendit et les lumières se rallumèrent. "Auteur", cria la maison. "Ouais. Auteur. Bouh." Les femmes s'arrêtèrent pendant qu'elles enfilaient leurs manteaux d'opéra pour lui pointer leurs lunettes. Il en a vu une douzaine. Il vit les hommes qui le regardaient. Il entendit un homme, un ami solitaire, qui s'efforçait d'applaudir, lui dire brusquement de « le jeter ». "Auteur", fut le cri. "Ouais. Bouh. Auteur. Gow 'owm."

Il se leva pour regarder ses ennemis. Un homme, un critique, l'applaudissait, un acte de courage dans une telle maison. Les autres profitaient de la dispute, ou l'aidaient, ou partaient précipitamment avec des femmes timides. Ceux qui se moquaient se moquaient surtout de John O'Neill, qui ressemblait plus à un auteur qu'à son ami (c'est-à-dire que ses cheveux étaient plus longs).

"C'est presque le martyre", a déclaré John. "Votre travail doit être meilleur que je ne le pensais."

Roger rit. Les gens, voyant les rires, ont crié avec frénésie. Falempin sortit de derrière le rideau. Il regardait la maison avec indifférence, caressant sa barbe blanche, comme s'il débattait d'un menu pour un dîner. Il jeta un regard distrait à sa montre et tapota du pied avec ennui. Il se demandait s'il devait insulter les « peegs » et terminer glorieusement sa carrière de directeur de théâtre. La crainte qu'ils ne comprirent mal son insulte, et peut-être la prennent pour un compliment, le retint finalement, plus encore que la pensée de ce que dirait sa femme. Il attendit une accalmie dans le tumulte pour déclarer froidement que la pièce ne continuerait pas. Après une pause, il dit à l'orchestre de jouer « God save the King » avec une ferveur excessive, pendant un long moment ; ce qu'ils firent en souriant. Quelques policiers, dans la fosse et dans la galerie, dirigeaient l'esprit religieux ainsi réveillé vers des œuvres paisibles. Les sirènes commencèrent à sortir du théâtre en riant et en criant ; trois ou quatre jeunes hommes, se tenant les bras, se tenaient devant une sortie, barrant le passage aux femmes. L'un d'eux, frappé au visage, se montra combatif et fut violemment projeté en avant. Les autres, aidant leur chef, se battirent dans les escaliers de la galerie, gênés par la foule en fuite. Ils ont souffert dans le passage. L'un d'eux, le col arraché, se bagarrait sur le trottoir en criant qu'il voulait son « 'at ». Il n'y allait pas sans son "'at".

Pendant ce temps, dans la fosse, une douzaine de fidèles se tenaient près de la barrière des étals, attendant de huer l'auteur à sa sortie de sa loge. Les stands se vidaient rapidement. Deux préposés, toujours porteurs de programmes, s'arrêtèrent sous la boîte de Roger pour dire que c'était un « shyme ». Roger, en ce moment, écrivait à la hâte sur un programme un brouillon d'une note de remerciement, d'éloge et de sympathie pour Miss

Hanlon. Ce n'est que lorsqu'il vint user de ses facultés qu'il les trouva dispersées par les agitations de la nuit. Les mots qui lui venaient à l'esprit étaient comme les mots utilisés dans les rêves ; ils semblaient dénués de sens. Il a bâclé une crudité après s'être longuement battu la cervelle ; mais le résultat, écrit sur une feuille de papier à lettres trouvée dans l'antichambre, était assez faible.

Il tourna rapidement le papier en tricorne. "Viens, John," dit-il. "Nous allons passer par la scène ; je dois laisser cela à Miss Hanlon."

Ils traversèrent l'antichambre, pénétrèrent dans une salle encombrée de propriétés, et de là, d'un pas rapide, sur la scène, où quelques mains déplaçaient le décor et parlaient de la dispute. Dans l'escalier en béton, en zigzag et plein de courants d'air, menant aux loges, le metteur en scène discutait avec un acteur mineur sous un bec de gaz vacillant entouré d'un grillage.

"C'est pas mal de problèmes, monsieur", dit-il à Naldrett. "Dommage."

"Ils n'ont pas semblé aimer ça, n'est-ce pas ? Quelle est la chambre de Miss Hanlon ?"

"Au numéro trois, monsieur ; mais il y a sa commode, si vous avez un mot pour elle, monsieur. Il y a des dames avec elle."

Devant la porte de la scène, dans l'allée qui mène à la rue, plusieurs badauds attendaient, les bras croisés, l'occasion de s'indigner. Dans la rue même, une foule s'était rassemblée à l'entrée du théâtre. Une foule de visages vides se tenait sous la lumière, fixant les portes. Ils regardaient sans bruit et sans intelligence, sous le charme de ce mesmérisme qui lie si facilement les intelligences communes. Les policiers traversaient la foule, en déplaçant de petites parties, plus par exemple que par précepte. Les spectateurs bougeaient parce que d'autres bougeaient. Sur la route, les phares des cabines brillaient. La lumière brillait sur les harnais, sur le satin des manteaux, sur les chapeaux des valets de pied.

"Quand a commencé l'ère du vernis ?" dit Roger.

"Quand l'âge de la dorure a pris fin", a déclaré John. "C'est un âge ignoble ; on ne peut même pas être un cadavre décent sans du cirage sur son cercueil. Nous voici aux Masquers ; allons-nous souper ici, ou aux Petits Soupers ?"

II

Quoi, on hoche la tête ? Mettez de la musique et effrayons nos esprits...
Oui, cela nous a réveillés. *Le poète* .

Le fait de s'asseoir à table a changé l'humeur de John. La légèreté et la gaieté lui ont disparu. Il sembla à Roger qu'il devenait visiblement très vieux et hagard, à mesure que la bonne humeur, stimulée par l'excitation du théâtre, s'évanouissait. Parfois, pendant le dîner, Jean donnait à son ami l'impression que le Jean spirituel était en voyage ou retiré dans un autre monde. Il parlait peu, principalement par monosyllabes, sans faire aucune allusion à la pièce. Il était devenu une coquille, presque une personne irréelle. Il ne donnait aucun signe de posséder cette énergie intellectuelle qui rendait son discours si attrayant pour les jeunes hommes intéressés par les arts. L'imagination de Roger suggérait que Jean était une sorte de Jean-Baptiste, un porteur de flambeau, envoyé pour mettre le feu à d'autres personnes, mais sans véritable feu propre. Il avait l'impression que John avait éclairé une ville entière, par quelque obscur tas de copeaux dans un faubourg, et qu'il avait maintenant éteint sa torche, de sorte que la nuit le cachait. Il se rendit compte à quel point il connaissait peu cet homme, aussi intime qu'ils aient été.

Personne ne le connaissait. Personne ne savait ce qu'il était. Certains pensaient que Jean était le Juif errant, d'autres qu'il était un nihiliste, un carliste, un balmacédiste, un jacobite, l'héritier de la France, le roi Arthur, l'antéchrist ou Parnell. Tous avaient senti le mystère, mais aucun ne l'avait résolu. C'était là cet homme étrange, énigmatique et brillant, une influence dans l'art, dans de nombreux arts, même s'il n'en pratiquait aucun avec un dévouement suprême. Il avait erré dans la majeure partie du monde ; il parlait plusieurs langues; il avait des amis dans d'étranges villes asiatiques, dans des villes minières occidentales, dans des camps de caoutchouc, sur des navires, dans des sénats. Personne n'avait jamais reçu de lettre de sa part. Mais ses chambres étaient toujours remplies d'invités bizarres venus de toutes les régions du monde. En le regardant de l'autre côté de la table, Roger se sentit soudain petit, comme si John était vraiment un esprit qui revenait soudainement dans la nuit, après un moment spectral d'éclat. Il sentait la personnalité extraordinaire de cet homme et sa terrible mesquinerie à l'appréhender si peu. Quelque chose n'allait pas chez lui, quelque chose n'allait pas avec la nuit. Ou toute cette soirée irréelle n'avait-elle été qu'un rêve ? Ou étaient-ils tous morts, et était-ce le paradis ou l'enfer ? car la vie semblait chargée de toutes sortes de nouvelles réalités. Il n'avait jamais ressenti cela auparavant. Quelque chose changeait dans son cerveau. Il prenait conscience de ses propres avancées spirituelles, dans un de ces rares moments où l'on appréhende la vérité. Il lui vint à l'esprit, avec une soudaine impulsion de rire violent, que John, assis sur sa chaise, hypnotisé par le fantasme de la fumée de sa cigarette, était également dans une humeur de crise spirituelle, atteignant la paix tant désirée.

John regarda sa cigarette jusqu'à ce que les cendres tombent, lorsque la vérité semblait pleinement atteinte, le pas de l'âme vers le haut se rattrapait. Il regarda Roger comme un homme qui se réveille d'un rêve, comme un homme longtemps perplexe, enfin certain.

"Quels sont vos plans?" » demanda-t-il soudain. "Tu vas continuer à écrire ?"

"Oui. Je continuerai à écrire", répondit Roger. Il était intrigué par la brusquerie et le détachement des manières de John. " J'ai fini cette pièce de Louis Quatorze. J'en commencerai une autre dans un jour ou deux. J'ai un roman à moitié fini ; je vous ai raconté la fable, je crois. Je n'ai pas fait grand chose depuis le début des répétitions. "

"Vous aurez un grand succès un jour", dit John, à moitié pour lui-même. "Vous serez tout ce que Wentworth aurait pu être s'il avait vécu. Vous connaissez le travail de Wentworth ?"

"Oui," dit Roger. La question le surprit. John lui parlait comme s'il était un étranger. Ils avaient discuté une vingtaine de fois de l'œuvre de Wentworth. "Quel genre d'homme était-il ?" il ajouta.

"Un grand génie en lui-même. Dans son travail, je ne pense pas qu'il l'était, même s'il a bien sûr fait des choses merveilleuses. Tu m'as dit un jour que tu étais amoureux. Comment ça se passe ?"

"Je la vois parfois. Je ne peux pas lui demander de m'épouser. Mes perspectives, eh bien, je vis d'écrire."

« Elle est riche, je pense que tu as dit ? Elle vit en Irlande ?

"Oui."

"L'amour est le diable !" » dit brusquement John. "Je pars demain à l'étranger, à cause de mes poumons. Je me demandais si je devrais vous installer avant de partir."

"Bon Dieu ! Tu ne me l'as jamais dit."

" Wentworth disait que socialement, le corps n'existe pas. J'avais pensé à vous le dire. Mais là, il y avait d'autres raisons. Des choses dont je ne peux pas vous parler. "

"Mais où vas-tu ?"

"Dans un endroit du sud de l'Espagne. Je ne peux pas vous en dire plus. Écoutez. Je crois que je suis sur le point de découvrir un grand secret. C'est une chose étonnante ; j'y ai travaillé avec Centeno, ce jeune Espagnol qui vient dans mes chambres, je pars en Espagne pour pouvoir travailler avec lui dans un climat chaud.

Il se leva de son siège, excité par l'idée de cette découverte. Il avala le reste de son vin, comme pris d'une fièvre soudaine pour se mettre au travail. Il enfila chapeau et manteau avec la même préoccupation fiévreuse.

Roger, qui l'avait déjà vu ainsi, savait qu'il était oublié. Son ami se trouvait déjà dans ces pièces secrètes situées au sommet d'une maison de Queen Square. Son esprit était là, penché sur le travail avec l'érudit espagnol ; la partie terrestre de lui était un colis laissé dans un restaurant à suivre comme il se pouvait. Des mots venus de nulle part flottaient dans l'esprit de Roger. C'était comme si certains des esprits qui accompagnaient John lui avaient chuchoté : « Votre ami est occupé avec une étrange doctrine de l'âme », dit le chuchoteur. "Ce monde n'existe pas pour lui. Vous n'êtes rien pour lui ; vous n'êtes qu'une petite partie de l'éternel, traînant la maison de l'avidité d'un ver caddis. Il est libéré."

Il leva rapidement les yeux pour voir John plongé dans ses pensées, avec un serveur, debout à côté de lui, proposant une facture inaperçue. Roger a payé la note. Une minute plus tard, ils se trouvaient à la lueur du cirque, au milieu du tumulte et de la lumière crue. Quelque chose dans cette émeute arythmique a brisé l'humeur du rêveur. Il regardait Roger distraitement, comme s'il se souvenait d'un événement d'une vie antérieure. Une quinte de toux le secoua et le fit trembler.

"Votre pièce est une belle chose", dit-il faiblement en hélant un fiacre. "Vous allez bien. Je ne peux pas vous demander de venir dans mes appartements, car j'y travaille avec Centeno. J'y travaille tard dans la nuit, et je suis plutôt en désordre avec mes bagages ce soir."

Il sembla replonger dans sa rêverie ; car il ne remarqua pas la main de Roger. Il se murmurait : « C'est un monde irréel ; c'est un monde irréel », entre deux bouffées de fumée de cigarette. Un soudain sursaut d'énergie le fit entrer dans la cabine. Roger donna l'adresse au cocher et ferma les tabliers du taxi. Son ami leva nonchalamment une main et retomba dans l'obscurité. La dernière fois que Roger vit de lui, c'était un masque blanc et immobile, s'élevant de la barbe noire et pointue, qui ressemblait tellement à la barbe d'un roi assyrien. Le taxi était caché parmi un mélange de véhicules avant que Roger ne se rende compte que son ami était parti.

Roger comprit alors que cette soirée l'avait rapproché de la romance. Il avait vu le travail de son âme crié par le minotaure. Maintenant, l'homme qu'il avait adoré s'en allait mourir. Plus que la douleur de perdre l'ami, il y avait l'acuité de la jalousie ; car pourquoi ne pouvait-il pas, à la place de Centeno, aider cet esprit dans la dernière transmutation, dans la dernière gloire, lorsque la cellule cérébrale brisée laissait entrer le ciel ? Il se sentait jugé et mis de côté. L'espace d'un instant, une impulsion le poussa à se faufiler dans le secret, à monter les escaliers, à travers le couloir encombré de livres, jusqu'à la pièce sombre, tendue de vert, où le travail avançait. Il avait envie de surprendre ces conspirateurs sur leur secret de l'âme, et d'être initié au mystère, même à la pointe de l'épée. Il a éloigné cette pensée de lui ; mais le choc de la séparation de John l'a ramené à nouveau. Son esprit semblait patauger en lui. Il se sentit stupéfait et stupéfait.

Il traversa Shaftesbury Avenue en se demandant comment la vie allait continuer sans O'Neill. Il n'avait aucune pensée pour l'échec de sa pièce ; ce chagrin remplissait sa nature. Il s'arrêta un instant sur le trottoir ouest de l'avenue pour allumer une cigarette. Alors qu'il se penchait sur la flamme, quelqu'un le frappa violemment entre les épaules. Il se retourna vivement, plein de colère, pour faire face à un homme à moitié ivre dont le visage avait l'aspect informe et gonflé particulier des sots de Londres. L'homme prétendait injustement, avec de nombreuses paroles grossières, que Roger s'était bousculé contre lui et qu'il allait… enfin, lui montrer le contraire. Une petite foule s'est rassemblée, s'attendant à un combat. Alors que le langage de l'homme était le plus grossier, un policier est intervenu, ordonnant à l'ivrogne de rentrer chez lui tranquillement. L'homme a demandé comment quelqu'un pouvait rentrer chez lui tranquillement avec... des gens qui lui couraient dessus. Le policier se tourna vers Roger.

Roger était écoeuré et dégoûté. Il ne fallait pas songer à inculper l'homme et à lui faire payer une peine d'emprisonnement ou une amende. L'homme n'était pas sobre ; il était entré dans une fureur momentanée et avait donné des coups aveugles comme un taureau enragé. L'erreur, les grossièretés, les attentions soudaines de la foule, à un moment où il espérait être seul, donnèrent à Roger un sentiment de haine impuissante contre lui-même et contre la vie moderne. Il se tourna brusquement. Son ennemi le poursuivit pendant quelques pas, lançant des noms ignobles, un à un, tandis qu'une partie de la foule le suivait, espérant qu'il y aurait un assaut. La poursuite s'est terminée par un grognement. L'ivrogne traversa la rue en diagonale, si près sous deux automobilistes que la foule se désintéressa dès cet instant de Roger.

Roger se souvenait qu'à quelques mètres de là se trouvait un restaurant allemand où certains de ses amis jouaient aux dominos autour de chopes de bière blonde. Il entra dans le restaurant, espérant rencontrer quelqu'un ; espérant aussi que le sentiment bienveillant et étranger qui rendait cet endroit reposant et agréable pourrait l'aider à oublier son chagrin et son dégoût de la vie. Il commanda du café et du cognac et resta assis là, fumant tristement, scrutant ceux qui entraient, mais ne voyant aucun ami parmi eux.

Tandis qu'il fumait, les souvenirs de la soirée l'assaillirent. Il a vu son travail hué sur la scène, et John mourir de sa vie, et la bouche gonflée de l'idiot lui bavardant des ordures. Ses nerfs étaient tous ébranlés par la tension émotionnelle des quinze derniers jours. Il était d'humeur enfantine ; l'humeur du garçon qui a le mal du pays à l'école. Il était aussi dangereusement proche de l'hystérie que l'ivrogne. Il avait envie d'être en Irlande, dans la maison de cette belle femme qu'il aimait, d'être en présence de calme, de tendresse et de nobles pensées, loin de toutes ces horreurs et de toutes ces désolations. La pensée d' Ottalie Fawcett le calma ; car il ne pouvait pas penser à cette belle femme et à lui-même en même temps. Les souvenirs d'elle donnaient à son esprit une nourriture douce et mélancolique. Un souvenir en particulier de la belle dame, dans sa belle robe du début de l'époque victorienne, avec son grand chapeau, ses gants gris et ses vieilles boucles d'oreilles en perles, penchée sur une masse de roses blanches dans le jardin, revenait encore et encore. Penser à elle attentivement et la voir très clairement dans un esprit extrêmement excité, c'était comme communier avec elle. Son image se dessinait si nettement dans son cœur qu'il ressentit une exultation, comme si leurs cœurs coulaient l'un dans l'autre. Une pensée picotante à son égard était comme si son cœur contre le sien. Cela lui donnait la certitude qu'elle pensait à lui à cet instant, peut-être avec tendresse. Il essaya d'imaginer ce qu'elle pensait de lui. Il essayait de se représenter elle, regardant sous ce grand chapeau, avec ces yeux vifs, une femme belle et charmante, exquise, réservée et d'un tact infiniment rapide. Cela s'est terminé par un désir passionné de s'enfuir en Irlande pour la voir, coûte que coûte. Son cœur se tourna vers elle ; il irait vers elle. Il ne pouvait pas vivre sans amour.

La pièce était terminée avant dix heures. Il était maintenant onze heures et demie. Roger paya sa note et tourna dans Shaftesbury Avenue, pensant que d'ici trente-six heures il serait libéré. Ce tumulte poussiéreux retentirait à d'autres oreilles. Il serait au bord des eaux de Moyle, parmi des vallons magiques, frappant à la porte de son amour, marchant avec elle, entendant sa voix, assis avec elle autour du feu de gazon, dans cette vieille maison sur les collines, regardant vers Ailsa. Ce serait assez de vie. Cela lui donnerait la force de recommencer après son échec et la perte de son ami. Son esprit était plein d'elle. Il se tourna, comme il s'était si souvent tourné, tard dans la nuit, pour regarder les fenêtres du petit appartement supérieur que son amour partageait avec son amie Agatha Carew-Ker. Ils étaient rarement en ville pour utiliser l'appartement. Ils y venaient pour des visites aériennes généralement au printemps et en hiver, lorsqu'ils traversaient Londres pour se rendre sur le continent. C'était un petit appartement de quatre salons, situé en hauteur, du côté sud de Shaftesbury Avenue ; un endroit étrange pour deux dames, mais il se trouvait à proximité des théâtres et des magasins. Tandis que Roger s'y dirigeait, il se souvint de la dernière fois qu'il y était allé, sept mois auparavant. Il avait pris le thé seul avec Ottalie, un soir brumeux d'octobre. Pendant près d'une demi-heure, ils restèrent seuls dans l'appartement, assis ensemble près du feu au crépuscule, discutant intimement, voire tendrement ; car il y avait quelque chose de magique dans le crépuscule, et la compagnie était trop proche, pendant cette rare demi-heure, pour que l'un ou l'autre puisse allumer la lampe. Il connaissait Ottalie depuis son enfance ; mais jamais comme ça auparavant. Sa tendresse, son charme et sa beauté grave ne lui avaient jamais été aussi proches. Deux minutes de plus dans ce crépuscule l'auraient amené à ses côtés. Il lui aurait pris les mains dans les siennes. Il lui aurait demandé si la vie pouvait revenir, après une telle communion, à l'ancienne franche camaraderie. Puis Agathe entra, avec sa dureté, son agitation et sa méfiance. Le charme avait été rompu. Agatha les a notés parce qu'ils étaient assis dans le noir. Lorsqu'il alluma la lampe, il sentit le regard critique et aigu d'Agatha sur lui, et une certaine jalousie de reproche dans son ton à l'égard d'Ottalie. Il y avait de petits regards durs d'un visage à l'autre ; et puis quelques manœuvres féminines mal dissimulées pour l'empêcher de rester plus longtemps. Il resta jusqu'à ce qu'Agatha devienne pointue. C'était la dernière fois qu'il voyait Ottalie. Il avait eu de ses nouvelles de temps en temps. Il lui avait envoyé son dernier roman et son livre de contes. Elle lui avait envoyé une boîte d'allumettes en argent comme cadeau de Noël. Agathe, en post-scriptum, lui avait transmis son « amour ».

Il s'arrêta du côté nord de l'avenue pour regarder les fenêtres plates situées en hauteur, du côté opposé. Il fut surpris de voir une lumière dans la chambre d'Ottalie, une longue lueur de lumière là où les rideaux s'écartaient, une lueur momentanément atténuée par le passage d'un passant. Pendant cinq secondes, il a vu la lumière, puis elle s'est éteinte. Il y avait quelqu'un dans l'appartement, peut-être Ottalie elle-même. Il la verrait peut-être tôt le lendemain matin. Elle est peut-être là, juste de l'autre côté de la route. Elle aurait pu se trouver à trois cents mètres de lui pendant cette dernière heure misérable ; mais il était étrange qu'elle ne lui ait pas écrit pour lui dire qu'elle venait en ville. Ce ne pouvait guère être Ottalie. Il s'agissait peut-être d'Agatha, ou d'une amie à qui ils avaient prêté l'appartement pour la saison. Il avait maintenant hâte que le lendemain se lève, afin de le découvrir. Il était complètement fatigué. Il a hélé un taxi et s'est rendu dans ses appartements à Westminster. Le cocher, le considérant comme un sujet facile, exigea plus que le surplus de course qui lui était accordé. Roger lui dit qu'il n'en aurait plus et entra dans la maison. Le cocher, devenu injurieux, descendit et frappa le heurtoir, jusqu'à ce que l'approche d'un policier l'avertisse que toute nouvelle tentative pourrait conduire à une convocation. Il s'éloigna en grognant.

Roger vivait dans des appartements dans l'une des vieilles maisons de Westminster. Il loua un petit salon lambrissé, une chambre, également lambrissée, un peu plus grande, et une troisième chambre si petite qu'une presse à linge et une baignoire la remplissaient presque. Il alluma sa lampe pour voir quelles lettres lui étaient venues. Il y en avait cinq ou six, aucun d'eux n'venant d'Ottalie. Un télégramme gisait sur la table. C'était un article d'un journal du soir demandant la faveur d'un entretien tôt le lendemain matin. La dispute au théâtre portait ses fruits. Il ouvrait ses lettres ; mais, voyant qu'ils n'étaient pas amusants, il ne les lisait pas. Il entra dans sa chambre pour se déshabiller. Sur la cheminée se trouvait une carte de visite de répétition, qui lui avait procuré un frisson de plaisir quinze jours auparavant. Maintenant, il semblait lui sourire avec une méchanceté diabolique et inanimée. Un portrait gravé d'O'Neill regardait tristement depuis le mur. Une photographie d'Ottalie sur la coiffeuse fut la dernière chose qu'il remarqua tandis qu'il soufflait la lampe.

Dans la maison voisine vivait un député. Sa femme était musicienne, d'une manière dure et accomplie. Elle chantait intelligemment, même si sa voix n'était pas bonne. Elle chantait comme ses excellents maîtres lui avaient appris à chanter. Elle avait profité de leur enseignement jusqu'aux limites de sa nature. Dans les moments d'émotion, lorsqu'elle reconnaissait ses défauts, elle se citait une phrase d'Abt Vogler : « Sur la terre un arc brisé, dans le ciel un rond parfait ». C'était une femme irrégulière, excentrique, aimant les heures tardives. Cette nuit, quelque diable errant l'a fait commencer à jouer à minuit, alors que Roger, épuisé par la tension de la soirée, s'endormait dans un sommeil miséricordieux. Quelques mesures suffisent à réveiller Roger. Le mur entre eux n'était pas assez épais pour atténuer le bruit. Les quelques mesures mélancoliques ont pris du volume. Elle commença à chanter avec une dureté dure, métallique, avec une désillusion dans chaque note. Pauvre dame, le moment était beau pour elle. Elle ne pouvait pas savoir que, dans son moment de joie, elle était l'instrument des étoiles malveillantes d'à côté. Roger se redressa sur le lit avec quelques mots impatients. Il connaissait la chanson de la dame ; il avait entendu Ottalie le chanter. Entendre cette autre dame chanter était instructif. Cela l'a confirmé dans une théorie qu'il soutenait, selon laquelle le raffinement était une qualité de la personnalité entière ; cette délicatesse de sentiment, cette beauté de nature, cette délicatesse de tact, se manifestaient dans le moindre mouvement, dans le lever de la main, dans le port de tête, dans le moindre son de voix. Ottalie chantait avec toute la beauté de son caractère, donnant à chaque note une justesse de valeur indescriptible, tant verbale que musicale, transmettant à ses auditeurs le sentiment de sa distinction d'âme, le sentiment de la noble vie des générations mortes de Fawcett ; un sens du style, de la race et de l'exquisité personnelle. Cette dame chantait comme si elle était sur un terrain de hockey, chargeant sainement le ballon, en jupes courtes, parmi de nombreux jeunes brins gais de la caserne. Elle chantait comme la fille d'un *nouveau riche* . Sa chanson était une brève liaison entre Leipzig et une constitution vulgaire.

Deux minutes de sa chanson chassèrent toute pensée de sommeil de l'esprit de Roger. Il alluma sa lampe et chercha quelques cigarettes. Quelque chose l'a poussé à retirer *la Tragédie de Poppée de Wentworth* . Il le relisait jusqu'à ce que les muscles de la dame se fatiguent. Il a allumé une cigarette. S'appuyant sur des oreillers, il se mit à lire, admirant la fermeté précise des rythmes et cette qualité du style qui était tout parfum et lueur, une fine floraison de beauté, jamais trop, qui marquait l'artiste. Les refrains l'émouvaient par leur musique inhérente. Ils étaient musicaux parce que l'esprit de l'homme, bien que sévèrement musclé et viril, était plein de mélodie. Ils étaient différents de la plupart des vers modernes, qui sont considérés comme musicaux lorsqu'ils montrent une certaine conformité mécanique avec un modèle musical déjà présent dans l'oreille populaire. Roger, en tant qu'écrivain pas encore formé, était curieux de tout ce qui témoignait d'une distinction et d'un effort personnels. Ce vers exquis, cette puissance de conception intellectuelle fine et précise, était une récompense suffisante, pensait-il, pour la misère que ce poète avait souffert de la part de ses semblables. Roger se demandait combien de dames comme la chanteuse de l'autre côté du mur avaient invité le pauvre Wentworth à venir chez elles pour une raison autre que vulgaire. Il se rappelait comment Wentworth, un moraliste strict aigri par une vie de souffrance, avait parlé à une dame. "Vous achèterez mes livres et les déposerez sur vos tables. Vous m'inviterez à dîner pour vous amuser avec mon discours. Vous avez acquis une réputation d'esprit en répétant mes épigrammes. Et de laquelle de mes idées vous souciez-vous deux pailles, Pour quoi sacrifieriez-vous la moindre vanité, pour quoi outrageriez-vous une convention ? Je viendrai à votre « Chez vous ».

La cigarette était éteinte. La dame, après avoir terminé quatre chansons, jouait maintenant avec un petit Grieg, un petit Bach, un petit Schumann, comme un délicat papillon volant sur la plus belle horloge. Roger, qui n'était plus d'humeur à dormir, trouva la musique utile pour accompagner *Poppée* . C'était comme la lumière et l'excitation d'un théâtre, ajoutées à l'émotion de la poésie. Il lut jusqu'à la fin du deuxième acte, quand ses yeux commencèrent à le troubler. Puis il se leva, s'habilla à la hâte, s'enveloppa dans une robe chinoise brodée de dragons de soie verte et passa par la fenêtre de son salon sur le balcon qui surplombait la rue. C'était un balcon étroit et démodé, assez grand pour trois personnes, si les gens s'aimaient les uns les autres. Structurellement, il faisait partie du balcon de la maison du député, mais un vieux treillis de paille séparait les deux locations au niveau du mur mitoyen. Roger plaça une chaise longue contre le treillis, ce qui isolait le balcon du député du sien. Il était abrité du haut par un auvent vert de véranda et de la rue par un autre treillis d'environ cinq pieds de haut. Il ne dormirait pas maintenant, avant quatre heures ; il connaissait ses symptômes depuis longtemps. Il ne savait pas lire. Il était inutile de rester allongé dans son lit. Il s'assit dans le transat, grignotant tristement des amandes salées. Il était dans un état d'excitation nerveuse contre nature. La musique lui parvenait délicatement à travers la maison, adoucie par deux murs, dont l'un honnêtement construit à la fin du XVIIe siècle. Il pensait que John O'Neill serait désormais pour lui une musique lointaine. Peut-être les morts considèrent-ils les âmes vivantes comme les notes d'une musique et jouent-ils dessus, créant de l'harmonie ou de la discorde, selon la puissance de leur volonté et la qualité de leur nature. Il pouvait imaginer John, qui avait mis en musique tant d'âmes vivantes, continuant à jouer dans la mort, non gêné par l'indifférence d'une seule note, mais jouant dessus magistralement, l'excitant en musique, en frappant une note apparentée, l'atteignant à travers un autre, comme peut-être nos amis morts le peuvent. Mais la vie serait terrible sans John. Il se souvenait de la façon dont Lamb marchait en marmonnant « Coleridge est mort ». Un grand esprit ne s'exprime jamais parfaitement. Elle a besoin de nombreux esprits inférieurs pour attraper ces miettes scintillantes et ces graines de manne enflammées. Lorsque le pain passe, les disciples servent les restes et prêchent la boulangerie.

Il finit ses amandes salées à regret, se rappelant qu'il n'avait plus d'olives. Il alluma une autre cigarette et resta là à fumer, essayant de se calmer. C'était très calme sans la musique ; car Davenant Street était aussi calme que Dean's Yard. Les fenêtres étaient toutes vides et sombres ; les gens dormaient. Le ton noble de Big Ben a dit aux trimestres. Un policier passa doucement, tâtant les portes. Quelque chose s'est mal passé dans le réverbère à quelques mètres du perchoir de Roger. Il flottait comme si un grand papillon de nuit se débattait dans la flamme. La lumière s'est éteinte à quelques points de lumière faiblissant, laissant la rue sombre encore plus sombre. Big Ben, élevant une voix solennelle et douce, sonna deux heures, avec une noble mélancolie, résigné à mourir, mais affamé de la beauté de la vie, comme l'esprit de Raleigh qui parle. Ottalie dormait maintenant, les yeux gris fermés, le doux visage confiant. John était avec le jeune Espagnol pâle, faisant quoi ? dans la pièce en hauteur, au-dessus de Queen Square. Londres était sur le point de prendre son heure de calme. Seuls les poètes, les érudits et les oisifs étaient désormais réveillés. Dans peu de temps, l'aube de mai commencerait. Même maintenant, cela teintait les fleurs de cerisier à Alep. Les roses du Sarvistan coulaient sous la chaleur. Les brins de maïs vert de Troie brillaient au-dessus de la rivière tandis que le vent les secouait. Tenedos se leva noir, regardant la chaîne, qui montrait désormais de l'acier.

Roger alluma une autre cigarette avec les braises de la dernière. C'était trop calme pour allumer une allumette. Le calme lui procurait un plaisir émotionnel. Cela lui donnait un sentiment de puissance, comme s'il était le seul esprit vivant au milieu de toute cette mort. Il fut désolé lorsque la musique s'arrêta, car cela avait rendu le calme plus impressionnant. Si ses pensées n'en avaient pas été apaisées, elles en étaient au moins devenues plus belles, aussi chaotiques soient-elles. L'amertume de la nuit était moins mordante. Il était conscient d'une exaltation de l'esprit. Là-haut, dans le calme, sa dévotion envers John, sa passion pour Ottalie et son amour de tout art noble et élevé semblaient coordonnés dans un grand projet dans lequel il était à la fois dieu et homme. Se levant, il regarda la rue par-dessus le treillis, profondément ému. Il était là pour perfectionner cette magnifique œuvre d'art : lui-même. John, qui avait montré le chemin, était parti maintenant. Ottalie, qui l'avait inspiré, attendait avec sa couronne ; ou peut-être seulement pour l'attirer, car la nature, prodigue de poussière et d'herbe, donne la vraie beauté avec parcimonie. C'était à lui de suivre cet appât et de rassembler les forces nécessaires pour le saisir. Le monde n'était qu'un peu de poussière sous ses pieds. Dans son âme se trouvait une petite graine verte qui éclatait. Il grandirait à partir de toute la crasse et de la boue de la vie moderne, parmi toutes les poussières volantes de l'air, pour devenir un arbre majestueux qui abriterait le monde de beauté et de paix. Il serait une âme suprême. Il dominerait cette canaille qui le huait.

Il alluma une autre cigarette. Jean était comme un homme envoyé de Dieu. John était irréel. John avait marché devant lui avec une torche. Maintenant, son maître fantomatique avait lancé la torche sur la route, le pointant vers l'avant d'un geste. Le chemin de la perfection se trouvait plus loin, sur un chemin trop étroit pour deux. Au loin, il aperçut Ottalie, une lueur de beauté parfumée, à moitié cachée dans une tempête de poussière tourbillonnante qui faillit l'emporter du rebord. La poussière ne devrait pas l'éloigner d'elle. Il grimperait vers elle. Ils continueraient ensemble.

A cet instant, tandis que la mélancolique intensité des cloches sonnait le quart d'heure, la porte-fenêtre s'ouvrit de l'autre côté du treillis de paille. Une dame sortit sur le balcon. Elle fredonnait une chanson de Heine d'une voix un peu basse, ce qui laissait la musique pleine de trous. Roger reconnut la voix du chanteur. Il se demandait si son mari était avec elle. Il supposait qu'il devait être à la Maison et qu'elle l'attendait. Ses jupes bruissaient à mesure qu'elle bougeait. Un léger parfum de violette attira Roger vers elle. C'était faible, exotique et suggestif. Il y a une ivresse dans les parfums. Elle resta là pendant dix secondes avant de deviner sa présence au-delà de l'écran. Sa chanson s'est arrêtée instantanément. Deux secondes de plus la convainquirent que la personne était un homme et seule. Un troisième a suggéré qu'il s'agissait d'un cambrioleur.

"Qui est là ?" dit-elle doucement. Sa voix était plus anxieuse que craintive.

"Je suis vraiment désolé", a déclaré Roger. Il ne savait pas quoi dire d'autre. "J'habite ici." Il pensait qu'il serait poli de rentrer à l'intérieur. Il se tourna pour partir. À sa grande surprise, elle reprit la parole.

"Peux-tu me donner une cigarette ?" dit-elle. Elle parlait toujours doucement. Elle parlait comme si une servante se trouvait dans la pièce derrière elle. Roger était troublé. C'était un homme au sang vif et aux nerfs excités.

"Oui," dit-il. "Aurez-vous du russe, ou de l'américain, ou du turc ?"

Elle parut débattre un instant.

"Donnez-moi un russe", dit-elle. "Donnez-le-moi à travers ce trou dans le tapis. Merci."

« Avez-vous une allumette ? » » demanda Roger.

"Non," répondit-elle. "Donnez-moi une lumière de votre part, s'il vous plaît. N'allumez pas le tapis, cependant."

Il passa sa cigarette allumée à travers le trou du tapis. Il sentit la pression de sa cigarette dessus. Il l'entendit respirer plus rapidement. Il vit la lueur s'éclairer à travers le tapis tandis que le tabac s'allumait.

"Merci," dit-elle doucement, avec un petit rire à moitié. "Comment s'est passée la pièce ?"

"Le jeu?" balbutia Roger. "C'était... Voulez-vous dire... De quelle pièce parlez-vous ?"

"Votre pièce ; *La matrone romaine* . Vous êtes M. Naldrett, n'est-ce pas ? Je vous ai rencontré une fois un instant dans une maison de Chelsea. Chez Mme Melyard, il y a trois ans. J'y allais justement."

Il se souvenait de cette beauté trépidante, Mme Melyard. Elle ressemblait à un serpent vert. Elle recevait ses intimes (elle n'avait pas d'amis) dans une chambre tendue de viridien. Il y avait des canapés verts, des lumières aux nuances vertes, un chewing-gum vert brûlant dans un brasero aux parois de verre vertes. Elle-même était vêtue d'écailles métalliques vertes et scintillantes, qui faisaient un bruit semblable à celui d'un sifflement de serpent lorsqu'elle planait. « Rien n'est vraiment intéressant sauf le vice », était la seule phrase dont il se souvenait de la conversation de Mme Melyard. C'était un personnage fiévreux, expliqué par une souillure phtisique héréditaire. Melyard a collecté des tsuba et a clôturé archéologiquement au Foil Club. Il était le meilleur homme à la rapière et au poignard d'Angleterre.

"Vous êtes Mme Templeton ?" Il a demandé. "Je me souviens d'une dame chez Mme Melyard."

"Je n'étais pas mariée à l'époque", dit-elle rapidement. "Comment s'est passée la pièce ?"

"Ça a été hué."

"Je suis désolée", dit-elle. Elle voulait dire "Je suis désolée d'avoir demandé".

Roger se demandait comment il pourrait s'en sortir. Cela dépendait de la dame.

"Tu ne peux pas dormir ?" » demanda-t-elle soudain.

"Non."

"Je ne peux pas. Est-ce que ça t'ennuiera de venir nous parler ?"

Il était habitué aux gens non conventionnels. Il ne voyait rien d'étrange dans l'invitation de la femme. La plupart des femmes qu'il a connues auraient agi avec autant de simplicité et de franchise dans les mêmes circonstances. Il savait que Templeton se couchait rarement avant deux heures. Il tenait pour acquis que Templeton était dans le salon ; peut-être à portée de voix.

"Je ne suis pas très présentable", a-t-il déclaré. "Laisse-moi changer cette robe."

"Cela ne nous dérangera pas", dit-elle pour le rassurer. "Allez."

"Voulez-vous me laisser entrer ?"

"Nous allons dérouler cet écran."

Ils abattirent la vieille natte en deux secousses vigoureuses. Roger franchit la cloison pour accéder au balcon suivant.

"Entrez", dit-elle en passant par la fenêtre. "Il fait sombre à l'intérieur ici. Prends soin de la chaise là-bas." Elle tendit la main pour retirer la chaise. Elle le fit brusquement, en faisant beaucoup de bruit.

"Asseyez-vous ici", dit-elle. "Cette chaise est confortable. Je vais m'asseoir ici, en face ; voici un cendrier."

"Puis-je allumer une lampe ou une bougie ?" demanda Roger en sortant sa boîte d'allumettes.

"Non, merci", dit-elle. "N'allume pas tout de suite, j'en ai marre de la lumière. J'aimerais que nous puissions vivre dans le noir, comme des bêtes sauvages."

"Londres vous énerve", a déclaré Roger. "Le bruit et l'inquiétude vous bouleversent. Vous êtes fatigué de Londres, pas de la lumière."

Il fut déçu qu'on lui demande de s'asseoir dans l'obscurité. Il commença à se désintéresser de la dame. Elle n'était qu'une héroïne dramatique moderne, c'est-à-dire une femme ordinaire et surmenée. Il avait entendu des bêtises affectées similaires de la part d'une douzaine de femmes vides, dont certaines jolies. Il avait entendu dire que Mme Templeton était jolie. Comme elle refusait la lumière, il décida que la célébrité avait menti. "Elle doit être blonde", pensa-t-il, "et cette pièce est éclairée à l'électricité". Il aurait souhaité que Templeton vienne. Templeton rendrait la situation plus facile et les propos de sa femme plus sensés. La dame essayait silencieusement de le résumer.

"Non, je ne suis pas fatiguée de Londres", disait-elle. "Il n'y a qu'une seule personne qui ne peut pas *vivre* à Londres."

"Londres vous énerve", répéta Roger. "Londres est une grande araignée fiévreuse. Elle aspire la vitalité et laisse son propre poison à la place. Regardez les arts. Un jeune artiste arrive ici plein de vitalité. À moins qu'il ne soit un homme vraiment grand, Londres aspirera tout de sa vitalité. lui, et le rendre aussi venimeux et fiévreux qu'elle.

"Oui, c'est tout à fait vrai", répondit-elle. "J'aimerais que nous puissions tous être simples et naturels, et avoir le temps de vivre. La vie est si intéressante. La seule chose vraiment intéressante."

"Quel genre de vie souhaites-tu vivre ?"

"Je souhaite vivre ma propre vie. Je veux connaître ma propre âme. Vivre. À Londres, on vit toujours la vie des autres, on va au restaurant, on fait des choses parce que les autres les font. Mais où d'autre pouvez-vous rencontrer des gens intéressants ? »

"Les gens ne sont pas essentiels à la vraie vie", a déclaré Roger. « Je crois que toute vie parfaite est communion avec Dieu, conversation, c'est-à-dire avec des idées ; « conversation pieuse ». Les gens sont dans une certaine mesure comme des pensées, comme des idées vivantes ; car la vie intérieure et la vie extérieure se correspondent. »

"Tu veux dire que la vie est une sorte de courbe ?" interrompit la dame. La question était un boomerang moral. Elle l'utilisait souvent de manière défensive ; elle avait autrefois abattu un scientifique avec ça.

"La vie est ce que vous voulez en faire."

"Je pense aller vivre en Irlande", dit la dame. "Les gens doivent être si délicieusement charmants. Une si belle vie, assis autour du feu, chantant les vieilles chansons. Et puis leur imagination !"

"Leur charme est superficiel", dit Roger. "En prenant le temps ensemble, je vis en Irlande depuis sept ans. J'ai un cottage là-bas. Je ne pense pas que vous vous asseoirez autour de nombreux feux pour chanter de vieilles chansons, après le premier beau ravissement insouciant, qui dure un mois. . Je suis Anglais, bien sûr. Quand je suis en Irlande, je ne suis qu'un membre de la garnison anglaise, mais je maintiens que les Irlandais n'ont pas d'imagination.

"Je ne pense pas qu'un Anglais puisse comprendre les Irlandais", a déclaré la dame.

"Quand un Irlandais est assez grand pour échapper à la petitesse de sa race, il devient une personne très splendide", répondit Roger. "Mais en attendant, il me semble manquer d'une qualité vraiment fondamentale."

" Oh, " dit la dame, " vous parlez tellement comme un Anglais. La vie ne vous intéresse pas, je vois. Vous ne vous intéressez qu'à la morale. Mais vous ne pouvez pas dire que les Irlandais n'ont pas d'imagination. Ils ont des choses merveilleuses. imagination. Regardez la façon dont ils parlent. Et leurs écrivains : Swift, Goldsmith, Sheridan et leurs propres poètes irlandais exquis.

"Je donnerais toute la compagnie pour un acte de *Cato d'Addison* ", a déclaré Roger. "Swift avait une vision limitée et un esprit malade. Il a diagnostiqué ses propres maladies. Goldsmith a écrit de jolis vers. Mais je ne pense pas que vous les ayez lus. N'est-ce pas ? Sheridan a écrit une comédie à l'âge de vingt-quatre ans pour prouver qu'un sot est plus noble qu'un érudit. Plus tard, il a essayé de le prouver en sa propre personne. Je ne lis pas l'irlandais, j'en ai lu des traductions. Sa qualité distinctive m'a semblé être justement ce genre d'impersonnalité venteuse. entend dans leur discours.

"C'est tellement anglais de votre part", dit la dame en riant. "Je pense que je devrais être très reconnaissant pour mon sang celtique."

"Es-tu un Celte ?"

"Oui, de Cornouailles. Je pense que cela me donne un amour instinctif du beau."

"Ceux qui aiment la beauté le font. Moi aussi, j'ai été Celte. J'ai été Celte de ma vingt-deuxième à ma vingt-cinquième année. Puis j'ai découvert un fait très curieux : deux faits."

"Qu'étaient-t-ils?"

"Premièrement, l'amour des Celtes pour le beau n'est que du foutoir. Deuxièmement, les habitants de ces îles sont des métis, issus de la racaille de l'Europe. Vous pouvez vous appeler Anglo-Saxon, ou Celte, ou Aryen, ou un Normand ou un Paléolithe de Long-Barrow ; mais si vous venez de ces îles, vous êtes un bâtard, un bâtard d'une espèce des plus variées. "

A cet instant, la porte s'ouvrit brusquement et la lumière électrique s'alluma. Dans l'embrasure de la porte se tenait Templeton, un homme grand, chauve, au visage maigre, avec une moustache rusée et des yeux faibles. Son visage exprimait une colère étonnée.

"Qu'est-ce que c'est?" il a dit.

"Laissez-moi vous présenter", dit la dame. "Mon mari, M. Naldrett."

Roger, debout sous le regard furieux de Templeton, avait conscience d'avoir l'air d'un imbécile, dans sa robe de dragons de soie verte.

"Je ne comprends pas", a déclaré Templeton.

"J'ai demandé à M. Naldrett de me parler", a déclaré la dame.

"Donc je présume", a déclaré Templeton.

"Avez-vous eu une séance intéressante ?" » demanda Roger.

Templeton ne répondit pas. Il regardait sa femme. Son chapeau d'opéra était incliné vers l'arrière ; son pardessus était déboutonné ; une cigarette non allumée sortait de sa bouche.

"Archie", dit suavement la dame, "M. Naldrett est mon ami. Je lui ai demandé de venir me parler."

"Alors je vois", a déclaré Templeton.

"Pour me parler," répéta la femme en s'enflammant, "pendant que vous étiez avec Mme Liancourt dans son appartement des Manoirs Sainte-Anne. Je sais quand la Chambre s'est levée et où vous êtes allée ensuite. Si vous y allez pour avoir tes amis, je vais avoir les miens.

Templeton parut déglutir. Il se tourna vers Roger.

"Peut-être que tu iras", dit-il.

"Oui, je pense que je ferais mieux", a déclaré Roger. "Je suis désolé d'être venu."

Il se leva pour partir. Mme Templeton se tourna vers lui.

"Trois heures moins le quart", dit-elle gentiment. "Tu t'en souviendras ?"

Roger regarda attentivement Mme Templeton. Plus jamais il ne parlerait poliment à une femme aux pommettes saillantes, aux yeux d'acier et à la bouche lâche. Il s'inclina devant elle.

"Je ne le méritais pas", dit-il doucement. Il se dirigea vers la porte-fenêtre, se sentant comme un amant découvert dans une pièce de théâtre. Alors qu'il entrait sur le balcon, Templeton a claqué la porte derrière lui avec un grognement de « Maintenant », alors qu'il ouvrait le feu sur sa femme. Les flancs de Templeton étaient retournés. Il faisait exploser ses wagons de munitions avant de se rendre.

Pendant un instant, Roger se sentit furieux contre Templeton. Puis il a blâmé la dame. Elle lui avait joué un tour de scorbut. Finalement, alors qu'il commençait à comprendre sa position, il lui pardonna. Il s'en voulait. Il avait l'impression de s'être mêlé à quelque chose d'indescriptiblement sordide.

Alors qu'il se déshabillait pour se coucher, il accusait le monde de sa vulgarité, de sa tristesse et de sa sauvagerie. Le monde était trop avec lui. Cela le contrariait, le flétrissait et le détruisait. Il avait envie de s'éloigner du monde. N'importe où. Vers ces collines irlandaises au-dessus de la mer, vers sa belle amie, vers une vie paisible et douce, où la misère de ses aventures nocturnes serait inconnue et oubliée. Il se sentait contaminé. Il avait envie de se purifier dans la mer, sous la maison de son amour. Il pensa à cette eau. Il la vit éclairée par le soleil, avec des feuilles marines brunes et tremblantes se repliant. Le sable au fond, à six pieds de profondeur, formait une tache pâle et ridée, à travers laquelle rampait un homard. Il y irait. Dans quinze heures, il se précipiterait vers elle pendant la nuit, passant devant les grandes villes aux couleurs éclatantes, s'enfonçant dans les collines, jusqu'à la mer.

L'idée des secousses du train et du sommeil inquiet des gens dans le wagon se fondit peu à peu dans le flou qui précède l'inconscience. Avant que Big Ben ne sonne quatre heures, il dormait, dans cette sorte de cauchemar agité qui enchaîne la volonté sans enchaîner l'intelligence. Dans ce genre de sommeil qui n'est pas un sommeil, il fit un rêve d'Ottalie, qui le réveilla, dans une terreur soudaine, à sept heures.

III

Je t'en prie, chagrin, laisse un peu de place
Dans mon esprit confus et tourmenté Pour comprendre pour délibérer La
cause ou l'auteur de cet accident. *La tragédie de l'athée* .

Il pensa, en se redressant, qu'un instant auparavant, son vrai moi avait marché
dans le royaume spirituel, appréhendant la beauté. Maintenant, avec le choc
du réveil, la gloire vacillait, comme un feu de bois mouillé, par intermittence,
parmi la fumée de la vie quotidienne qui remontait dans les canaux de son
cerveau. Le souvenir de la belle lui revenait en lueurs, l'émouvant jusqu'aux
os, car il lui semblait que l'esprit de son amour s'était déplacé dans les
chambres de son cerveau, lui apportant un message, tandis que la stupidité
de son corps était arrêtée. Un rêve aussi beau devait, pensait-il, être un gage
de toute beauté, un signe, peut-être, que sa nature était liée à la sienne, dans
un but extatique, par le pouvoir extérieur à la vie. Sa beauté, sa douceur, son
charme intense et personnel, tout le sacré qui l'enveloppait, l'avaient
accompagné dans un des jardins de l'âme. C'était assez de gloire ; mais le rêve
était intense et plein de mystère ; cela l'avait rapproché de quelque chose
d'horrible et d'immortel, de si étrange et puissant que seul un tic-tac dans le
cœur, quelque chose dans le sang, l'avait empêché de la présence du créateur
de symboles et de la pleine connaissance de la beauté du sens. de la vie.

La vision semblait dénuée de sens une fois reconstituée. Les mots y avaient
semblé des révélations, les actes des aventures, des romans ; mais à en juger
par l'esprit éveillé, c'était inintelligible, quoique saint, comme une messe dans
une langue inconnue.

Il l'avait trouvée dans le jardin de sa maison, parmi des fleurs plus belles que
les fleurs terrestres, parmi des fleurs comme des flammes et des pierres
précieuses. C'était le début. Puis, dans la douceur de leur conversation, il avait
pris conscience de tout ce que son amour signifiait pour lui, de tout ce qu'il
signifiait pour le pouvoir qui dirige la vie, de tout ce que signifierait son échec
à la conquérir, ici et dans l'au-delà. La vie lui avait semblé soudain terrible et
glorieuse, une lutte de Dieu et du diable pour chaque âme. Cette prise de
conscience s'était accompagnée d'un changement dans le rêve. Elle l'avait
quitté.

C'était le milieu. Puis cela a aussi changé. Elle l'avait quitté pour la chercher
à travers le monde. Soudain, elle lui avait envoyé un message. Il marchait à
sa rencontre. La joie le remplit comme le vin remplit une coupe. Il la verrait,
il lui toucherait la main, ses yeux se regarderaient dans les siens. Il n'avait
jamais été aussi ému par son amour pour elle. Son plaisir n'était pas le vieux

plaisir égoïste, mais une compréhension ravie de sa beauté et de celle dont sa beauté était le symbole. Il savait, tandis qu'il marchait, que la vie bien-aimée en elle était sa propre personnalité, désireuse de le transmuter vers sa luminosité. Un mot, un toucher, un regard, et ils seraient ensemble dans la noblesse ; il respirerait la beauté de son personnage comme de l'air pur, il ferait partie d'elle pour toujours.

Il avait donc parcouru les rues jusqu'à elle, ne remarquant rien d'autre que l'éclat du soleil sur les maisons, jusqu'à ce qu'il se retrouve en haut de l'escalier, frappant en vain à la porte d'une maison vide. Alors, avec un épuisement de l'âme, comme la mort elle-même, il se rendit compte qu'il était arrivé trop tard. Elle était partie déçue, peut-être en colère. La porte ne lui serait jamais ouverte ; il ne la reverrait plus jamais ; n'entrez même jamais dans la salle, vaguement vue à travers la vitre, pour rassembler ses reliques. À l'intérieur, comme il pouvait le voir, se trouvaient un mouchoir et une fleur fanée autrefois portée par elle, petites reliques amèrement précieuses, à nourrir dans son cœur dans un ravissement d'agonie, s'il pouvait seulement les avoir. Mais il était arrivé trop tard ; il l'avait perdue; son cœur, la désirant, serait toujours vide, une chose morte traversant la vie comme une machine. Dans sa vision, il pouvait voir l'Irlande, sa maison. Il pouvait la voir là-bas; triste qu'elle ne l'ait pas vu. Il avait essayé de la rejoindre à travers un canal plein d'épines, qui le retenait fermement. Du milieu des épines, il aperçut un jeune homme au visage calme et fort qui lui parlait. Secoué comme il l'était par le chagrin et préparé à tout mal, il réalisa que ce jeune allait être son compagnon, maintenant qu'il l'avait perdue.

Enfin, à la fin du rêve, il avait reçu d'elle une lettre, avec le cachet de la poste d'Athènes en travers du timbre grec. La lettre avait été la partie la plus réelle du rêve. C'était sa main même, une main fringante et virile, avec des f faibles et inhabituels, des t croisés loin à droite de leurs montants, et une beauté négligente dans certaines courbes des chapiteaux. Les lettres étaient petites, les traits descendants déterminés mais irréguliers, jamais deux fois identiques. C'était la main d'un personnage vif, charmant, mais pas très fort. Il ne se souvenait pas de ce que disait la lettre. Il ne restait qu'une phrase à la fin. « J'ai lu votre dernier livre », disait-on ; "ça se lit comme le journal d'une âme perdue." Il n'y avait pas de signature ; rien que le papier, avec une écriture intensément vivante et cette phrase clairement visible. C'était même une critique judicieuse. Le livre de croquis avait été une expérience consciente de style, une présentation picturale détachée des crises, des choses intelligentes à leur manière, mais surprenantes, à la fois par la couleur et par le sujet, le résultat d'humeurs et non d'une personnalité parfaite. Les croquis étaient hétérogènes ; c'était une autre faute. Mais il ne les avait pas trouvés méchants. Assis dans son lit, avec la phrase accablante toujours frappante, il sentit qu'ils devaient être mauvais, parce qu'elle ne les aimait pas. Il avait créé des types brutaux, errants, passionnés et méchants, dotés d'une puissance créatrice franche et naturelle. A ce moment, il se sentait jugé. Il sentit pour la première fois que les théories de l'art communes au petit groupe de ses amis n'étaient pas tant des théories de l'art que des déclarations d'indépendance juvénile, entachées d'échecs de perception personnels et d'antipathies personnelles. Il s'est trompé; son art était complètement faux ; son art était entièrement axé sur l'indulgence personnelle et non sur le perfectionnement personnel. Un artiste n'avait pas le droit de créer à son gré des types et des situations ignobles, fixant des fragments de ceux qui périssent sur les murs du monde, comme un gardien cloue la vermine. La belle nature d'Ottalie ne se nourrissait pas d'un tel travail. Le grand art appelait une telle œuvre « péché », « négation du Saint-Esprit », « crucifixion de notre Seigneur ». Il attrapa le livre incriminé ; mais les mots semblaient dénués de sens ; certains des rythmes de prose complexes étaient intelligents. Mais n'importe qui peut faire de la mécanique et transcrire. Le style et l'imagination sont les choses difficiles. Il a mis le livre de côté, se demandant s'il ferait un jour du bon travail.

Il fut hanté par le rêve jusqu'à ce qu'il soit habillé. Puis les souvenirs de la veille lui revinrent, les cris de la foule, les huées de l'enfant de son âme, le visage bouffi de l'idiot, les adieux de son ami qui n'avait reçu ni avertissement ni affection, l'indignité de la visite chez les Templeton. , jusqu'à ce que le monde semble presser sa tête informe contre ses fenêtres, lui hurlant des insultes, à travers les vitres cédantes. Il commença à se rendre compte qu'en une nuit, il avait été soudainement frappé par le tourment concentré de plusieurs mois. Son travail, sa personne, ses affections, sa nature sociale avaient été piétinés et souillés. Il se demandait quels autres tourments lui arriveraient avec ce nouveau jour. Une certaine prévision de ce qui allait arriver lui traversa l'esprit lorsqu'il aperçut sa table de petit-déjeuner. À côté de sa tasse de thé se trouvaient trois ou quatre journaux quotidiens dans lesquels, en caractères clairs, étaient exposés les opinions des gardiens moraux de la Grande-Bretagne concernant leur frère immoral.

Il y eut d'abord des lettres, certaines d'entre elles étant parties de la veille. Une connaissance obscure, une dame du Somersetshire, envoya quelques vers, demandant ses critiques et l'adresse d'un « éditeur qui les paierait ». L'un des poèmes commençait

"Écoutez ! écoutez ! écoutez !
C'est le chant de l'alouette, rosée aux paillettes du matin."

Une deuxième lettre de la même dame contenait un « Poème sur mon chat Peter », qui avait été accidentellement omis de l'autre enveloppe. Son agent lui a envoyé un chèque de bienvenue de 108 £, pour son roman nouvellement terminé. Vint ensuite une lettre d'un étranger demandant la permission de mettre quelques vers en musique. Une comtesse charitable a demandé des vers pour son nouveau livre du Bazar. Un American News Cutting Bureau a envoyé une petite liasse de critiques de son livre de croquis. L'emballage du paquet portait une légende à l'encre rouge :

"Nous vous envoyons 45 coupures de *The Handful* . Votre agence vous en a-t-elle envoyé autant ? Si vous aimez notre façon de faire des affaires, envoyez-nous 1,50 $ par courrier et nous continuerons à collecter des coupures sous votre nom."

Il n'aimait pas leur façon de faire des affaires. Il jeta les coupures de presse non lues dans la cheminée. La lettre suivante lui demandait de donner une conférence à la Guilde des porteurs du flambeau, qui, semblait-il, admirait « la virilité virile » de son style. Enfin vint une lettre d'un ecclésiastique inconnu dénonçant l'influence pernicieuse de *La Poignée* dans des propos qui, sans être grossiers, étaient outre mesure offensants. Il prit les papiers.

Le premier journal, *The Daily Dawn* , le traitait *d'haut en bas* , ainsi :

"La dernière aventure théâtrale de M. Falempin, *A Roman Matron* , de M. Roger Naldrett (que nous soupçonnons, d'après des preuves internes, d'être une dame pas très vieille), a été représentée hier soir au King's Theatre. Dans la mesure où le public l'a permis À notre avis, avant que la pièce ne se termine dans une tempête de gémissements, nous pensons qu'elle est totalement inadaptée à la scène moderne. Le personnage de Petronius, finement joué par M. Danvers, montrait une certaine puissance d'analyse psychologique mais M. (ou) ; Miss) Naldrett ferait bien de se rappeler que la définition aristotélicienne de la tragédie ne peut être ignorée à la légère. »

La critique du deuxième journal, *The Dayspring* , était écrite dans une prose plus majestueuse que celle de *The Dawn* .

"Une excitation déraisonnable a été engendrée par l'entourage", lit-on ; "Mais la pièce, qui était ennuyeuse et parfois dégoûtante, nous a convaincus que le Nouveau Drame, dont nous avons tant entendu parler ces derniers temps, ferait mieux d'étudier adéquatement un drame plus en rapport avec les idées modernes, comme nous en possédons heureusement, que diffamer les institutions dont notre glorieuse Constitution est issue", ce qui était certainement un coup de pouce de *The Dayspring* .

Le troisième journal, *The Morning* , dans sa rubrique d'information, a fait référence à une *bagarre honteuse* au King's Theatre. « La police, dit *The Morning* , fut bientôt sur place et éloigna les spectateurs les plus bruyants. Ni M. Falempin, le directeur du théâtre, ni Miss Hanlon, qui a joué un rôle principal dans la pièce incriminée. , consentirait à être interviewé, lorsqu'il serait attendu, tard hier soir, par un représentant de ce journal.

Le quatrième journal, *The Day* , disait sauvagement que *The Matron* n'aurait jamais dû passer la censure et que sa production était une tache indélébile sur le palmarès artistique (jusqu'ici impeccable) de M. Falempin. Roger avait écrit des critiques occasionnelles pour *The Day* , environ une douzaine au total. Sur la même page, et dans la colonne voisine de celle contenant les « Notes dramatiques », se trouvait une critique signée de sa main. Roger s'est tourné vers cette critique pour voir comment elle se lisait. C'était une critique d'un livre de vers sans valeur par un versificateur à succès. L'éditeur littéraire de *The Day* avait demandé à Roger d'écrire une chronique sur le livre. Comme le livre méritait tout au plus trois mots cinglants dans une Dunciad, Roger avait écrit une chronique sur la poésie, un très joli écrit critique, qui valait cinquante fois cinq mille livres de ce genre. Son seul défaut était que, s'agissant de poésie, il faisait peu de référence au livre de vers du poète à succès. Ainsi, le rédacteur littéraire avait "coupé", "écrit" et modifié l'article, jusqu'à ce que Roger, le lisant, en ce matin tragique, se retrouve lui-même accusé de camionnage méprisable envers Mammon, et de palliation à l'iniquité, dans des phrases aux rythmes ce qui le choquait, et dans des platitudes qui le piquaient. Il jeta le papier. Il n'écrirait plus jamais pour *The Day* . Il n'écrirait jamais un autre mot pour un quotidien ou un hebdomadaire. Il se souvint de ce que dit d'Arthez dans *Les Illusions perdues* . Il se reprochait de ne pas s'en être souvenu auparavant.

Il mangea très vite, afin de ne pas perdre de temps pour se rendre à l'appartement de Shaftesbury Avenue, afin de vérifier si Ottalie était réellement là. Ottalie ; la vue d'Ottalie ; le son de sa voix même mettrait fin à ses ennuis pour lui. La pensée d'elle le calmait. La pensée d'elle ramena le rêve, avec une lueur de plaisir. Le rêve allait et venait dans son esprit, paraissant tantôt étrange, tantôt beau. Son impression était celle que donnent tous les rêves en mouvement. Il y voyait une sorte d'aventure divine à laquelle il avait participé. Il sentait qu'il avait appréhendé spirituellement la vie mystérieuse au-delà de la nôtre et avait appris, enfin, pour toujours, que l'âme d'Ottalie était liée à la sienne par des liens forgés par des puissances supérieures à l'homme. Un taxi arriva en claquant. On frappa avec véhémence à la porte extérieure. "Ottalie", pensa-t-il. Selina, la femme de chambre, entra.

"Une dame pour vous voir, monsieur", dit-elle.

Il se leva, déglutissant, attendant Ottalie. La dame entra. Elle n'était pas Ottalie. C'était une parfaite inconnue, dans un état de grande excitation.

« Êtes-vous M. Naldrett, monsieur ? » dit-elle.

"Oui. Oui. Qu'est-ce qu'il y a ?"

« Les compliments de Mme Pollock, monsieur, et pourriez-vous revenir immédiatement ? »

"Quel est le problème?"

"C'est M. Pollock, monsieur. Il a eu une crise ou je pense. Il est allongé dans la cheminée avec tout le sang versé dans son apalex."

"Bien", dit Roger en fourrant ses lettres dans ses poches. "Je viendrai. Quand est-ce arrivé ?"

"Tout à l'heure, monsieur. Il venait juste d'entrer dans l'atelier pour commencer sa peinture. Puis il y a eu un crash. Et ma femme et moi nous sommes précipités, et il était là dans la cheminée, monsieur."

"Oui. Oui. Avez-vous fait venir un médecin ?"

"Non, monsieur. La femme a dit d'y aller pour vous."

Ils partirent au galop dans le taxi ensemble. Pollock avec l'apalex sanglante était un jeune artiste dont l'atelier se trouvait à Vincent Square. Roger l'aimait bien. Il avait partagé une chambre avec lui jusqu'à son mariage. Roger se demandait pendant qu'il conduisait ce qui arriverait à sa femme si Pollock mourait. Elle attendait un enfant. Pollock n'avait pas gagné grand-chose, le pauvre garçon.

"De très belles peintures, fait M. Pollock, monsieur", dit la dame avec enthousiasme. "Oh, il les fait magnifiquement. Mais ce ne sont pas des images ordinaires. Je veux dire, elles ne sont pas jolies, comme des images ordinaires. Ce sont des images démodées."

"Oui," dit Roger. "Dis-moi. Son grand tableau est-il terminé ? Celui avec la dame sous un vitrail."

"Non, monsieur. Il y a encore beaucoup à faire, monsieur. Oh, je pense que rien ne lui arrivera, monsieur."

"Maintenant nous y sommes", dit Roger alors que la cabine ralentissait. "Maintenant, conduisez jusqu'au coin. Vous verrez une plaque en laiton avec le DR COLLINSON dessus dans la maison du coin. Dites-lui de monter dans le taxi avec vous et de revenir immédiatement. Continuez, maintenant. Assurez-vous qu'il arrive tout de suite. »

La porte de l'appartement était ouverte. Roger entra précipitamment. Juste à l'intérieur, il se heurta à Pollock, qui se précipitait avec une cruche d'eau de la salle de bain.

"Qu'est-ce qu'il y a, Pollock ? Tu vas mieux ?"

"Je vais bien", dit Pollock, sentant une tête bandée. "C'est Kitty. Pas moi. Entrez vite."

"Mais je pensais que tu souffrais d'apoplexie."

"Ce lourd cadre plein de Dürers est tombé. Le coin m'a attiré l'attention alors que je me tenais près de la cheminée. Il m'a assommé. Entrez. Je crois que Kitty est dans un mauvais état."

Kitty était allongée sur un canapé. Son visage ne ressemblait pas à celui d'un être humain. Pollock, très blanc, s'épongeait le front avec de l'eau froide.

"Voilà, ma chérie", répétait-il sans cesse, "Ô Dieu, ô Dieu, ô Dieu", ces mots, encore et encore.

Roger a couru vers la chambre pour chercher des oreillers. Il y a eu un incendie dans la cuisine. Il l'a poussé et a mis de l'eau à bouillir.

"Où est sa bouillotte ?" il a appelé. N'obtenant aucune réponse, il la chercha dans un des lits qui n'était pas encore fait. Il remplit la bouteille et fit le lit. "Maintenant, Charles," dit-il, "nous devons la mettre au lit. J'aimerais que votre fille amène le médecin."

Charles le regarda bêtement. "Je crois qu'elle est en train de mourir, Roger," répondit-il. "Oh mon Dieu, je crois qu'elle est en train de mourir. Je n'ai jamais vu quelqu'un comme ça. Elle était si jolie, Roger, avant que tout cela n'arrive."

"Mourir ? C'est absurde !" dit Roger. Il se tourna vers le patient. "Kitty," dit-il, "nous allons te mettre au lit. Appuie-toi sur mon bras."

Les rires s'arrêtèrent ; mais les membres protestaient follement. Il n'avait jamais rien vu de pareil. C'était comme si la charmante femme gracieuse avait été soudainement envahie par l'esprit d'un animal sauvage qui se brisait contre les coins de l'étrange maison.

"Nous devrons la porter, Charles", dit-il.

"Non, non", dit Charles. "Elle est en train de mourir."

Le médecin, entrant brusquement, lui ôta la bataille des mains. "Viens, viens," dit-il. "Venez, Mme Pollock. J'avais peur que vous soyez malade. Vous vous sentirez beaucoup mieux en vous couchant. Je veux que vous vous reposiez."

Il se tourna vers Pollock. "Mettez-la au lit", dit-il. "Avez-vous une infirmière ?"

"Non", a déclaré Pollock. "Elle ne peut pas venir avant juillet."

"Bessie ici fera l'affaire pour le moment", a déclaré Roger.

Bessie et Pollock l'ont aidée à se coucher. Le docteur et Roger parlaient de façon décousue.

"Non. Ce n'est rien de grave. Alors le cadre est tombé et l'a assommé ? Je vois. Et elle est entrée et l'a trouvé dans la grille ? Oui. Un vilain choc. Oui. Oui. Bien sûr, ça peut être grave. Ce sera C'est impossible à dire avant de la voir. Si elle avait eu d'autres enfants, je dirais que non. Mais... Diriez-vous que c'est une femme excitable, adonnée à ces attaques ?

"Non. Elle écrivait un peu. Elle est nerveuse, mais pas excitable. Trouvez-vous que le métier a beaucoup d'influence sur la capacité à résister aux chocs ?"

"N-non", dit le médecin. "La résistance dépend du caractère. L'occupation ne modifie que légèrement le caractère. La vie étant ce qu'elle est, il faut s'adapter pour survivre."

Pollock entra, l'air battu.

"Voulez-vous venir, docteur ?" il a dit.

Ils sont allés.

Pollock revint seul. Il s'est assis.

"C'est ça", dit-il avec découragement. "Mon tableau n'est pas terminé. Je n'aurai pas un sou avant juillet. Nous comptions que cela n'arriverait qu'en juillet. Je n'ai pas dix livres."

"Tu ne dois pas t'inquiéter pour ça", dit Roger. "Vous devez m'emprunter. Prenez ce chèque. Je l'endosserai. Donnez-moi le vôtre pour la moitié. Ne dites pas que vous ne le ferez pas. Regardez ici. Vous devez le faire. Maintenant, à propos d'une infirmière. Regardez ici. Écoutez moi, Charles. Tu ne peux pas partir d'ici. Je vais voir une infirmière. Je connais le genre de femme que Kitty aimerait. Je réglerai tout ça avec le médecin, je t'enverrai du mieux que je peux. Je ne quitterai pas Kitty, c'est certain.

Pollock se ressaisit. Le médecin revint. Roger prit l'adresse de plusieurs femmes et s'enfuit en toute hâte pour les interroger. Aucun taxi n'était en vue. Il perdit dix bonnes minutes de tension nerveuse à tenter d'en trouver un. Il en trouva enfin un. Tandis qu'il conduisait, l'envie d'être chez Ottalie lui faisait oublier son ami. Il ne pensait qu'à l'occasion de revoir Ottalie. Il ne doit pas perdre de temps. Il se demandait s'il arriverait trop tard, comme dans son rêve. Il faudrait qu'il arrive tôt, très tôt. Il priait pour que la première infirmière sur sa liste soit une femme convenable. L'image de l'infirmière appropriée, une grande femme calme, placide, aux yeux de bœuf, se forma dans son esprit. S'il pouvait la trouver immédiatement, il serait à temps. Il avait très envie de dépasser Whitehall, en direction de Shaftesbury Avenue.

Une horloge au-dessus d'un bontier lui indiquait qu'il était neuf heures. Non, cette horloge s'était arrêtée. Une autre horloge, plus loin, au-dessus d'un magasin général, indiquait huit heures quinze. Encore un autre, huit heures trente. Sa montre indiquait huit heures trente-cinq ; mais sa montre était rapide.

Mme Perks, du 7 Denning Street, était absente. Laisserait-il un message ? Non, il ne laisserait pas de message. Était-ce Mme Ford ? Non, pas Mme Ford, une autre dame. Peut-être qu'il reviendrait. Il ordonna au cocher de se dépêcher. Mme Stanton, la suivante sur la liste, n'a pas pu venir. Elle attendait un appel d'une autre dame. Mme Sanders était absente et "ne reviendrait pas de la journée, a-t-elle dit". La quatrième, une femme vive et pondérée, occupée à une machine à coudre dans une pièce soignée, venait ; mais était-il le mari, et pouvait-elle être certaine de ses honoraires, et quels serviteurs étaient retenus ?

Il a dit que les frais étaient sûrs. Il lui donna en compte deux souverains. Puis elle s'étonna devant le seul domestique. Elle n'était pas très forte. Elle n'avait jamais été avec une dame avec un seul domestique. Elle ne savait pas comment elle s'en sortirait. Elle devait réfléchir à elle-même.

"Je suis désolé", a déclaré Roger. "Tu aurais été la même femme. J'irai à l'hôpital."

"Peut-être que je pourrais y arriver", dit-elle.

"Viendras-tu?" Il a demandé.

"Est-ce dans une maison ou un appartement ?"

"C'est dans un appartement haut de gamme."

"J'ose dire que je pourrais y arriver", dit-elle, hésitant encore.

Roger, se rappelant soudain que Pollock avait une sœur mariée, jura qu'une autre dame serait là pendant une bonne partie de la journée. Elle pesa ce fait alors qu'elle se tenait près de la porte du placard, sur le point de prendre son chapeau.

"Je ne pense pas que je devrais m'en soucier," dit-elle soudainement. "Je ne suis pas habitué à ce genre de travail."

En se tournant vers la porte en sortant, il vit qu'elle le regardait avec un léger sourire. Seul l'hôpital est resté.

Cela lui a pris un long chemin. Il était neuf heures vingt lorsqu'il arriva à l'hôpital. Très bientôt, il serait trop tard pour Ottalie. Son cœur se serra. Il croyait à la télépathie. Il pensait si fixement à Ottalie qu'il croyait qu'elle devait sentir sa pensée. "Ottalie, Ottalie", se répétait-il. "Attends-moi.

Attends-moi. Je viendrai. J'arrive aussi vite que je peux. Tu ne sens pas que je me précipite vers toi ? Attends-moi. Ne me laisse pas te manquer." Il déchargea son fiacre et engagea un fiacre à moteur. Deux minutes plus tard, il avait engagé une infirmière. Elle était dans le taxi avec lui. Ils tournaient vers le sud.

"Non", lui disait-elle. "Je ne trouve pas beaucoup de différence dans mes cas. Je ne les vois généralement pas après. Certains sont plus intéressants que d'autres. J'aime être avec un cas intéressant. Je ne veux pas dire un cas sérieux, et j'ai soit d'entre eux meurent, et je veux dire, vous savez, c'est inhabituel. C'est pourquoi j'aime avoir affaire à un premier enfant.

Elle a demandé s'il y avait une chance qu'elle arrive trop tard. Roger, le cœur plein d'Ottalie, ne pouvait pas le lui dire.

"Je n'aimerais pas arriver trop tard", dit-elle. "Je n'ai encore jamais raté une affaire. Jamais. Je serais vexé si j'arrivais trop tard avec celle-ci. C'est un gentleman peintre, je pense que vous l'avez dit ?"

"Oui."

"J'étais déjà avec une dame peintre", a-t-elle déclaré. "Il m'a donné une petite photo de moi."

Ils atteignirent l'appartement. La sœur de Pollock était arrivée. Le médecin avait envoyé son fils la chercher. Pollock cassait d'un air maussade la craie sur un dessin. Le studio était envahi par la fumée des cigarettes. "Je ne peux pas travailler", dit-il en allumant une cigarette au bout de la dernière. "Asseyez-vous." Il jeta sa craie et s'assit. "Tu as été terriblement gentil avec moi, Roger. Tu m'as sorti d'une tragédie. Tu ne sais pas ce que ça fait."

"Comment va Kitty ?"

"Très bien, pense le médecin. Dieu sait ce qu'il appellerait mauvais. Tout cela est nouveau pour moi. Je ne veux pas revivre ça. Dieu sait si elle s'en sortira un jour. Je me tirerai une balle si tout arrive à Kitty. »

Roger jeta un coup d'œil à sa montre. Il était dix-huit heures moins dix. Il devrait voler pour retrouver Ottalie. Si elle était en ville, elle serait dehors à dix heures. Il en était sûr. Son taxi attendait. Il lui restait un quart d'heure. Mais comment pouvait-il laisser Pollock dans cet état ?

"Charles," dit-il, "je veux que tu viennes avec moi. Tu as des chaussures, je vois. Prends ton chapeau. Kitty est avec trois femmes compétentes et un médecin. Tu n'es qu'un obstacle, et fais des histoires. Viens avec moi. Je te laisse à la National Gallery, pendant que je vois un ami. Ensuite, nous irons chez Bondini, dans Suffolk Street. Il appela gentiment la sœur de Pollock. "Mme Fane," dit-il, "j'emmène Charles chez Bondini, dans Suffolk Street."

"Une très bonne chose", a déclaré Mme Fane. "Un homme est bien mieux à l'écart dans des moments comme ceux-ci."

Ils ont commencé. Juste devant Dean's Yard Gate, le taxi est tombé en panne. Roger est sorti. "Quel est le problème?" Il a demandé.

"Rien de grand-chose, monsieur", dit l'homme, déjà occupé sous le capot. "Je ne vous garderai pas une minute. Remontez, monsieur."

Une main toucha le bras de Roger. Il a tourné. Un parfait inconnu, sans aucun doute un journaliste, était à ses côtés. Roger frémit. C'était un intervieweur de *The Meridian* .

« M. Naldrett ? » » dit l'intervieweur en prenant une photo de loin. "Je t'ai reconnu à ton portrait dans *La Bibliophile* . Une rencontre heureuse. Peut-être que tu n'as pas reçu mon télégramme. Je viens de passer chez toi, mais tu étais dehors. Je veux te poser des questions sur ta pièce *La Matrone* . Elle attiré une attention considérable. Pourriez-vous, s'il vous plaît, me dire si vous avez des idées particulières sur la tragédie ? »

"Oui", dit Roger; "Je l'ai fait. Et je vais les exprimer. Je suis très pressé; et je dois refuser d'être interviewé. Merci de ma part de remercier votre éditeur pour l'honneur qu'il m'a fait; mais dites-lui que je ne peux pas être interviewé."

" Certainement pas, puisque vous le souhaitez ", dit le journaliste. "Mais j'aimerais vous demander une chose. On me dit que votre pièce est très morbide. Êtes-vous morbide ? Vous n'avez pas l'air très morbide."

"Je suis désolé", a déclaré Roger. "Mais je ne suis pas morbide."

« Monsieur Naldrett, dit le journaliste, allez-vous écrire encore des tragédies comme *La Matrone romaine* ?

"J'en ai un terminé et un à moitié terminé", a déclaré Roger.

"J'espère, M. Naldrett", dit le journaliste, "que vous les avez écrits pour des gens ordinaires, ainsi que pour vous faire plaisir. Écrire pour se faire plaisir est très artistique. Mais ne considérerez-vous pas Clapham et Balham, et Tooting ? Comment allez-vous leur plaire avec des tragédies ? Une bonne comédie, c'est ce que les gens veulent faire rire, après leur journée de travail. à quoi bon rendre les gens sombres ? On veut les choses agréables de la vie, monsieur Naldrett, sur scène. On va au théâtre pour s'amuser. Il y a assez de tragédie dans la vraie vie sans qu'on en ait plus au théâtre. Avez-vous étudié Ibsen, M. Naldrett ?

"N'as tu pas?"

"Je ne crois pas en lui. C'est peut-être un penseur et tout ça, mais sa vision de la vie est très morbide. C'est un décadent. Bien sûr, on dit que sa technique est très fine. Mais il a un esprit comme un égout."

"Tout à fait prêt, monsieur", dit le chauffeur en se balançant sur son siège.

"Je dois vous souhaiter au revoir, ici", a déclaré Roger à l'intervieweur. "Faites attention à votre manteau. Il est coincé dans la porte. Merci à votre éditeur." Le taxi s'éloigna en klaxonnant. L'intervieweur l'a regardé. "H'm", dit-il avec ce petit signe de tête cynique avec lequel les inintelligents expriment leur compréhension. "Alors c'est ça le nouveau drame, n'est-ce pas ?"

La voiture a atteint Trafalgar Square sans être arrêtée par la circulation. L'horloge de Saint-Martin indiquait dix heures moins dix. Roger était de l'humeur lugubre de celui qui, ayant perdu espoir, n'est pas encore sûr. Il déposa Pollock à la galerie, puis poursuivit sa route, traversant Leicester Square, jusqu'à une petite rue pleine de restaurants et de librairies françaises. La voiture a été arrêtée par la circulation au bout de cette rue. Roger sauta, paya précipitamment l'homme et courut dans l'avenue. En trente secondes, il montait quatre étages en courant jusqu'à la porte à laquelle il avait frappé dans sa vision.

Il regarda à travers la vitre de la porte. Comme dans son rêve, quelque chose gisait dans le passage au-delà, un gant, un mouchoir ou une lettre froissée, avec un rayon de soleil venant d'une porte ouverte. Personne n'est venu lui ouvrir ; mais Roger, en frappant là, sentit la présence d'Ottalie près de lui et en lui ; il la sentait passer près de lui, une beauté bruissante et respirante, coiffée d'un grand chapeau et de ces vieilles boucles d'oreilles en perles qui tremblaient lorsqu'elle tournait la tête. Mais aucune Ottalie ne s'est présentée à la porte, ni Agatha, ni la vieille Mme Hicks, la gardienne. L'appartement était vide. Après avoir frappé à la porte pendant quelques minutes , une vieille femme en désordre, au visage rouge, sortit de l'appartement en dessous, à bout de souffle, la main posée sur le côté.

"Ça ne sert à rien de frapper," dit-elle d'un ton croustillant. "Ils sont bouche bée. Ils ne sont pas là. Ils sont bouche bée."

"Quand sont-ils partis ?" demanda Roger, soudain rempli d'un feu bondissant.

— Ils sont dégarnis, répéta la vieille. "Ça ne sert à rien de frapper. Ils sont bouche bée." Elle haleta un instant, regardant Roger avec méfiance et aversion ; puis se tourna vers sa maison avec les mouvements lents, incertains et tâtonnants de quelqu'un dont le cœur est atteint.

Roger resta seul dans l'escalier, conscient qu'il était arrivé trop tard.

Les escaliers étaient recouverts d'une couche de tôle de plomb. Quand la vieille femme eut fermé sa porte, Roger se précipita vers eux, allumant allumette après allumette, dans l'espoir de trouver des traces de pas qui pourraient lui en apprendre davantage. Agathe avait des pieds plutôt longs, ceux d'Ottalie étaient petits, mais très bien proportionnés. Les pieds de Mme Hicks étaient masqués par les bottes qu'elle portait. Un morceau de linoléum marron sur la tête de l'escalier portait des marques évidentes de bottes cloutées d'un homme qui attendaient là, peut-être une réponse. Il y avait d'autres marques, sans engagement, qui auraient pu être faites par n'importe qui. En somme, Roger croyait qu'une femme les avait confectionnés, en sortant, avec des chaussures sèches, ce matin-là. Le problème était maintenant : avait-elle quitté Londres pour l'Irlande ou pour le continent ? Avec quelques réticences, il s'est prononcé contre l'Irlande. Autrefois, elle avait toujours fait son séjour à Londres après sa visite sur le continent. Si elle était restée plus d'une nuit à Londres, elle lui aurait écrit ; il l'aurait vue. Comme elle ne lui avait pas écrit, elle partait manifestement à l'étranger, probablement pour un mois ou six semaines, après s'être reposée une nuit en chemin. Il ne la verrait qu'au milieu de l'été. Le fait qu'elle soit en ville depuis au moins une nuit ressortait clairement de ce que la femme avait dit. L'idée qu'elle était passée là où il se trouvait quelques heures plus tôt lui revenait à l'esprit comme si elle l'avait touché. Il s'assit sur le haut de l'escalier jusqu'à ce que sa déception soit maîtrisée.

Il jeta un dernier coup d'œil, à travers la vitre de la porte, à l'objet froissé, gant, lettre ou mouchoir, qui traînait dans le couloir. Puis il sortit dans l'avenue. La déception lui fut très amère. L'accent était tellement mis sur la qualité prophétique de son rêve. Ottalie était là, l'attendant. Il était arrivé trop tard. Elle lui avait manqué. La pensée qu'elle lui avait manqué en suggérait la cause. Il devrait retourner à Pollock. Il ne pouvait pas laisser son ami seul dans cet état d'esprit sauvage. Un homme plus petit aurait peut-être éprouvé du ressentiment contre cette cause. Roger n'avait pas cette petitesse. Il n'en voyait que l'ironie tragique. Il voyait la vie se dérouler selon un grand plan. Il se sentait comme une belle pièce séparée de sa propre combinaison par une autre plus grande, plus forte, plus merveilleuse. Il semblait très merveilleux qu'il ait été tenu (de manière si inattendue) à Ottalie, par la seule chose au monde assez forte pour le garder. Rien d'autre qu'une question de vie ou de mort n'aurait pu l'éloigner d'elle.

Un vif désir naquit en lui de savoir où elle était allée. Ceci (pensa-t-il) il pourrait le découvrir sans difficulté auprès d'un Bradshaw. Si elle allait en Grèce, elle emprunterait deux chemins. Pendant quelques minutes, il eut l'espoir qu'elle n'avait peut-être pas encore quitté Londres, qu'il pourrait la retrouver à la gare. Une Bradshaw lui montra que cela était possible, puisque, en empruntant un seul itinéraire, elle n'aurait à partir qu'après sept heures du soir. Mais si elle avait choisi cette voie, pourquoi aurait-elle fermé l'appartement si tôt ? Il ne voyait aucune réponse à la question. Pourtant, l'incertitude le tourmentait et le flattait en même temps. Elle pourrait être là à sept heures. De toute façon, il irait à la gare. Serait-ce sept heures ! Il lui restait neuf heures à vivre.

Il se dirigea précipitamment vers la National Gallery. Il se souvint, en entrant, qu'il n'avait pris aucun rendez-vous avec Pollock. Il espérait le retrouver avant l' *Ariane* . Il n'était pas là. Il ne l'était pas avant son autre favori, *Le Retour d'Ulysse* . Il n'était dans aucune des petites pièces donnant sur les pièces italiennes. Une promenade rapide dans toutes les écoles étrangères montra que Pollock n'était pas du tout dans cette partie de la galerie. Très peu de monde se trouvait dans la galerie à cette heure-là. Il ne pouvait y avoir aucune erreur. Il essaya les salles anglaises, sans succès. Il décrivit Pollock aux gardiens des escaliers inférieurs. "Non, monsieur. Personne n'est tombé comme ça." Une recherche au sous-sol, dans les petites pièces où sont conservées les aquarelles de Turner et les estampes d'Arundel, lui montra que Pollock n'était pas dans la galerie. Il voulait en être tout à fait certain. Il parcourut rapidement les salles françaises et espagnoles, puis, par les écoles hollandaises et flamandes, les salles italiennes. Ici, il est revenu sur ses traces, pour éviter toute possibilité d'erreur. Il était désormais certain que Pollock n'était pas dans la galerie. Très probablement, il n'y était jamais entré. Qu'était-il devenu ?

Il aurait difficilement pu aller à la Galerie des Portraits, pensa-t-il. Pourtant, c'était possible. Pollock était dans un état d'esprit excité. Il n'était guère en état de sortir seul. Roger se sentait anxieux. Il se précipita vers la Galerie des Portraits. Après une longue recherche, en haut et en bas, dans ces allées aux yeux peints, il décida que Pollock n'était pas là non plus. Il a dû aller chez Bondini. Suffolk Street n'était qu'à 400 mètres. Roger courut le chercher chez Bondini. Mais non. Il n'était pas chez Bondini. Où donc pourrait-il être ?

À ce moment-là, Roger était inquiet pour son ami. Il pensait que quelque chose avait dû arriver à Kitty. Il a pris un taxi jusqu'à la place Vincent pour s'en assurer. Pollock le laissa entrer. Il fumait une cigarette. Son bandage lui donnait un regard borgne, infiniment déprimant.

"Je suis désolé, Roger," dit-il; "Je ne pouvais pas m'éloigner de Kitty. Elle est plus calme, mais pas meilleure. Ô Dieu, Roger, je ne sais pas comment les hommes peuvent être méchants avec les femmes. Je ne sais pas ce que je ferai sans elle, si quelque chose arrive. à elle."

"Il ne faut pas se décourager comme ça", dit Roger. "Je comprends très bien ce que vous ressentez. Mais vous ne devez pas vous attendre au mal de cette façon. Très, très peu de cas se passent mal, maintenant. J'avais peur qu'il ne vous arrive quelque chose. Voudriez-vous venir dans ma chambre pour une partie d'échecs ? Ensuite, nous pourrions déjeuner ensemble et peut-être aller chez Henderson. Il a terminé le tableau sur lequel il travaillait.

Pollock ne devait pas se laisser tenter. Il ne quitterait pas Kitty. Après avoir discuté avec lui pendant près d'une heure, Roger le quitta, promettant de revenir bientôt s'enquérir.

Lorsqu'il sortait, dans la rue, sans aucun objet précis et immédiat pour occuper son esprit, il était assailli par les souvenirs de sa succession de mésaventures. Il ne pouvait pas dire que l'un d'eux faisait plus mal que l'autre. La perte d'Ottalie, qui faisait suite si rapidement au rêve, le rendait malheureux. La destruction de sa pièce par la critique ne l'a pas fait se sentir vraiment coupable, mais impur, comme si la populace lui avait craché dessus. Il se sentait « impur », au sens Lévitique. Il hésitait quelque peu à se mêler à ses camarades.

Il ne cessait de se dire que s'il ne faisait pas très attention, le monde envahirait son esprit, piétinant son jardin jusqu'à en faire de la boue. C'était son devoir de repousser le monde avant qu'il ne vienne perturber sa vision intérieure. S'il n'y prenait pas garde, il s'apercevrait que son prochain ouvrage serait entaché d'une certaine animosité fébrile, d'une certaine amertume personnelle ou d'une faiblesse de mépris. C'était son devoir d'homme et d'artiste d'empêcher cela, afin que son esprit soit comme un jardin couvert de fleurs, ou comme un miroir clair et sans défaut, ne reflétant que des images parfaites. Les événements de la veille avaient brisé ses barrières. Il sentait que sa vieille théorie, mise de côté bien avant, lorsqu'il ressentait pour la première fois la fascination des méthodes artistiques modernes, était après tout vraie ; que la juste poursuite de l'artiste était la pratique du christianisme. Il trouva à la National Gallery, dans le tableau de bataille d'Uccello, dans la noblesse de ce jeune chevalier chevauchant calmement parmi les lances, une image curative de l'artiste. Il s'attarda devant ce divin jeune homme aux cheveux blonds jusqu'à une heure. Il passa l'après-midi à une table du British Museum, lisant tout ce qu'il pouvait trouver sur Ottalie. Son nom était inscrit au complet dans l'Irish Landed Gentry. Il y avait les noms de tous ses parents et les noms de leurs maisons. C'était une chose absurde de lire ces entrées, mais les noms étaient tous des stimulants pour la mémoire. Il connaissait ces gens et ces lieux. Ils prirent forme dans son esprit à mesure qu'il les lisait. Il les avait déjà lus, plus d'une fois, alors que l'envie d'elle avait été amère dans le passé. Il connaissait les noms de ses ancêtres jusqu'à la troisième et la quatrième génération. Un volume de *Who's Who* lui a donné des détails sur ses proches vivants. Les loisirs d'un oncle marié étaient « le tir et la chasse ». Une jeune tante avait publié *Songs of Quiet Life*, en 1902. Son frère aîné, Leslie Fawcett, avait publié un roman, *One Summer*, en 1891. Ces deux volumes se trouvaient à côté de lui. Il les relut, pour la dixième fois. Les deux étaient des œuvres très courtes ; et les deux, pensait-il, l'aidaient à comprendre Ottalie.

Aucun des deux travaux n'était profond ; mais tous deux venaient d'une nature douce et noble, à la fois charmante et ferme. Il y avait des passages dans les chansons qui donnaient l'impression que la nature intérieure d'Ottalie parlait. Dans le roman, au chapitre sur une jeune fille, il croyait reconnaître Ottalie telle qu'elle devait être il y a longtemps.

Le volume du Landed Gentry lui faisait pitié de l'historien qui viendrait, dans un siècle, arracher des faits pour son histoire. Ottalie, ma chère femme, belle et respirante, spirituelle, aux cheveux charmants et noble comme une dame dans un poème, serait pour un tel un « 3e jour », ou, peut-être, un simple « problème ».

A cinq heures, il rangea ses livres. Il est allé boire du thé dans une laiterie, à High Holborn. Il entra dans cet endroit avec quelques appréhensions, car ses deux émotions lui rendaient le monde désagréable. Le souvenir de la veille lui faisait sentir qu'il avait été fouetté en public. La pensée d'Ottalie lui faisait sentir que le monde réel était dans son cerveau. Il hésitait à rencontrer quelqu'un qu'il connaissait. Ce vieux sentiment « d'impureté » l'envahit fortement. L'inquiétude étouffante du Musée avait au moins été comblée par des gens préoccupés et égoïstes. Ici, dans le salon de thé, tout le monde regardait. Toutes les petites tables inconfortables étaient peuplées de paires d'yeux. Il sentit qu'une femme riait, qu'un jeune homme donnait un coup de coude à son camarade. S'écartant pour laisser passer une serveuse, il renversa une chaise. L'endroit était exigu ; il se sentait bêtement mal à l'aise et mal à l'aise. Il rougit en soulevant la chaise. Tout le monde regardait. Il lui semblait qu'ils disaient : "C'est M. Naldrett, l'auteur de l'article qui a été hué hier soir. Ils disent que c'est très immoral. Millie était là. Elle a dit que c'était un tas de trucs démodés. . Quels drôles d'yeux il a. Et regardez la façon dont il met ses pieds.

Il s'assit dans un coin d'où il pouvait examiner la pièce. Un papier était posé sur la table ; il l'a ramassé abstraitement. C'était une copie de *The Post Meridian* . Quelqu'un avait déposé du beurre sur la partie supérieure. Il y jeta un coup d'œil un instant, juste le temps de voir un article de fond sous la marque grasse. « Drame et décence », a lancé l'épouvantail. Il ajoutait que le public londonien avait une fois de plus montré son sens infaillible de la justesse des choses face à la pièce de M. Naldrett. Il laissa tomber le papier et essuya la main qui l'avait touché. Il se sentit mis à rude épreuve. Il regarda la maison avec une telle intensité qu'une dame timide, d'âge moyen et en mauvaise santé, peut-être aussi battue que lui, se détourna de la chaise d'en face avant de s'asseoir. Il n'y avait pas d'amis là-bas, à l'exception d'un petit poète roux et farouche, assis à proximité, lisant et mangeant du gâteau. Le dos jaune des *Fleurs du Mal* était appuyé contre sa théière. Il mordait si fort que sa barbe remuait à chaque morsure. Quelque chose de la férocité et de la passion des *Femmes Damnées* ou du *vin de l'Assassin* se dessinait sur le gâteau. Il y eut un murmure parmi les morsures. L'homme lisait presque à haute voix. Un souvenir de Baudelaire revint à Roger, quelques grandes lignes mélancoliques :

"La servante au grand coeur dont vous étiez jalouse,
Et qui dort sans sommeil sous une humble pelouse,Nous devrions pourtant lui porter quelques fleurs.Les morts, les pauvres morts, ont de grandes douleurs,Et quand Octobre souffle, émondeur des vieux arbres ,Son vent mélancolique à l'entour de leurs marbres,Certe, ils doivent trouver les vivants bien ingrats."

Il se demandait si ce serait comme ça. Une serveuse lui apporta du thé et des toasts. Il versa un peu de thé dans sa tasse, pensant à un homme aujourd'hui mort, qui avait bu du thé avec lui il y a un an. L'un d'eux était très insensible à l'égard des morts. Il se demandait si les morts étaient insensibles envers les vivants, ou s'ils éprouvaient de *grandes douleurs* , comme le pensait le poète. Il sentait que cela ne le dérangerait pas d'être mort, mais pour Ottalie. Il se demandait si Ottalie avait lu les journaux. Il beurra quelques toasts et les déposa sur un côté de son assiette, sorte d'holocauste aux morts. Une ligne sur la carte attira son attention. "Pan-Bos. Notre nouveau pain santé. Par portion, 2j." Son esprit fatigué le retourna, ".d2, noitroP rep daerB." « Je deviens fou », se disait-il. « Dois-je aller en Irlande ce soir ?

Quelque chose l'avertit que s'il allait en Irlande, Ottalie n'y serait pas. Sans Ottalie, ce serait intolérable. Il y aurait sa maison, sur les collines, et tous ces sycomores, comme des fantômes dans le crépuscule, des fantômes de vieillards ruminant sa beauté, comme les vieillards de Troie au moment du passage d'Hélène. Non, il ne pouvait pas supporter l'Irlande avec elle. Il pensait au train-bateau avec regret pour les vieilles escapades joyeuses. Le garde à l'accent écossais, la voiture devant qui partait pour Dundee, le son de la belle voix irlandaise ("voce assai più che la nostra viva"), et puis la location de tapis et d'oreillers, sachant qu'on allait se réveiller en Écosse, au milieu des collines, de l'eau courante, un « discours majestueux » et de l'air pur. Il ne serait pas judicieux d'aller en Irlande. S'il partait maintenant, sans Ottalie, il ne pourrait peut-être pas y aller plus tard, lorsqu'elle serait là. Ce ne serait rien sans elle. Rien que lire, écrire, marcher et nager seul. Il vaudrait mieux ne pas y aller. Ici, le poète avala son gâteau, se leva et s'avança vers Roger.

"Comment avez-vous fait?" dit-il en parlant rapidement, comme si ses mots jouaient à chat. "Je viens de parler de toi avec Collins. Il m'a parlé de ta pièce. J'ai entendu dire que tu t'es disputé, ou quelque chose comme ça."

"Oui. Il y a eu une dispute."

"Collins s'en prend à vous dans *The Daystar* . Il dit que vous n'avez pas lu Aristote, ou quelque chose du genre. Avez-vous vu son article ?"

"Non, je ne l'ai pas vu."

"Oh, tu devrais le lire. Certaines parties sont très spirituelles. Cela te remonterait le moral."

"Qu'est ce qu'il dit?"

"Il dit que... Oh, tu sais ce que Collins dit. Il dit que tu... Je crois que je l'ai sur moi. Je l'ai coupé. Où l'ai-je mis ?"

"Peu importe. Collins ne m'intéresse pas."

"N'est-ce pas ? Il est très bon. Je suppose que votre pièce sera rejouée plus tard ?"

"Je crois que non."

Il s'est débarrassé du poète, a payé sa facture et est parti. Dehors, il rencontra Hollins, le critique de *The Week* . Il aurait évité Hollins, mais Hollins l'a arrêté.

"Ah, Naldrett", dit-il. "Je viens de te chercher dans *The Week* . Que veux-tu dire par ce troisième acte ? Vraiment. C'était vraiment—"

Cela donnait à Roger une sorte de respect de penser que cet homme avait damné les actes des autres avant sa naissance.

"Qu'est-ce qui n'allait pas avec le troisième acte ? Vous ne l'avez pas entendu."

"Vous devez lire M. Capus", dit Hollins en passant. "J'irai vers toi jusqu'à ce que tu le fasses."

Un vendeur de journaux, avec une voix d'oiseau de malheur, volant dans la nuit, tenait un billet coloré. "Drame et décence", disaient les grosses lettres. Un autre, en offrant un exemplaire, montra, pour l'attirer, « *ceful Fracas* ». La ville entière semblait en colère contre lui. Il traversa Seven Dials et continua jusqu'à St. Martin's Lane, où il connaissait une salle de lecture tranquille. Ici, il s'est caché.

IV

Il reste encore de l'espoir.
La Vierge Martyre .

À sept heures, il se rendit à la gare, espérant (contre son jugement) qu'il pourrait apercevoir Ottalie dans le train. Le train était très bondé. Les voyageurs avaient l'air heureux et impatient avec lequel on quitte une ville anglaise. Ottalie n'en faisait pas partie. Il descendit le train à deux reprises, dans des directions opposées, sans succès. Elle n'était pas là. Elle a dû commencer ce matin-là. Elle lui avait manqué.

Il s'assit sur l'un des bancs de la gare. Son monde semblait lui échapper. Il se disait que demain il faudrait travailler, sinon tous ces soucis le détruiraient. Il se sentait plus seul qu'il ne l'avait jamais ressenti dans sa vie. Une semaine auparavant, il aurait eu O'Neill, Pollock et un autre ami, désormais à l'étranger. O'Neill était parti, sans dire au revoir. Pollock menait ses propres batailles, avec peu de succès. Ottalie parcourait la France à toute allure, ou peut-être se dirigeait-elle simplement vers Paris.

Le désir de voir quelqu'un le chassa de la gare. Il marcha jusqu'à Soho, dans un restaurant espagnol, où certains de ses amis dînaient parfois.

Ici, la nuit, les curieux peuvent visiter l'Espagne, entendre le discours guttural et zozotant, grignoter des chuletas et avaler toutes sortes d'étrangetés dans des cazuelas. Des jeunes hommes très audacieux y crient à haute voix « Mozo », en zozotant le z. Le signal le moins audacieux avec la main. Les timides, et plus tard, mangent ce qui leur est proposé, sans poser de questions, obéissant aux Saintes Écritures, mais sans profit spirituel.

En entrant dans la salle, il salua l'Espagnole à l'allure écossaise, aux lourdes boucles d'oreilles, qui était assise à son bureau en train de lire *Blanco y Negro* . Elle lui offrit un « Buenas tardes », sans lever les yeux. Puis vint, à sa droite, un cri de « Naldrett ! »

Deux peintres, un poète et une femme proportionnée, dînaient là ensemble, devant les journaux du soir.

"Comment vas-tu?" » dit l'un des peintres.

"Nous venons de lire quelque chose sur vous", dit l'autre.

« Lire les choses les plus terribles », disait le poète.

"Montrez-lui *l'Orbe* . *L'Orbe est* le meilleur."

"Non. Montrez-lui *la planète* . Celui qui dit qu'il devrait être poursuivi."

Roger, refusant *Orb* et *Planet*, serra la main d'une des dames. C'était une petite actrice, délicate, fragile, presque inhumaine, avec du charme dans tout ce qu'elle faisait. Elle a dit qu'elle avait lu son livre *La Poignée* et qu'elle l'avait trouvé très "intéressant". Elle voulait que Roger vienne prendre le thé, pour discuter d'un de ses projets. Roger comprit qu'elle le sauvait de ses amis.

"Tu es l'homme du moment", disait le poète.

"Ne faites attention à aucun d'eux", dit le peintre qui avait parlé le premier. « Vous pouvez être bien sûr que lorsqu'il faut dire quelque chose à la hâte, comme doivent le faire ces critiques, on dit la chose la plus facile et la plus pratique à dire. Si je faisais attention à tout ce qu'ils disent de moi, je devrais être dans un asile de fous. D'ailleurs, qu'importe ce qu'ils disent ? Qui sont-ils, en fin de compte ?

La conversation dérivait vers un combat d'esprit, dans lequel les sept s'efforçaient de définir une critique avec la plus grande acuité et la plus grande précision possible. Cela fait, à leur propre satisfaction, ils se mirent à composer un sonnet composite sur le critique, au dos des cartes de courses. L'un des peintres dessinait une critique idéale, à la manière tantôt du Tintoret, tantôt de Vélasquez, tantôt de Watteau. L'autre, qui se plaignait que les maîtres anciens devaient être mis au rang des critiques, parce qu'ils gâchaient le marché des peintres vivants, le dessinait à la manière de Rops.

Après le dîner, Roger rentra chez lui par un rond-point qui le mena devant son théâtre. Quelques personnes traînaient à l'extérieur, regardant d'un air absent quelques autres qui entraient. Sa pièce semblait toujours en cours, malgré les ennuis. Falempin était courageux.

Il retourna à ses appartements, se demandant pourquoi il n'était pas allé en Irlande ce soir-là. Londres l'opprimait et le faisait souffrir. Il pensait que c'était une ville laide, pleine de vie laide. Il n'avait aucun désir d'être citoyen d'une telle ville. Il n'aimait pas l'endroit et ses habitants ; mais ce soir, peut-être un peu humilié par ses malheurs, il se surprit à se demander si toute la misère de la ville, ses tavernes bestiales, ses foules de crieurs stupides et curieux, ne pourraient pas être soudainement changées en beauté et en noblesse. la vie par quelque inspiration générale soudaine, comme celle qui arrive aux nations en de rares moments sous la souffrance. Il a décidé de ne pas le faire. La patience face à la souffrance n'était guère l'un de nos traits de caractère.

Sur la table de son salon se trouvait une lettre d'Ottalie, portant le cachet de la poste de Londres sur les timbres grecs, et en dessous la légende « 2d. à payer ». À la date indiquée sur la lettre, il avait fallu dix jours pour parvenir à lui. Il l'ouvrit avec empressement, s'attendant à moitié à y trouver la lettre même du rêve, même si quelque chose lui disait que les lettres du rêve contenaient ses pensées essentielles, la lettre dans sa main la couverture mondaine de ces pensées, traduites en langage terrestre avec ses réserves et sa tiédeur. Il apprit par cette lettre qu'elle était depuis un mois en Grèce et qu'elle rentrait maintenant chez elle. Elle resterait quatre jours, du 7 au 11, dans son appartement à Londres. Elle espérait le voir là-bas, avant de retourner en Irlande. À sa grande surprise, le post-scriptum disait : « J'ai lu votre dernier livre. Il se lit comme le journal d'une âme perdue », les mêmes mots qu'il avait vus en rêve. Pour le moment, cela ne l'émouvait pas autant que l'idée que nous étions le 11 du mois. Elle était à Londres avec lui depuis trois ou quatre jours, et il ne l'avait jamais su. Il avait vu sa lumière éteinte la nuit précédente. S'il avait eu un peu de bon sens, il lui aurait rendu visite tôt ce matin-là, avant de prendre son petit-déjeuner. S'il l'avait fait, il l'aurait vue, il l'aurait accompagnée jusqu'à la gare, il aurait peut-être pu voyager avec elle en Irlande. L'amertume de sa déception lui fit penser un instant méchamment à Agathe, qui, dans son imagination, les avait séparés. Il soupçonnait qu'Agatha avait caché la lettre. Sinon, comment aurait-il pu être affiché à Londres avec des timbres grecs dessus ?

Puis vint l'idée qu'elle n'était pas partie en Irlande ce matin-là. Il ne l'avait jamais vue retourner en Irlande par les day-boats. Elle aimait dormir dans le train et garder la lumière du jour pour le reste de sa vie. Sa connaissance d'elle lui révéla ce qui s'était passé. Elle avait déposé ses bagages à la gare, peu après le petit-déjeuner. Cela fait, elle avait passé la journée à s'amuser, dîné à l'hôtel de la gare, et maintenant...

Il s'assit, battu par cette dernière déception. À présent, il faisait route vers le nord dans l'express de nuit en direction de Port Patrick. Elle venait juste de partir. Elle se trouvait à une douzaine de kilomètres de lui. Le train n'a démarré qu'à huit heures. Il n'était plus que quatorze minutes. S'il n'avait pas été un imbécile ; s'il était seulement rentré à la maison au lieu d'aller à la gare !

"Selina", cria-t-il jusqu'au sous-sol, "quand est-ce que cette lettre est arrivée ? Cette lettre avec le cachet étranger."

"Juste après votre sortie ce matin, monsieur."

Cinq minutes de patience auraient changé sa vie.

"Une dame est venue vous voir, monsieur."

"Quel était son nom ?"

"Elle n'a pas laissé de nom, monsieur."

"Comment était-elle ? Quand est-elle venue ?"

« Elle est arrivée quelques minutes avant neuf heures, monsieur. Elle semblait très contrariée de ne pas vous trouver.

« Était-elle déjà venue ici ?

"Je pense que c'est elle qui est venue ici une fois avec une autre dame, une dame brune, quand vous avez visité la suite à l'étage, monsieur. Je pense qu'elle est venue un soir quand vous leur avez fait la lecture."

Ottalie était là. Ce devait être Ottalie.

"Je lui ai dit que vous étiez parti, monsieur. Vous ne lui avez pas dit où."

Il a remercié Selina. Il se mordit les lèvres pour ne pas demander si le visiteur portait des boucles d'oreilles. Il retourna dans sa chambre et s'assit. Il n'avait pas encore réalisé à quel point Ottalie comptait pour lui. Une voix résonnait dans son cerveau disant qu'elle lui avait manqué, qu'elle lui avait manqué de quelques minutes, à cause de sa propre impatience, par hasard, à cause de sa jonglerie avec les pouvoirs extérieurs à la vie. Toute sa misère semblait roulée en une boule de plomb qui lui fracassait le cerveau. La pièce était une petite chose. La perte de John était une petite chose. Templeton était ridicule, les critiques étaient de petits moucherons, mais avoir manqué Ottalie, avoir perdu Ottalie ! Il goûta un moment de désespoir.

Le désespoir ne dure pas longtemps. Cela tue, ou cela incite à l'action. Avec Roger, cela a duré quelques secondes, puis s'est transformé en passion pour aller vers elle. Mais il lui faudrait attendre, il lui faudrait attendre. Il y avait toutes ces heures interminables à attendre. Toute une nuit de purgatoire. Que pouvait-il faire en attendant ? Comment a-t-il pu passer cette nuit-là ? Que pouvait-il faire ? Le travail était impossible. Parler était impossible. Il se souvint alors d'autre chose.

Il ouvrit fébrilement son Bradshaw. Oui. Il y avait un autre bateau-train pour Holyhead. Il pourrait être à Dublin peu après l'aube le lendemain ; "8h45 d'Euston." Il pourrait simplement le faire. Il prendrait ce deuxième bateau-train. C'était une simple chance ; Mais cela pourrait être fait. Il pourrait être avec Ottalie dans l'après-midi du lendemain. Mais l'argent ; il n'avait pas assez d'argent. Cinq minutes pour faire mes valises. Il pourrait épargner cela ; mais qu'en est-il de l'argent ? À qui pourrait-il s'adresser pour de l'argent ? Qui aurait de l'argent à prêter sur-le-champ ? Il faudrait que ce soit quelqu'un à portée de main. Chaque seconde rendait sa tâche plus difficile. Où y aurait-il un taxi ? Lequel de ses amis vivait sur le chemin d'Euston ? Qui habite entre Westminster et Euston ? C'est tout un parc, un bidonville et une pension de famille. Big Ben, élevant la voix, entonna le quart.

Il a pris un taxi devant Dean's Yard. Il s'est rendu chez un ami à Thames Chambers. L'ami lui prêta un souverain et de l'argent en vrac. Il en avait maintenant assez pour l'emmener en Irlande. Il ordonna au cocher de se dépêcher. Les vendeurs de journaux étaient occupés au Strand. Ils criaient au vainqueur et au désastre. Il vit un bulletin d'information sortir de la main d'un homme. "British Liner Lost", titrait le titre. Il se sentait soulagé que l'esprit du singe ait désormais quelque chose de nouveau à occuper. Le changement de titre du journal lui a permis de se sentir plus propre.

Jusqu'au croisement de Holborn, il sentit qu'il allait prendre le train. À Holborn, la voie était barrée par la circulation. La Euston Road lui était également interdite. Il a raté le train d'un peu plus d'une minute. Il était trop fatigué pour ressentir davantage de déception. La meilleure chose à faire, pensait-il, serait de dormir à la maison, de prendre le bateau-train le matin et de voyager toute la journée. Ce plan le ferait atterrir en Irlande dans les vingt-quatre heures. Il pouvait alors soit passer une nuit au port, soit poster les quarante milles jusqu'à son cottage. De toute façon, il serait avec Ottalie, en sa présence même, dans quarante heures. En affichant les quarante milles, il pourrait regarder la nuit suivante devant sa fenêtre, dans la paix profonde du pays irlandais, presque au son de la mer. La pensée des grandes étoiles balayant la maison d'Ottalie, de la lune qui se levait, remplissant la vallée, et du petit vent qui faisait trembler les feuilles, donnant pour ainsi dire la parole à la beauté de la nuit, l'émouvait intensément. Dans son humeur surmenée, ces choses étaient les seules choses réelles. Le reste n'était qu'un cauchemar.

En revenant d'Euston, il remarqua une autre affiche portant les mots « Steamer Sunk. Lives Lost ». Il n'y prêta aucune attention. Il se demanda vaguement, comme il s'était souvent demandé dans le passé, quel genre d'esprit feuilletait ces choses. Un désastre, une attaque contre le gouvernement et une chronique de paris. C'est ce que couvait l'image de Dieu, nuit après nuit. C'est ce que l'image de Dieu écrivait chaque soir, après une éducation coûteuse.

Il était très fatigué ; mais il ne pourrait y avoir de repos pour lui tant qu'il n'aurait pas demandé des nouvelles de Mme Pollock. Elle avait donné naissance à une petite fille qui allait probablement survivre. Elle-même était très faible, mais ne courait pas de danger grave. Pollock prenait de bonnes résolutions dans un brouillard de fumée de cigarette. Roger n'était pas recherché là-bas. Il est rentré chez lui, se coucher, épuisé. Il a beaucoup dormi.

Il était frais et joyeux le lendemain matin. Il fit ses valises à loisir, déjeuna tranquillement et partit pour la gare, se sentant comme un garçon en vacances. Il quittait ce désert crasseux et crasseux. Il allait tout oublier. Dans quelques heures, il aurait franchi la frontière, dans un nouveau pays. Cette nuit-là, il se trouverait au-dessus de la mer, si changé et dans un pays si différent, que tout cela ressemblerait à un horrible rêve lointain, indescriptiblement sordide et inutile. London était une drogue puissante et toxique, à prendre à doses infimes. Il allait prendre un correctif fort.

Le voyage en train était long et lent ; mais après le décès de Carlisle, son esprit commença à en ressentir l'excitation. Dans quelques heures, il serait sur un bateau à vapeur, debout bien en avant, attendant que les doubles feux clignotent et que le troisième feu, plus au sud, clignote et brille. Le paysage écossais terne et bas, où Burns vivait et Keats marchait, a cédé la place à des collines basses et irrégulières, indescriptiblement solitaires, avec des plaines marécageuses en dessous et des étangs abandonnés. Il cherchait une de ces piscines. Il l'avait souvent remarqué auparavant, lors de ses voyages par là. C'était un repère familier pour lui. Comme tout le reste de cette terre écossaise, elle était associée dans son esprit à Ottalie. Tout le voyage lui était associé. Il avait si souvent traversé ces collines et ces étangs, uniquement pour la voir, qu'ils étaient devenus pour lui une sorte de rituel, une partie de sa visite, quelque chose qui le conduisait inévitablement à elle. Après la colline avec le cairn, il aperçut son point de repère. Là, la piscine brillait sous les derniers rayons du soleil. La petite île solitaire, pas assez grande pour une peau, mais assez grande, il y a des années, pour un habitant d'un lac, brillait dans une lueur d'herbe desséchée. Quelques courbes, hérissant les bas-fonds, s'inclinaient, s'inclinaient et s'inclinaient tandis que le vent soufflait. Un récif de rochers noirs glissait au fond de la piscine, comme une anguille nageant. Roger eut de nouveau l'idée, qui lui était venue à l'esprit une douzaine de fois, en passant devant la piscine, qu'il aimerait être un garçon là-bas, avec un bateau-jouet. Un autre repère tendrement recherché était une petite maison blanche, assez éloignée de la ligne, en hauteur sur la lande. Il avait pensé un jour (en passant) que ce serait un endroit agréable pour un séjour d'une semaine lorsque lui et Ottalie seraient mariés. La tendresse de la fantaisie originale persistait encore. C'était devenu une étape incontournable du voyage. Après quelques minutes d'observation, il apparut, fraîchement blanchi à la chaux ou, peut-être, simplement très brillant au coucher du soleil. Une femme se tenait devant une petite porte du jardin. Il l'y avait déjà vue une fois. Peut-être qu'elle attendait ce train du soir. Cela pourrait être un événement dans sa vie. Elle doit être très seule là-bas, à des kilomètres de tout. Après cela, il ne vit qu'un autre point de repère, un bosquet d'épicéas près de la ligne. Une légère brume se formait. Il allait y avoir du brouillard. Le bateau ferait un voyage lent.

La brume recouvrait tout lorsque le train s'arrêta. Il descendit sur une plate-forme mouillée de brume. Des bidons de lait mouillés brillaient. Des rails brillaient sous ses pieds. Une grande partie d'un train postal se leva, vide et sombre. Les gens criaient et passaient. Il y avait une odeur chaude de moteur de navire. Un homme passa, nerveux et pressé, portant deux tasses de thé de la buvette. Quelqu'un a crié pour venir avec les courriers. Une voix irlandaise répondit avec enthousiasme, avec une amertume spirituelle qui définissait le propriétaire aux yeux de Roger, dans ses grandes lignes. La brume descendait sous le hangar. Quelques pas humides le conduisirent jusqu'à un rail de chaînes, au-delà duquel se trouvait une mer immobile, d'un gris-brun sombre sous la brume, avec une ou deux mouettes dérivant et tombant. Au-delà, une rangée de lumières s'éteignant faiblement lui montra le paquebot. La passerelle était inclinée vers le bas, dégoulinante de la rampe. Un homme disait : « En effet, ça l'était », avec l'accent sec et charmant des collines.

Il n'a pas reconnu le bateau à vapeur. Son nom, visible sur une bouée de sauvetage, était nouveau pour lui. Il ne se souvenait pas d'une *dame de Lyon* sur cette ligne. Il déposa son sac dans un coin du salon, où des dames déjà timides se préparaient au pire, en s'allongeant, sous des couvertures, avec des bouteilles de sels à la main. L'odeur du carré, les odeurs de désinfectant, d'huile, de caoutchouc et de nourriture, mêlées à la nausée d'un lieu à moitié aéré et surchauffé, le poussèrent de nouveau sur le pont. Un homme âgé racontait à sa femme que cette affaire avait été épouvantable. La dame répondit avec l'espoir qu'il ne leur arriverait rien, car que ferait le pauvre Eddie ?

Quelqu'un près de la passerelle, un homme des collines d'après son discours, probablement le contrôleur des billets, ou son compagnon, parlait pendant les intervalles de travail. Il vérifiait l'élingage des caisses et discutait avec une connaissance. Roger n'avait aucune envie de l'entendre. Il était impatient que le navire démarre. Mais assis là, enveloppé dans son imperméable, il ne pouvait s'empêcher d'entendre des bric-à-brac d'une histoire dans le claquement des treuils. Quelque chose de terrible s'était produit, et Tom le saurait, et, en effet, c'était une triste chose pour la veuve O'Hara ; mais c'était une mort rapide, de toute façon, et cela pouvait arriver à n'importe qui, d'ailleurs. En effet, la mort a été rapide, et la faute en était à ces brouillards, qui ne laissaient aucune chance à un homme tant qu'elle n'était pas au-dessus de vous. À quoi servaient les feux de position, quand le brouillard pouvait rendre un phare aussi rouge que le sang ? Elle était entrée dedans, juste derrière le pont, et l'avait transpercée. Ils ne l'ont jamais vue. Elle ne klaxonnait même pas. Oui. Une de ces grosses goélettes Yankee à cinq mâts. Le *John P. Graves* . Je viens de sortir de Glasgow. Ils n'avaient même pas de poste de surveillance. Saisir sa chance. Sa foule était ivre. Et l'un des morts était une femme anglaise mariée seulement ce matin-là. Non, l'homme a été sauvé. Comme un homme stupéfait. La plupart des corps étaient à terre, à l'abri de la lumière. Il y eut un violent bruit de lumière.

Il y avait eu une collision quelque part. Il y avait toujours des collisions. Roger écoutait, et cessait d'écouter, en pensant à ce « Steamer Sunk, Lives Lost » sur la pancarte de Londres. Il pensait que ces causeurs vifs et pittoresques, des hommes professionnels ; mais pleins d'émotion, donnaient à un tel événement une sorte de poésie et en faisaient une partie de leur vie, tandis que le lecteur de journal, très loin dans la ville, le regardait, parmi une douzaine d'événements similaires, dont aucun n'était de près. ramené à la maison, ou, en fait, pour être compris par lui, et a rejeté l'affaire avec un indifférent "Vraiment. Comme c'est horrible!" Il se reprocha de penser ainsi. Cette collision avait affecté les hommes qui l'entouraient dans leurs activités quotidiennes. Les Londoniens ont été touchés par des catastrophes qui les ont touchés. Ce désastre, quel qu'il soit, ne l'a pas touché. Il était d'une humeur contraire, amère, trop occupé de lui-même pour avoir de la compassion pour les autres. Il pensait que les hommes qui faisaient le plus étaient des hommes égocentriques, coupés du monde extérieur. Un escargot, soudainement piqué sur sa corne tendre, pourrait penser la même chose.

C'était une nuit sombre, mais suffisamment claire, lorsqu'ils atteignirent l'Irlande. Les lumières de la baie brillaient comme avant. Les lumières de l'île n'avaient pas changé. L'une d'elles, en hauteur, qu'il avait souvent remarquée, ressemblait toujours à une étoile. De petites lueurs dansaient devant lui, alors qu'il dînait à l'hôtel, accompagné d'un vieux serveur grave. L'hôtel était plus plein que d'habitude à cette époque de l'année. C'était plein de gens agités, anxieux et tristes, dont certains étaient avec lui dans le bateau. Ils lui donnèrent l'impression qu'ils étaient tous venus pour un enterrement. Après avoir soupé, il se coucha précipitamment.

Le matin, au petit-déjeuner, il y avait les mêmes gens tristes. Ils étaient assis à la table voisine, discutant à voix basse, buvant du thé. Ils prenaient le thé pour leur petit-déjeuner. Une vieille femme au visage dur et commercial, assumée par des natures prédatrices sans énergie, maternait la fête. Ses yeux rouges, gonflés par les pleurs, soulignaient la vulpine en elle. Un retardataire est arrivé. "Alice ne descendra pas", dit-elle. "Elle prendra du thé à l'étage."

La vieille femme, appelant une servante, envoya du thé à Alice. Une jeune fille pâle, fille de la matrone en tout sauf en esprit, reniflée au bord du péril, épuisée par le chagrin et la lassitude. La vieille femme la réprimanda. "Nous devrons commencer dans une minute." Elle avait cette nature de fer qui se limitait à elle-même. Roger se demandait si dans la vieille Rome ou dans l'Angleterre puritaine, ce genre de caractère avait été consciemment développé dans la race. Il a changé de table.

Le serveur lui apporta un journal. Il l'a touché du doigt et l'a laissé intact. Il n'ouvrirait pas un journal avant d'être sûr que le tumulte autour de lui était oublié. C'était un cerf craintif et traqué. Les chiens ne devraient pas le suivre dans cette retraite. Tout en mangeant, il se demandait s'il devait faire du vélo, prendre la « longue voiture », parcourir quarante milles en voiture ou prendre le train. Finalement, voyant que les routes étaient sèches et que le vent n'était pas mauvais, il décida de rouler, envoyant ses bagages par la voiture. Il aimait aller à Ottalie. C'était un voyage difficile, pensa-t-il, à cause des explosions qui tombaient des collines, mais il arriva un moment, comme il s'en souvenait bien, assez proche de la fin du voyage, où les collines cédèrent la place aux montagnes. Ici, la route, au sommet d'une crête, s'est effondrée, laissant apparaître une vallée et une étendue de mer. Les collines et les promontoires roulaient vers le nord en rangs dans une brume bleuâtre. Le rocher au-dessus de tout s'élevait directement sur les vagues, une ligne droite et définie dans le bleu. De la maison d'Ottalie, en hauteur, il pouvait voir ce grand rocher. Avec une lorgnette, il pouvait voir les vagues éclater en dessous. Il était maintenant huit heures. Le bateau du matin arrivait. Il allait démarrer. A l'heure du déjeuner, il serait dans sa petite maison au-dessus de la mer. Il nageait avant le déjeuner. Après le déjeuner, il grimperait à travers la longue allée grise de hêtres jusqu'à la maison d'Ottalie. L'ancienne excitation l'envahit pour donner à son ardeur le souvenir de bien d'autres chevauchées.

En parcourant cette ville sordide, il se surprit à raconter de petits détails curieux sur des choses qu'il avait vues lors de voyages similaires dans le passé. Le bruit de la « longue voiture » derrière lui le fit bondir en avant. C'était un point de vanité chez lui que de battre la voiture sur le parcours de quarante milles. La dernière chose qu'il remarqua en quittant la ville fut une affiche jaune portant la légende :

"PERTE DU 'LORD ULLIN'
" VERDICT DU CORONER.

V

Une nouvelle tombait directement sur une autre
: la mort, la mort, et la mort. *Le coeur brisé* .

Le soleil était doré sur toutes les merveilles de l'Irlande. La mer apparaissait de temps en temps. Au-delà d'un château rocheux, un fou de Bassan tomba, blanc et rapide, avec un léger clapotis qui lui parvint à un quart de mile de là. Tournant vers l'intérieur des terres, il se dirigea vers les collines. De petites collines verdoyantes, boisées et ensoleillées, s'offraient à nous. De chaque côté de lui se trouvaient des pâturages d'un vert indescriptible, parcourus de manière endormie par le bétail. Il s'est mis à parcourir à toute vitesse ce pays lumineux. Il gravit les petites collines, descendit et remonta de nouveau. Il avait hâte d'atteindre une porte au sommet d'une colline, d'où il pourrait voir le promontoire qui le fermait du pays de son désir. Pendant qu'il chevauchait, il pensait avec ardeur à ce que cet après-midi serait pour lui. Ottalie n'est peut-être pas là. Elle est peut-être absente. Elle pourrait être absente ; mais quelque chose lui disait qu'elle serait là. Avec Ottalie dans le monde, le monde n'avait pas beaucoup d'importance. La pensée d'Ottalie lui donnait un sentiment subtil, qu'on ne pouvait apprécier que dans sa jeunesse, de sa propre supériorité sur le monde. Le cœur battant, non pas à cause de l'émotion, mais à cause de la montée, il grimpa la porte et regarda les magnifiques champs jusqu'au promontoire lointain. Il était là, brillant, à quinze milles de là. Au-delà, c'était Ottalie. Les manifestants, dans des temps lointains et malheureux, avaient peint une tête de mort sur la porte, comme, dans d'autres régions, ils creusaient des tombes devant les portes d'entrée ou tiraient des balles porte-bonheur à couvert. Les os étaient désormais recouverts de lichen ; mais le crâne sourit amicalement à Roger, comme il avait souvent souri. En continuant sa route, et jetant un coup d'œil par-dessus son épaule, au risque de tomber dans le fossé, il vit les yeux du crâne fixés sur lui.

La dernière partie du trajet était en descente. Il a soulevé son vélo par-dessus un muret de pierre et a sauté après. La mer était à cinquante mètres de lui, en crue débordante. Norah Kennedy, la vieille femme qui tenait la maison pour lui, était là, à la porte, et regardait dehors.

« En effet, M. Naldrett, » commença-t-elle ; "La bénédiction de Dieu sur toi. J'avais peur que le bateau ne coule sur toi. C'est un moment triste pour toi de venir ici. En effet, je ne t'ai jamais vu aussi beau. Tu ressembles plus à ta mère qu'à ton père. C'était un grand homme, votre père, parmi tous les gens dont je me souviens. En effet, votre dîner est juste prêt pour vous. Vais-je mouiller le thé, monsieur ?

La vieille femme allait de sujet en sujet, jetant sur chacun d'eux des regards si légers, qu'un moins habitué à ses manières n'aurait pas soupçonné la critique très fine et très acerbe cachée sous le charme de la nature superficielle. Roger sentit d'une manière ou d'une autre que la critique était alerte en elle, qu'elle était mécontente de quelque chose dans ses manières ou dans sa tenue vestimentaire. Il en conclut qu'il était en retard, ou que, peut-être dans son zèle pour lui, elle avait mis le joint trop tôt. Comme d'habitude, quand elle n'était pas contente, elle servait le dîner en marmonnant des remarques personnelles, ne sachant pas (comme c'est le cas pour les vieillards solitaires qui parlent tout seuls) qu'elles étaient parfois audibles. « Je ne te ferai pas de petits pois pour ton souper, mon homme », disait-elle en aparté, lorsqu'il se servait avec parcimonie de petits pois. "C'est facile de voir que vous n'êtes qu'un Anglais", dit un autre, à propos de sa méfiance nationale à l'égard d'une pomme de terre. Roger se demandait ce qui n'allait pas et dans combien de temps il redeviendrait "le plus beau jeune homme dont je me souvienne, sauf peut-être que c'était votre père. En effet, M. Roger, voir votre père, et lui chevauchant un manteau rouge, vous Je penserais que c'était l'homme de la reine*, ou l'un des saints de Dieu. Je n'ai jamais vu personne qui avait la gloire de ton père, à moins que ce ne soit toi qui marchais. Le père de Roger y était mort de boisson, après une vie passée à préserver les lois du gibier.

* Le regretté Prince Consort.

Quand ses bagages arrivèrent, il s'habilla avec soin et partit gravir la colline jusqu'à la maison d'Ottalie, qu'il pouvait voir, même de sa chaumière, comme une masse blanche et indéterminée, protégée par les arbres des vents marins. La route bifurquait vers un emprunt, entouré de pierres tombales de chaque côté. Pendant qu'il gravissait le prêt, les taureaux irlandais espiègles, venant au galop, au bruit de ses pas, le scrutaient, à travers les haies tenues ensemble par la Providence, ou laissées à l'imagination des taureaux. Un taureau blanc et vigoureux le suivit pendant un certain temps, retenu seulement par un fil d'un pied de haut.

"En effet", dit un vieil ouvrier qui, en se reposant en chemin, exprimait sa sympathie à la fois pour Roger et pour le taureau, "ce n'est qu'un jeune taureau. Il ne ferait de mal à personne, sauf peut-être qu'il ressentait cela. Ne vous laissez pas faire. des ennuis, monsieur.

Au-dessus de la maison d'Ottalie se trouvait le jardin. Le mur du jardin était adossé au prêt. Une petite porte bleue, à la peinture écaillée et cloquée, le laissait entrer dans le jardin, dans une longue allée de roses droite, où les roses n'avaient pas encore commencé à fleurir. Une herbe odorante poussait près de la porte. Il en froissa une feuille entre ses doigts, pensant à quel point la terre était merveilleuse, qui pouvait faire pousser ce parfum à partir de la moisissure et de la pluie. Les abeilles s'affairaient parmi les fleurs. La laurustine dégageait de la douceur. Sous le soleil de cet après-midi sans vent, l'odeur épaississait l'air au-dessus du chemin, en faisant un chaud caillot de parfum, respirer qui revenait à respirer la vie naissante. Les papillons vacillaient, se tenant bas, à la manière des papillons près de la côte. Les oiseaux émettaient des cris musicaux, des exclamations soudaines et délicieuses, des rires saisissants, comme si le dieu Pan riait tout seul parmi les buissons de lauriers.

Il a ressenti la beauté de la fin de la saison irlandaise comme il ne l'avait jamais ressenti auparavant. Cela l'a poussé à une excitation qui est au-delà de la poésie, à cette sensibilité ravie, dans laquelle l'esprit, tremblant d'ouverture, tremblant de vie, ne peut ni sélectionner ni combiner. Il avait envie d'écrire de la poésie ; mais en plein air, l'imagination est subordonnée aux sens. Les lignes qui se formaient dans son esprit n'étaient que des exclamations dénuées de sens. La nature n'est qu'un décor. L'âme de l'homme, qui seule parmi les choses créées la considère, est la chose importante.

Les stores du front sud ensoleillé étaient baissés ; mais les marques des roues de la voiture sur l'allée lui indiquèrent qu'elle était revenue. Après avoir sonné, il écouta le crépitement au loin dans la cuisine, et se retournant, il vit un écureuil sauter d'un hêtre à l'autre, suivi de trois ou quatre moineaux. Des pas se rapprochèrent. Quelque part dehors, au fond, la voix d'une vieille femme demandait en pleurnichant un peu de pain, pour l'amour du Dieu Tout-Puissant, car elle avait péri en marchant et avait une toux qui ferait pitié à un homme martial. Une voix plus jeune, haute, claire et dure, lui disant de vouloir s'en sortir, cessa brusquement son interdiction. La porte s'ouvrit. Il y avait la vieille Mary Laverty, la gouvernante.

"Comment vas-tu, Mary ? Est-ce que tu vas bien ?"

"Je le suis, monsieur. Je vous remercie."

« Est-ce que Miss Fawcett est là ?

"N'avez-vous pas entendu, monsieur?"

"Entendu quoi ?"

"Mlle Ottalah est morte, monsieur."

"Quoi?"

"Elle s'est noyée dans le bateau qui a été heurté alors qu'il traversait la mer, il y a deux jours. Il y avait du brouillard, monsieur. Personne ne vous l'a dit, monsieur ?"

"Non."

"Il y en a onze qui se sont noyés, monsieur."

"Est-ce qu'elle... Est-ce qu'elle est allongée ici ?"

"Oui, monsieur. Elle est à l'intérieur. L'enterrement n'aura lieu que samedi. Elle n'a pas encore de poitrine."

« Est-ce que Miss Agatha était avec elle ?

"Miss Agatha n'était pas dans le cabbon. Elle n'était pas mouillée, en effet. Elle n'avait même pas mouillé sa jupe, monsieur. Elle est à l'intérieur, monsieur."

"Penses-tu qu'elle me verrait?"

"Entrez, monsieur. Je vais demander."

Il entra, abasourdi. Son esprit lui donna l'image de quelque chose ramené à terre. Il y avait l'image d'une chose dégoulinante portée par des hommes dans l'allée, le gravier craquait sous leurs bottes - crunch - crunch au rythme lent, puis un repos à la porte, puis, lentement, dans le couloir, et goutte à goutte, goutte à goutte. , montez les escaliers jusqu'à la chambre sombre. Puis ils ressortent, respectueusement, fouillant leurs chapeaux, pour en parler avec le cuisinier. Il n'a pas réalisé ce qui s'était passé. Le voilà dans la pièce. Il y avait sa photo. Il y avait le bol oriental plein de pot-pourri. Ottalie s'était noyée. Ottalie gisait à l'étage, une chose morte, sans voix ni mouvement. Ottalie était morte. Elle s'était assise avec lui dans cette même pièce. Le vieux canapé précis était son siège préféré. Comment pourrait-elle être morte ? Elle était à Londres pour le demander, seulement deux jours auparavant. Sa lettre était dans sa poche. Il y avait sa musique. Il y avait son violon. Pourquoi n'entrait-elle pas, comme autrefois, avec sa délicatesse souriante et ses mains en grands gants de jardinier, serrant les tulipes pour les pots ? Cette beauté était finie pour le monde.

Il en fut abasourdi. Il ne savait pas ce qui se passait ; mais il y avait Agathe qui lui faisait signe de ne pas se lever. Il a parlé de pitié. "Je te plains." Au bout d'une minute, il a ajouté : « Mon Dieu ! Il essayait de dire quelque chose pour la réconforter. Le changement en elle lui disait que tout était vrai. Cela l'a marqué. Ottalie était morte, et c'était ce que cela signifiait pour le monde. C'était la mort, cette horreur.

Son esprit tâtonnait comme un homme évanoui pour trouver quelque chose à saisir. Les répliques de Baudelaire se dressaient devant lui. Le sentiment de la décadence française, avec sa fantaisie d'ingratitude, le faisait frémir. Un tumulte de citations bouillonnait et s'éteignait en lui : « Et le vieux Double est-il mort ? "Viens, mort", avec une phrase du décor d'Arne. Une étrange phrase errante de Grieg.

Il s'approcha d'Agathe et lui prit les mains.

"Pauvre chose, pauvre chose", répéta-t-il. "Mon Dieu, vous, pauvres femmes, souffrez !" L'horloge tournait tout le temps. Quelqu'un apportait du thé dans la pièce voisine. Les lignes du tapis persan avaient une horrible régularité. "Agathe," dit-il. Il crut ensuite qu'il l'avait embrassée et qu'elle le remerciait.

"Je ne sais pas. Je ne sais pas", a-t-elle déclaré. "Oh, je suis tellement misérable. Tellement misérable. Tellement misérable. Et je ne peux pas mourir." Elle trembla dans une passion de larmes.

"Elle était merveilleuse", dit-il en s'étouffant. "Elle était si belle. Tout ce qu'elle a fait."

"Elle était avec moi une minute auparavant", dit Agatha. "Nous étions sur le pont. Elle est descendue chercher un wrap. Il faisait si froid dans le brouillard. J'avais laissé ses wraps dans la salle à manger. C'était ma faute."

"Ne dis pas ça, Agatha. C'est un non-sens."

"Je ne l'ai plus jamais revue. Tout s'est passé d'un seul coup. L'instant d'après, nous avons été heurtés. Je ne voyais rien. Il y a eu une chute, qui nous a fait basculer, puis il y a eu une panique. Je ne l'ai pas revue. Je ne savais pas ce qui s'était passé. J'ai essayé de l'atteindre, mais beaucoup de touristes à moitié ivres sont arrivés en délire et se sont battus pour atteindre les bateaux. L'un d'eux m'a frappé avec le sien. le poing et m'a injurié. Le navire était en train de couler. J'ai failli atteindre la porte, puis une hôtesse de l'air a crié que tout le monde était debout, puis un grand homme m'a jeté dans un bateau et je me suis cogné la tête. Quand je suis revenu à moi, j'ai senti distinctement quelqu'un retirer mes bagues, et il y a eu une sorte de bruit sourd à l'endroit où le navire avait coulé. L'un des touristes a crié : « Waouh ! Un naufrage ! Tout le monde criait autour de nous, et il y avait un pauvre petit enfant qui pleurait, que j'ai attrapé par la main qui prenait mes bagues. Ici, elle s'est arrêtée. Il y avait eu ici une ultime humiliation. Elle poursuivit au bout d'un moment : "Les hommes ont dit que tout le monde avait été sauvé. Je ne l'ai su que lorsque nous avons tous atterri. Ni même après cela. Il y avait tellement de brouillard. C'est alors que j'ai su.

"Il y avait une dame écossaise très gentille qui m'a emmené à l'hôtel. Elle était très gentille. Je ne sais pas qui c'était. Les plongeurs sont venus de Belfast pendant la nuit. Ottalie était dans le saloon. Elle portait ses écharpes. Elle a dû les mettre. Il y avait cinq autres personnes dans le saloon. L'enquête a été épouvantable. L'un des témoins était ivre et le serveur de l'hôtel m'a télégraphié. un moteur et est venu. Le colonel Fawcett est au lit avec une sciatique et Leslie s'occupe de tout.

« Est-ce que Leslie est là ?

"Non. Maggie a une bronchite. Il a dû rentrer. Il sera là tard ce soir."

"J'aurais peut-être été avec toi, Agatha. Si j'étais resté une minute de plus mardi matin, j'aurais dû la voir. J'aurais dû voyager avec toi. Cela ne serait pas arrivé. J'aurais dû aller chercher les enveloppes. "

"Nous vous avons vu à votre pièce lundi."

"Je ne savais pas que tu étais en ville. Oh, si seulement j'avais su !"

"C'était ma faute si tu ne le savais pas. Je t'ai gardé sa lettre. J'étais jaloux. J'étais méchant. Je pense que le diable était en moi."

"N'y pense pas maintenant," dit doucement Roger. Il le savait depuis le début. " Y a-t-il quelque chose que je puisse faire, Agatha ? Des lettres à écrire ? "

"Il y a des piles de lettres. Elles disent toutes la même chose. Oh! je suis si misérable, si misérable!" Le frisson la saisit. Elle pleurait dans un tremblement tremblant qui semblait la déchirer en morceaux.

"Agatha," dit Roger, "veux-tu venir à Belfast avec moi ? Je louerai la voiture au village. Il faut que j'achète des fleurs. Cela te ferait du bien de venir."

"Non. Je dois rester. Je ne l'aurai que deux jours de plus."

Il aurait demandé à voir Ottalie ; mais il s'abstint, en présence de cette passion. Agathe avait assez à supporter. Il ne dissiperait pas ses jalousies. Ottalie était allongée juste au-dessus de lui, à une dizaine de mètres de lui. Il y a dix minutes, il pensait à elle comme un amant pense à sa bien-aimée. Son cœur battait à la pensée d'elle. Elle était là, dans cette pièce calme, derrière les stores, allongée sur le lit, immobile et vide. Et où était ce qui l'avait rendue si merveilleuse ? Où était l'esprit qui l'avait utilisée comme logement ? Elle était tout ce qui rendait une femme merveilleuse. Belle avec une beauté d'esprit ; un esprit parfait, parfait. Et elle était morte. Elle gisait morte à l'étage. Et voici ses deux amants, écoutant l'horloge, écoutant les coups de pelle dans le jardin où le vieux John travaillait. L'odeur du pot-pourri qu'elle avait préparé l'été précédent semblait aussi forte que de l'encens. Le portrait réalisé par Raeburn, de son arrière-grand-père, regardait sans passion, avec des yeux qui ressemblaient beaucoup aux siens. L'horloge avait indiqué l'heure à ce vieux soldat lorsqu'il allait se faire peindre. Depuis, le tic-tac avait continué. Cela avait été le cas lorsque le vieux soldat est mort, lorsque son fils est mort, lorsque son petit-fils est mort. Maintenant, elle était morte, et le tic-tac continuait, une vieille horloge solennelle, près de Frodsham, de Sackville Street, Dublin, 1797, l'année avant le soulèvement. Le tic-tac serait peut-être encore là, quand tous les cœurs alors vivants auraient cessé de tic-tac. Il y avait quelque chose d'impitoyable dans ce rythme soutenu. Trois ou quatre générations de Fawcett avaient vu leur vie mesurée par elle, toutes ces belles femmes et ces nobles soldats. Tout le « problème » mentionné dans Burke.

Il sortit dans la lumière. Le monde entier semblait fondu en émotion et se déversait sur lui. Il a été battu. Cela s'est déversé sur lui. Il l'inspira avec sa respiration. Tout ce qu'elle voyait était une agonie avec des souvenirs d'elle. "Je dois faire quelque chose", dit-il à voix haute. "Je dois acheter des fleurs. Je vais me réveiller tout à l'heure." Il se tourna vers la porte, l'esprit en ébullition. "Agatha pourrait-elle être sûre qu'elle est morte ? Peut-être que je suis morte. Ou peut-être que ce n'est qu'un rêve." Ce n'était pas un rêve.

Au pied du prêt il rencontra un homme aux cheveux roux à qui autrefois il avait acheté un bateau.

"C'est une belle journée, monsieur", dit l'homme.

"John", dit Roger, "dis à Pat Deloney que je veux que la voiture aille à Belfast immédiatement. Je voudrais qu'il conduise. Dis-lui de venir me chercher ici."

"En effet, monsieur", dit John en le regardant attentivement. "Il y en a beaucoup qui ressentent cela. Il y avait une lumière sur elle, on pourrait penser que c'était une sainte, et elle arrivait vers l'est avec une luminosité."

Après que John fut descendu au village, arriva en boitant un vieux, vieux poète ivre et idiot, qui jouait aux régates. Il salua Roger, qui s'appuyait à un portail et regardait vers la maison.

« En effet, M. Roger, » dit le vieil homme ; "Il y a une forte tristesse sur place ce jour. Il y avait un beyant allumé. J'ai vu la même chose pour son père, et pour son père. Il y avait ce beyant qui la voulait." Il attendit que Roger parle, mais n'obtenant aucune réponse, il commença à divaguer en irlandais, puis il réclama peut-être six pence, parce que "en effet, je connaissais votre père, M. Roger. Ah, votre père était un grand homme, il transformerait le elles sont à la tête de toutes les femmes, et elles sont elles-mêmes de grandes reines, ayant le choix des professeurs, des premiers ministres et de tous ceux qui leur plaisent. »

Au bout d'un moment, chantant pour lui-même en irlandais, il boita pour augmenter le prêt à la maison, pour mendier peut-être un peu de pain, en échange du fait qu'il avait vu une lumière brûler pour elle, tout comme il l'avait vue pendant son père, son père, son père, et (quand l'eau-de-vie de cuisine était montée en lui) son père, son père, il y a des années.

La voiture gravit la colline en reniflant et tourna dans la vaste étendue où le prêt rejoignait l'autoroute. John a ouvert la porte à Roger. « Si j'étais un jeune gentleman et que j'avais le droit de le faire, dit-il, j'irais dans un cyar comme ce cyar sur tous les précipices escarpés du monde. » La voiture trembla, cracha et fonça. "Voulez-vous passer par Torneymoney ?" dit Pat. "Il n'y a pas de Rossers par là."

"Par Torneymoney", dit Roger. "Conduisez fort."

"En effet", a déclaré Pat; "Nous ferons de grandes actions aujourd'hui. Nous ferons une histoire forte avec la bénédiction de Dieu. Tenez bon, votre honneur. Il y a des trous dans cette route qui donneraient une tournure étrange à un amiral des mers."

Les funérailles ont eu lieu samedi. Une douzaine d'hommes sont venus. Il y avait cinq ou six Fawcett et le vieux M. Laramie, qui avait épousé Maisie Fawcett, la tante d'Ottalie, l'une des beautés de son temps. Les autres étaient des amis de la campagne, des Anglais de foi, d'éducation et de sentiments. Ils se tenaient tête nue dans le petit cimetière protestant solitaire, comme les soldats romains auraient pu se tenir près des bûchers de leurs camarades en Grande-Bretagne. Là-bas, c'étaient des extraterrestres. Ils faisaient partie de la garnison. Ils cachaient sous terre quelque chose de trop bon et de trop beau pour appartenir à ce pays paria. Roger pensait que Dieu devrait être très fort pour tenir cet avant-poste. Il n'avait pas dormi depuis deux nuits. Les sentiments et les fantaisies le submergeaient. C'était une de ces journées irlandaises où la qualité ou la rareté de l'air donne une magie, soit séduisante, soit terrible, à chaque buisson, ruisseau et colline. Il avait souvent pensé que l'Irlande était un pays hanté. Il le pensait maintenant, debout près de la tombe d'Ottalie. Juste au-delà du cimetière se trouvait la rivière, qui était « mauvaise », et au-delà encore une colline. La colline était si « mauvaise », que les mendiantes, passant sur la route, marmonnant « les vieux Prots moisis, jouant de leur religion, Dieu nous garde », se signaient en passant devant elle. Roger priait pour que ce bel esprit soit en paix, au milieu de tout ce mal invisible. Sa main entrait de temps en temps dans sa poche de poitrine pour toucher la lettre qu'elle lui avait adressée. Il observait Leslie Fawcett, dont le visage ressemblait tellement au sien, et le vieux M. Laramie, qui avait conquis la beauté de son temps, et un vieil oncle Fawcett, qui avait combattu en Afrique, soixante ans auparavant. Les tombes des autres Fawcett se trouvaient dans ce coin du cimetière. Il lut leurs noms, se rappelant ceux de Burke. Il a lu les textes sur les pierres. Les textes avaient été posés là dans des angoisses de remords, d'amour et de mémoire par les hommes et les femmes qui jouaient au croquet sur un vieux daguerréotype dans le salon d'Ottalie. "Il donne le sommeil à sa bien-aimée", et "Tout va bien pour l'enfant", et une autre, étrange, "Seigneur, aie patience avec moi, et je te paierai tout." Ils avaient été beaux et nobles, ces Fawcett. Ni fort, ni intelligent, mais merveilleux. Ils avaient eu un esprit, une qualité spirituelle, comme si, pendant de très nombreux siècles, leurs femmes s'étaient gardées à l'abri de tout ce qui n'était pas noble. Un instinct de style qui courait dans la race des Fawcett depuis des siècles avait fait d'eux ce qu'ils étaient.

Un espoir brûlait chez Roger comme une inspiration. Tout cet instinct de finesse, cette sélection minutieuse du bien et du bien qui avaient travaillé à faire Ottalie bien avant sa naissance et qui avaient fleuri en elle, étaient sûrement éternels. Elle avait utilisé la vie pour rendre son personnage beau et doux, tout comme lui avait utilisé la vie pour discipliner son esprit et lui permettre d'exprimer son imagination. « Qu'est-ce qui va arriver » n'était toujours pas sûr ; mais il était sûr, même si le vieux titulaire tremblant leur rappelait que saint Paul leur avait ordonné de ne pas s'affliger, que cette dévotion était plus forte que la mort. Son esprit pourrait être dehors pendant la nuit, pensa-t-il, comme le sien le serait avec le temps ; mais qu'est-ce qui pourrait attaquer cette dévotion ? C'était quelque chose de fort, c'était quelque chose de sacré. Il était sûr que rien ne pourrait le vaincre. Comme beaucoup de jeunes gens ignorant la mort, il avait cru à la métempsycose. Ce coup de mort avait fait tomber cette fantaisie ainsi que tous les autres châteaux de cartes de son esprit. Sa nature était maintenant, pour ainsi dire, humiliée à genoux, étonnée, frappée et consternée par des possibilités de mort inimaginables. Il ne pouvait pas sentir qu'Ottalie revivrait, dans un nouveau corps, recommencerait, dans une nouvelle machine vitale, avec tout le caractère acquis de la vie passée comme réserve de force. Il pouvait seulement sentir que quelque part dans ce grand air vide, en dehors de la définition précise des formes vivantes, Ottalie, le petit royaume conquis de la beauté et de la bonté, existait encore. C'était quelque chose. L'hymne de Newman, avec son joli couplet final, l'émeut et le réconforta. L'un des Fawcett pleurait en reniflant, avec la bouche ferme, comme les hommes pleurent habituellement. Lui-même était au bord des larmes. Il était déchiré par l'idée qu'Ottalie était seule, très seule et effrayée, là-bas au-delà de la vie, au-delà de l'ordre des choses vivantes définies.

Il est revenu avec Leslie Fawcett. La mère d'Agathe était à la maison ; Leslie s'arrêtait au cottage avec lui.

"Pauvre petit Ollie", dit doucement Leslie.

"Elle était très belle", a déclaré Roger. Il pensait, en disant cela, que c'était une chose étrange de la part d'un Anglais de dire au frère d'une morte. "Elle était très belle. Cela doit être terrible pour vous. Vous l'avez connue dans une relation intime."

"Oui," dit Leslie, regardant Roger durement, avec des yeux graves. "C'était un personnage très parfait."

Ils gravissaient la route en falaise jusqu'au chalet. La mer était juste en dessous d'eux. L'eau était agitée jusqu'à devenir blanche. Le travail de Sullivan s'est étendu dans les casseurs de l'autre côté de la baie depuis Cam Point. Les fous de Bassan, plongeant dans le tas, jetaient en l'air des fontaines blanches, comme si un coup de feu les frappait.

"Vous étiez de très bons amis", dit Roger. "Je veux dire, même pour frère et sœur."

"Johnny était son frère préféré lorsqu'il était enfant", a déclaré Leslie. "Vous n'avez pas beaucoup vu Johnny. Il a été tué pendant la guerre. Et puis il est resté longtemps en Inde. C'est après la mort de Johnny qu'Ottalie et moi avons commencé à être tellement l'un pour l'autre. Vous voyez, Agatha n'était que avec elle environ cinq mois par an. Elle était avec nous presque chaque année. Elle était merveilleuse avec les enfants.

— Oui, dit Roger en ouvrant la porte du petit jardin pour laisser passer son hôte, je sais. Il n'oublierait probablement pas à quel point elle avait été merveilleuse avec les enfants. Ils entrèrent dans le petit salon où Norah, dans une de ses humeurs noires, leur servit du thé. Après le thé, ils s'assirent dans le jardin, regardant par-dessus la haie basse de la baie. Au coucher du soleil, ils longèrent la côte jusqu'à un endroit qu'ils avaient appelé « la crique ». Ils s'y baignaient. Un petit ruisseau dégringola sur un rocher dans une chute de quarante pieds. Au-dessous de la chute se trouvait une mare, envahie plus tard dans l'année par la spirée des prés et le chèvrefeuille, mais claire maintenant, à l'exception des joncs et des ronces. Le ruisseau coulait hors du bassin sur une roche rougeâtre usée, jusque dans ses veines et ses jointures, par plusieurs siècles de ruissellement. Les tempêtes avaient empilé des galets sous ce côté de l'eau. Le ruisseau coulait jusqu'à la mer sans être vu, faisant un gargouillis et un tintement. Là-haut, à l'endroit où la première chute a surgi, parmi quelques frênes gris et venteux, se dressait ce qui restait d'un couvent, en pierre rougeâtre, noircie par le feu, parmi une compagnie de pierres tombales écroulées.

De tous les lieux sacrés pour Ottalie dans l'esprit de Roger, celui-là était le plus sacré. Ils y étaient heureux. Ils y avaient discuté intimement, émus par la beauté des lieux. Ses souvenirs les plus marquants d'elle avaient ce bel endroit pour cadre.

"Roger", dit Leslie, "l'avez-vous vue en ville avant que cela n'arrive ?"

"Non."

"Tu ne l'as pas vue ?"

"Non pas cette fois."

"Elle allait te voir."

"Je crois qu'elle est venue juste avant de commencer. Je venais de sortir. Nous nous sommes manqués."

Leslie leva son pince-nez. Il regardait Roger avec ce regard grave et posé qui faisait de lui un souvenir. Roger pensa ensuite que la mise du pince-nez avait été faite avec tendresse, comme s'il avait dit : « Je vois que tu souffres. Avec ces lunettes, je verrai comment t'aider.

"Tu étais amoureux d'elle ?" demanda-t-il à voix basse.

"Oui. Qui ne l'était pas ?"

"J'ai quelque chose à vous dire à ce sujet. Avez-vous déjà pensé à ce que signifie le mariage ? Je ne parle pas du côté passionné. Ce n'est rien. Je parle de l'aspect quotidien de la vie conjugale. Avez-vous pensé à cela à ce moment-là ? tous?"

"Tous les hommes y ont pensé."

"Oui, je vous l'accorde. Tous les hommes y ont pensé. Mais est-ce que beaucoup d'entre eux y pensent comme chez eux ? Et vous ? J'imagine que la plupart des hommes ne suivent jamais cette pensée chez eux ; mais la laissent dans des rêveries et des images d'égoïsme. Je ne pense pas que beaucoup d'hommes se rendent compte à quel point l'esprit de la femme est infiniment plus fin, ni à quel point il est plus délicatement vif, ni ce que le choc de cette rapidité et de cette finesse, avec quelque chose de plus terne et de plus grossier, peut impliquer, dans l'ordinaire. la vie quotidienne, à la femme."

"Je pense que je m'en rends compte."

"Oui, peut-être. Peut-être que vous vous en rendez compte, en tant que question intellectuelle. Mais est-ce que la plupart des hommes le réaliseraient comme la vie le réalise ? C'est une chose d'imaginer son devoir envers sa femme, quand, en tant que célibataire, il utilise à toutes sortes de complaisances, on s'assoit en train de fumer au-dessus du feu. Mais accomplir ce devoir dans la vie met à rude épreuve le caractère. La rapidité de réponse, le tact, est plus rare que le génie. J'imagine que chez vous, la sensation temporaire compte plus que le génie. une attitude ordonnée, et peut-être rigide, envers la vie dans son ensemble.

"Les deux comptent beaucoup, ou du moins. Rien ne semble beaucoup en ce moment."

"Ottalie t'aimait", dit simplement Leslie. "Mais elle sentait qu'il y avait en vous ce désir de penser les choses de telle sorte qu'elles deviennent un caractère. Elle vous pensait aussi prêt à vous abandonner à des émotions immédiates et, peut-être, capricieuses. Elle n'était pas sûre que vous puissiez l'aider à être la la meilleure chose qui lui soit possible, ni qu'elle puisse ainsi vous aider.

"Comment sais-tu cela?"

"Elle m'en a parlé. Elle voulait mon aide. J'ai dit que je ne devais pas intervenir, mais que, dans l'ensemble, je pensais qu'elle avait raison. Qu'en fait, ton amour n'était pas au fond de ta nature. J'ai dit cela ; mais j'ai ajouté que vous étiez trop sensible aux impressions pour ne pas grandir, et que (à juste titre influencé) il n'y a presque rien que vous ne puissiez devenir. Le danger qui vous menace me semble menacer tous les artistes. une grande tension. Cela force l'égoïsme. Je me suis demandé si, si les choses avaient été différentes, si vous aviez épousé Ottalie, vous auriez pu créer des héroïnes pour soigner le mal de tête d'une femme ou, avec un mal de tête vous-même, avoir vu l'héroïne ; elle. Nous avons la vie devant nous. Vous êtes toute tendresse et noblesse maintenant. C'est triste que nous n'ayons pas toujours cela dans nos esprits.

"Oui," dit Roger. "Nous avons la vie ; et toute mon ancienne vie est un château de cartes. Avant cela, il me semblait une chose noble de m'efforcer de toutes mes forces d'exprimer certains principes et de donner de la réalité et de la beauté à un caractère imaginé. J'ai travaillé pour lui plaire. Et souvent je ne la comprenais pas, je ne la connaissais pas. J'ai marché dans son esprit, et les maisons étaient toutes fermées. Je ne pouvais que frapper aux portes et écouter. Et maintenant je ne le saurai jamais. c'était une très belle chose, et que je l'aimais et que j'essayais de rendre mon travail digne d'elle.

"Elle t'aimait aussi", dit Leslie. "Quelle que soit la mort, nous devons la considérer comme une partie de la vie. Essayez d'être tout ce que vous auriez pu être avec elle. Ne vous souciez pas de votre travail. Vous avez trop aimé l'auto-indulgence émotionnelle. Mettez cela de côté. , et continuez. Elle vous aurait épousé. Essayez de réaliser que sa nature aurait fait partie de la vôtre. Tout votre caractère aurait été tamisé, testé et affiné par elle. Maintenant, entrons, Roger. ce que vous allez faire."

"Il n'y a pas grand-chose à faire. Je dois essayer de réorganiser ma vie. Mais je vois une chose, je pense, c'est que l'art est très effrayant quand il n'a pas en lui le sérieux de la vie et de la mort."

"Oui", dit Leslie. "Maggie et moi avons abordé cela ensemble. Nous avons construit une théorie selon laquelle la vie artistique ressemble étrangement à la vie du contemplatif religieux. Toutes deux attirent les hommes par la gratification de l'émotion ainsi que par la possibilité de perfection. L'un des grands artistes espagnols saints, je pense que c'est saint Jean d'Avila, dit que beaucoup de novices se livrent délibérément à l'émotion religieuse, pour l'émotion, au lieu de l'amour de Dieu, mais que la connaissance de Dieu n'est révélée qu'à ceux qui le font ; dépasser ce stade, et supporter avec la même ferveur les stades de « typicités et de sécheresses ». Il nous semble (bien sûr nous sommes tous deux philistins) que l'art moderne ne prend pas assez à ceux qui le produisent. Le monde le flatte. eux trop. Je soupçonne que la flatterie du monde se produit en retour.

"Pas parmi les meilleurs."

Leslie secoua la tête, peu convaincu. "Vous ne produisez pas de martyrs", a-t-il déclaré. "Vous n'attaquez pas les mauvaises choses. Vous vous moquez d'elles, ou vous les photographiez, et vous appelez cela de la satire. Vous appartenez au monde, mon ami Roger. Vous faites partie de la vanité du monde, de la chair et du diable. Vous n'avez même pas rendu l'idée de la femme glorieuse dans l'esprit des hommes. Autrement, ils auraient des voix et du pouvoir dans les Chambres. Aucun d'entre vous n'a même été emprisonné pour avoir mutilé un censeur de théâtre. Toutes les générations ont révélé une certaine part de vérité. Il est très dangereux de découvrir la vérité. Vous pouvez apprendre quel genre de vérité est révélé à une époque en observant quel genre de personnes donnent leur vie pour des idées. Pensez-y.

Leslie continua à parler, façonnant le discours comme il l'avait prévu à l'avance, mais le pointant si doucement que ce n'est qu'après que Roger, comprenant ses motivations, le remercia pour son altruisme. Ils s'arrêtèrent sur la colline escarpée au-dessous de la maison d'Ottalie, juste au moment où le soleil, en train de se coucher, brillait sur sa fenêtre, jusqu'à brûler comme le soleil lui-même. Pour Roger, cela ressemblait à une porte enflammée. Elle avait regardé là-bas, depuis cette fenêtre. Sa petite table à écrire, avec son pot de pois de senteur, et cet autre pot de baies d'automne et le parchemin argenté de l'honnêteté, se dressaient juste au-dessous, de chaque côté du buvard, relié en persan chiné. Le discours de Leslie lui revenait avec acharnement. Les griffes du remords sont venues. Il connaissait la pièce. Il n'avait jamais connu le détenu. Elle était partie. Il avait perdu sa chance. Il l'aurait peut-être connue ; mais il avait préféré se livrer à ces émotions et à ces sentiments qui empêchent l'âme de connaître. Maintenant, elle était partie. Toute l'agonie du remords criait en lui un petit moment dans la chambre avec elle, pour lui dire qu'il l'aimait, pour un petit mot d'adieu, une vue du visage bien-aimé, pour qu'il s'en souvienne pour toujours. Les souvenirs surgissaient, l'étouffaient. Elle était partie. Il n'y avait que la porte enflammée.

"Roger," dit Leslie, de sa voix égale et douce, qui avait une telle qualité d'attraction, "Maggie m'a demandé de te ramener avec moi pour rester quelques semaines."

Dans son sommeil confus, cette nuit-là, il rêva qu'Ottalie était couchée, malade, dans sa chambre, derrière une porte verrouillée en cuivre qui luisait. Le passage sans la pièce était éclairé. Les gens sont venus frapper à la porte. Un long cortège de personnes est arrivé. Il les voyait là, écoutant attentivement, les oreilles repliées vers le trou de la serrure. C'étaient tous les gens qui étaient amoureux d'elle. Certains étaient des parents, certains étaient des hommes qui l'avaient vue à des danses, certains étaient des femmes, certains étaient de vieux amis comme lui. Vint enfin une vieille dame portant une lampe. Elle était vêtue d'une robe d'un violet pâle. Elle aussi frappa brusquement à la porte. Elle s'attarda là, le temps qu'il puisse étudier son beau visage intellectuel. C'était le visage d'Ottalie vieillie. La femme était l'Ottalie accomplie.

Un instant, elle resta là à écouter, comme on écoute à la porte d'une chambre de malade. Puis elle frappa une seconde fois, brusquement, en appelant « Ottalie ! Il vit alors que ce n'était pas une porte mais une flamme. Il entendit de l'intérieur une réponse étranglée, comme si quelqu'un, à moitié mort, s'était levé pour ouvrir. Quelqu'un arrivait à la porte. Même dans son rêve, son sang bondissait dans l'attente de son amour.

Mais ce n'était pas son amour. C'était lui-même, s'étranglant dans les flammes pour l'atteindre. Elle lui tendit la main. Même si les flammes étaient étouffantes, il la toucha. C'était comme si l'agonie de nombreuses années s'était soudainement transformée en extase. "Roger", dit-elle. Sa main l'attrapa, elle l'attira à travers le feu jusqu'à elle. Il la vit lever la bougie pour regarder son visage. Pendant un instant, ils se regardèrent, là, dans le couloir. L'agonie était terminée. Ils étaient ensemble, se regardant dans les yeux. Il sentit sa vie couler en lui à cause de son contact.

Des voix parlaient au dehors. Norah, à la porte, marchandait. "C'est tout le lait que tu as apporté, Kitty O'Hara ?"

Le rêve s'est évanoui à mesure que la vie s'est abattue sur lui. Il y avait un mot, une chanson. Quelqu'un avec une belle voix chantait dehors, chantait dans le rêve, chantait sur la fièvre. Ottalie le tenait dans ses bras, mais son contact s'éloignait de ses sens et la joie le quittait. Dehors, au sommet du prunellier, un marteau jaune trillait : « Un peu de pain et non-che-eee-se », lui disant que le monde continuait.

La quinzaine passa. Roger retournait à Londres. La veille de son départ, il est venu avec Leslie jeter un dernier coup d'œil à la maison d'Ottalie. Il laissa Leslie au chalet, afin qu'il puisse y aller seul. Il a parcouru seul le chemin du prêt. Dans le jardin, il s'arrêta, regardant la maison. L'odeur de la verveine douce était très forte, dans cet air doux et humide, plein de promesses de pluie. Un journal circulait tout au long de la promenade. Un chaton blanc, sortant de l'écurie, se jeta dessus, l'inquiéta à coups rapides de ses griffes postérieures, puis, crachant, les oreilles défaites et la queue hérissée, s'enfuit pour grimper rapidement sur un poirier. Roger ramassa le journal. Ce serait une relique du lieu. Il avait envie de tout chérir là-bas, de prendre la maison, de ne jamais s'en éloigner ou, à défaut, d'emporter nombre de ses fleurs préférées. Il redressa le papier pour pouvoir le lire.

C'était une double page d'un journal londonien vieux d'un an intitulé *Top-Knots* . Il s'agissait de bribes de potins, de bribes de nouvelles, de bribes d'informations, assaisonnées d'un sentiment impérial. Il avait été édité par quelqu'un ayant un sens de la pureté de la maison. C'était des trucs inoffensifs. La sagesse du lecteur était flattée ; la sagesse de l'étranger n'était pas ouvertement condamnée. Même si une certaine crainte d'une invasion était sous-entendue, sa possibilité était bafouée. "C'était une maxime de notre Nelson qu'un Anglais valait trois étrangers." Les blagues étaient faibles. Le journal s'adressait à une classe de gens pauvres, à moitié instruits, qui n'avaient pas plus de loisirs que le trajet matinal pour se rendre au travail et l'heure d'épuisement entre le dîner et le coucher. C'était assez bien à sa manière. Un jour, quand la vie sera moins épuisante, les hommes exigeront des choses plus vivantes. Quelque chose attira l'attention de Roger. Il l'a lu entièrement. C'était la première chose qu'il lisait depuis son arrivée là-bas.

"MALADIE DU SOMMEIL.

"On ne sait généralement pas que cette maladie dévastatrice est causée par la présence d'un micro-organisme infime dans le système humain. Le micro-organisme peut exister de manière insoupçonnée pendant de nombreuses années dans le sang de la victime. Ce n'est que lorsqu'il pénètre dans ce est connu des scientifiques sous le nom de liquide céphalo-rachidien, ou comme nous devrions l'appeler, la moelle, car il provoque les symptômes particuliers de la terrible maladie qui a jusqu'à présent déconcerté l'ingéniosité de nos *soi-disant* savants. qui n'est en aucun cas confinée aux membres inférieurs de la race humaine, les habitants sombres de l'Ouganda, consiste en une léthargie accompagnée de grandes variations de température. Jusqu'à présent, la maladie redoutable est sans remède. Puisse le médecin faire écho à ces mots. du Prince de Danemark :

« Il y a plus de choses au ciel et sur la terre, Horatio,
que n'en rêve votre philosophie. »

Il n'y avait plus rien sur la maladie. La page se terminait par une blague sur une belle-mère. Ce paragraphe rappela à Roger un article qu'il avait lu un jour sur l'augmentation soudaine de la maladie dans une région d'Afrique. Il se souvenait de la photographie d'un jeune Africain qui somnolait toute sa vie, appuyé contre un arbre. La pensée est passée. L'instant d'après, il était à nouveau rempli de sa propre misère. Mais au lieu de jeter le papier, il le plia et le mit dans sa pochette. Cela lui rappellerait cette dernière visite au jardin d'Ottalie. Il le garderait pour toujours.

Sa misère lui donnait envie d'être tendre pour quelque chose. Il a essayé d'attirer le chaton, mais le chaton, fatigué de ses ébats, a couru vers le mur du jardin pour traquer les moineaux. Il arracha une ou deux feuilles de verveine. Il entra dans la maison.

Agathe l'accueillit. Elle écrivait des réponses à des lettres de condoléances. La mort lui avait enlevé sa dureté.

"Asseyez-vous et parlez", dit-elle. "Qu'est-ce que tu vas faire?"

"C'est comme une femme", dit-il. "Les femmes sont merveilleuses. Elles utilisent la vanité d'un homme pour se protéger de son égoïsme. Je suis venue ici pour te demander ça. Qu'est-ce que tu vas faire ?"

"Je vais continuer mon travail", dit-elle. "Je suis sûr de ne pas me marier. Je vais ouvrir une petite école pour filles pauvres."

"Chez Great Harley ? Mais tu faisais ça avant."

"Seulement de manière très décousue. Mais maintenant, tout est différent. La vie est devenue bien plus grande."

"Voulez-vous m'en parler ? J'aimerais en entendre parler."

"Oh, ça ne ferait que t'ennuyer. Je leur apprendrai juste les choses les plus simples. Comment repriser des vêtements, comment cuisiner et peut-être un peu de chant. Ce n'est pas comme si j'étais un érudit."

"Comme c'est gentil de ta part."

"Ce n'est pas gentil du tout."

« Vous accueillerez des filles de treize à seize ans ?

"Oui. Je n'ai aucun talent pour les très petits enfants. D'ailleurs, je ne peux rien leur apprendre. Je veux les attraper à un âge où je pourrai vraiment leur être utile."

Elle tambourinait un peu avec un pied.

"J'aimerais que tu me laisses t'aider", a-t-il poursuivi.

"Merci beaucoup. C'est très gentil de votre part. Mais je dois le faire tout seul."

"Qu'est-ce que tu vas faire de l'appartement en ville ?" Il a demandé. "J'aimerais le prendre si vous voulez y renoncer."

"Oh, je vais le garder", dit-elle. "Je serai éveillé beaucoup le week-end, du moins jusqu'à ce que ma classe soit en état de marche."

"Tu me feras savoir si jamais tu veux y renoncer ?"

"Oui. Certainement. Allez-vous y retourner ? Je suppose que vous retournerez à votre travail. Quels sont vos projets ? Vous n'avez jamais répondu à ma question. Vous vous êtes envolé dans les apophtegmes."

"J'aimais aussi Ottalie", répondit-il. " Je n'en dirai pas autant que vous, car vous l'avez connue intimement. Je n'ai jamais été âme à âme avec elle comme vous l'avez été ; mais je l'ai aimée. Je veux maintenant rendre ma vie digne d'elle, comme vous. Mais cela ne fera pas partie de mon travail. Je ne sais pas dans quoi cela fera partie. Vous, les femmes, avez de la chance de connaître des gens comme elle.

"Oui. J'en serai toujours heureuse", dit Agatha. "Même la perte est supportable quand je pense que je la connaissais pleinement. Peut-être mieux que quiconque."

"Oui," dit-il. Il fit une pause, se retournant la question dans son esprit. "La vie est une conspiration contre les femmes", a-t-il ajouté. "C'est pourquoi ils sont si merveilleux et si étranges. Je ne fais que tâtonner à son sujet dans le noir."

"Roger," dit Agatha en parlant lentement, "je pense que je devrais te le dire. Je savais que tu étais amoureux d'elle. J'étais jaloux de toi. J'ai fait tout ce que je pouvais pour te séparer. Elle était amoureuse avec toi. Lorsqu'elle t'a vu au théâtre avant le début du tumulte, elle serait allée dans ta loge si je ne lui avais pas dit que j'étais sûr que tu préférerais être seul. Le matin, elle a vu ce que disait un des journaux. Elle a insisté pour aller te voir dans ton appartement. Elle a dit qu'elle était sûre que tu l'attendais, ou que quelque chose t'avait caché ses lettres. Je lui ai dit que ce n'était pas une chose très habituelle. elle en parlait après. Après, quand elle était partie et ne vous avait pas vu, elle était horrifiée de ce que vous pouviez penser d'elle.

C'était très doux d'entendre davantage parler d'elle, donc, après tout, c'était fini. C'était quelque chose de nouveau chez elle. Il n'avait jamais vu ce côté d'elle. Il se demandait ce qu'Agatha lui dirait de plus, ou lui permettrait d'apprendre, dans les années à venir. Il vit qu'elle était au bord des larmes. Il n'allait pas la garder plus longtemps sur le banc des accusés.

"Agatha," dit-il, "nous sommes en désaccord depuis longtemps maintenant. Nous n'avons pas été que l'un envers l'autre. Que cela finisse maintenant. Nous l'aimions tous les deux. Ne laissez pas cela continuer, maintenant que elle est morte. Je veux sentir que celui qui la connaissait le mieux est mon ami. Je veux que tu me laisses t'aider, comme un frère le ferait, chaque fois que tu auras besoin d'aide.

Elle a dit : « Merci, Roger. Ils se serrèrent la main. Il se rappela ensuite à quel point l'éclat de l'honnêteté apparaissait derrière sa tête. Une vieille peau de panthère usée, relique d'une bête qui avait été abattue en Inde par le père d'Ottalie tant d'années auparavant que la peau glabre était comme un parchemin sous les pieds, crépitait lorsqu'elle quittait la pièce. Roger a arraché quelques-uns des récipients à graines argentés pour s'en souvenir.

Il resta un moment dans le couloir, essayant de se rappeler cela. Il y avait le baromètre de Dakins, de South Castle Street, à Liverpool, un vieux morceau, beau, mais depuis longtemps inutile. Il y avait les portes dont on se souvient bien. La porte de la salle à manger, la porte de la bibliothèque, la porte qui donne sur la joyeuse salle sud, la pièce douce au parfum vague, presque le souvenir d'un parfum, comme si les fantômes des fleurs s'y égaraient. La porte de cette pièce était ouverte. Par ses fenêtres ouvertes, il voyait le bleu de la baie scintiller au gré du vent. Près de la fenêtre se trouvait le piano, rempli de musique. Une valse s'étendait sur le piano : la Valse Myosotis. Que personne ne méprise la musique de danse. C'est la musique qui brise le cœur. C'est plein de lumières et de parfums, de rires de jolies femmes et de triomphe de la jeunesse. Pour l'homme ou la femme qui a échoué dans la vie, le son d'une telle musique est amer. C'est la jeunesse qui reproche l'âge. Cela indique l'anti-climax.

Il marcha avec Leslie à travers le village. Les hommes en haillons sur le pont, les entendant arriver, se tournèrent et touchèrent ce qui était autrefois leur chapeau. Ils n'étaient pas faits pour la mort, ces vieillards. C'étaient les seules choses irlandaises que le touriste anglais n'avait pas corrompues. Ils s'appuyaient toute la journée sur le parapet. Le matin, ils regardaient la route et les passants. L'après-midi, quand le soleil faisait cligner leurs vieux yeux, ils se retournaient et regardaient l'eau, où elle gargouillait au-dessus des bidons rouillés, un ruisseau de tourbe brun clair. À quatre cents mètres en amont du ruisseau se trouvait le cimetière, où la terre avait cessé de s'affaisser sur le visage d'Ottalie. Sur la tombe, vaguement attachée de joncs, se trouvait un bouquet d'églantines.

Ils gravirent la forte pente au-delà du pont. Ici, ils ont commencé à rouler. Ils allaient parcourir trente miles jusqu'à l'hôtel. Là, ils dormiraient. Le matin, Roger prenait le bateau à vapeur et revenait à Londres, où il traînait ses bizarres le long de sa route du mieux qu'il pouvait.

Les hommes sur le quai chargeaient du minerai, comme autrefois, dans un sale caboteur de Glasgow. L'un d'eux a demandé à Roger quelle équipe avait gagné au hurling.

Ils sillonnaient la boue rouge brassée par les charrettes à minerai. La goélette gisait sur le sable, comme autrefois, avec une corde abandonnée fouettant l'air. Un ou deux golfeurs flânaient avec leurs flâneurs sur les parcours. Ils les dépassèrent. Puis, sur la longue route droite, orientée vers l'est, qui contourne Cam Point, ils commencèrent à se dépêcher, ayant le vent des vallons derrière eux. Bientôt, ils arrivèrent au dernier angle sombre d'où l'on pouvait apercevoir les collines familières. Ils l'ont arrondi. Ils dépassèrent la petite autoroute. Un yacht cotre, debout près du rivage, s'inclinait lentement sous toutes ses voiles devant eux. Elle se leva, en équilibre, alors que la barre descendait. Ses voiles tremblèrent en un grand tremblement, puis se stabilisèrent brusquement lorsque l'écoute se vérifia. Un homme à bord leur fit signe de la main, leur appelant quelque chose. Ils sont descendus en tête-à-queue depuis le cotre. Ils passaient maintenant près d'un rivage où l'eau se brisait sur des rochers couverts d'herbes. À partir de ce moment, la route devenait plus laide à chaque tour de roue. C'était la route de l'Angleterre.

Ils s'arrêtèrent à la poste pour réparer une crevaison pendant qu'ils prenaient le thé. Le thé était servi dans une longue pièce humide et délabrée, tendue de rideaux en mauvais état. Des portraits aux couleurs vives de la reine Victoria et de Robert Emmet étaient accrochés aux murs. Sur le buffet se trouvaient de nombreuses théières en métal. Sur la table, des exemplaires du *Commerce* , surmontés chacun d'un horaire sous couverture rigide rouge, entouraient un plateau de verres à vin roses groupés autour d'un aspodeste. Sur un piano se trouvait une pile de magazines, certains datant de dix ans, tous sans couverture et écornés. Roger a choisi l'un des plus récents d'entre eux, non pas parce qu'il avait envie de le lire, mais parce que, comme beaucoup d'hommes de lettres, il était incapable de s'éloigner des imprimés. Il répondit à Leslie au hasard alors qu'il le parcourait. Il n'y avait pas grand-chose pour l'intéresser là-bas. Vers la fin, il y avait une photographie d'une hutte africaine contre laquelle se blottissaient un homme et une femme, apparemment endormis. Un homme blanc vêtu de vêtements tropicaux se tenait à côté d'eux, regardant quelque chose dans une sorte d'éprouvette.

"UNE SCÈNE COMMUNE DANS LA CEINTURE DE LA MALADIE DU SOMMEIL", disait la légende. En dessous, en caractères plus petits, était écrit : « Cette photographie représente deux indigènes aux derniers stades de cette terrible maladie, que l'on croit actuellement incurable. L'homme en blanc, à gauche de la photo (r.), est le Dr Wanklyn, de l'Un. Kgdm. Assn. La photographie a été prise par M. AS Smallpiece, l'assistant du Dr Wanklyn.

« Que sais-tu de la maladie du sommeil, Leslie ? Il a demandé.

"Maladie du sommeil?" dit Leslie. "Il y a eu un article à ce sujet dans *The Fortnightly* , ou dans l'une des revues. Il y avait une théorie selon laquelle cela serait causé d'une manière ou d'une autre par la piqûre d'une mouche tsé-tsé."

"Oui," dit Roger, "je m'en souviens."

"Puis, pendant que Maggie et moi étions à Drumnalorry, nous avons rencontré le vieux Dr MacKenzie. Il était beaucoup en Afrique, il y a a cinquante ou soixante ans. C'était un grand ami de ma mère. Il nous a dit un soir au dîner que dormir La maladie n'est pas du tout une chose nouvelle, mais une chose très ancienne. Les indigènes en souffraient même à son époque. Il a dit que la théorie de la mouche tsé-tsé était en réalité une pure invention, basée sur la découverte de cette maladie. La fièvre jaune est transmise par le moustique à côtes blanches. Sa propre théorie était qu'elle était causée par une intoxication au manioc.

"Cela me semble être un préjugé de vieillard. Qu'est-ce que le manioc ?"

"Une sorte de racine, comme le manioc, n'est-ce pas ?"

"Probablement. Qu'est-ce que le manioc ?"

"C'est avec ça qu'ils font le pain : du pain au manioc. C'est toxique jusqu'à ce qu'on le fasse cuire. N'est-ce pas ça ? La maladie du sommeil vous intéresse ?"

"Oui. Cela m'a trotté dans la tête toute la journée. Regardez ici. Voici une photo de deux Africains qui en souffrent. Est-ce qu'ils dorment comme ça ?"

"Je suppose que oui. Ils deviennent probablement de plus en plus léthargiques, jusqu'à ce qu'enfin ils ne puissent plus être réveillés."

« Combien de temps restent-ils dans cet état ? »

"Je crois depuis des semaines. Pauvres gars, ça doit être horrible à regarder."

"Il n'y a pas de remède. Il n'y a pas de remède pour beaucoup de choses. Le tétanos, la lèpre, le cancer. Je me demande comment ça commence. On se réveille en étant somnolent. Et puis on le sent arriver, et on a vu d'autres malades. Et savoir au début ce qu'il va falloir traverser et devenir, ça doit être épouvantable. »

"Voici du thé", dit Leslie. "À propos, la maladie du sommeil doit s'aggraver. Elle attaque parfois les Européens. MacKenzie a déclaré qu'à son époque, cela n'avait jamais eu lieu."

"Eh bien", dit Roger, "les Européens ont donné suffisamment de maladies aux Africains. Il n'est que juste que nous en prenions en retour."

Ils avançaient lentement dans le clair crépuscule irlandais. Lorsqu'ils furent près de la fin de leur voyage, ils arrivèrent à une villa dont le jardin était fermé de la route par une haie basse. Le jardin était plein de monde. Certains jouaient encore au croquet. Les lanternes chinoises, déjà allumées, donnaient des couleurs douces au crépuscule. Un homme aux cheveux noirs et moustachu, portant un banjo, était assis sur un transat et chantait. La voix était une belle voix de basse, familière à Roger. C'était la fin d'une chanson sentimentale :

"Ô la lune, la lune, la lune,"

dans lequel l'expression devait suppléer au manque d'intensité de l'écriture.
A peine le chanteur avait-il gémi sa dernière note qu'il fit jouer trois fois son
banjo d'une manière enjouée. Il a lancé une autre chanson juste au moment
où les cyclistes passaient.

"Oh, je suis tellement minable,
tellement minable, je ne sais pas quoi faire. J'ai une maladie du foie, et une
dose de fièvre jaune, et la maladie du sommeil aussi. Oh, j'ai mal à la tête et
mon cœur... "

Le banjo s'immobilisa avec un bruit sourd : la chanson s'arrêta.

« Fawcett ! » cria le chanteur ; "Fawcett ! Entrez ici. Où vas-tu ?"

"Je ne peux pas m'arrêter", cria Leslie par-dessus son épaule. Il se tourna vers
Roger. "Partons", dit-il.

Ils roulèrent fort pendant quelques minutes. "Qui était-ce?" » demanda
Roger. "Il me semblait connaître sa voix."

"C'est un homme appelé Maynwaring", a déclaré Leslie. "Je ne pense pas que
vous l'ayez rencontré, n'est-ce pas ? Il est dans la Marine. Il nous a rencontrés
lors d'un bal. Il a proposé à Ottalie il y a environ un an. Maintenant, il a
épousé une de ces jolies et idiotes femmes-poupées, la femme d'un officier
régulier. Ils ne sont pas très appréciés ici.

"Curieux", dit Roger; "Il chantait sur la maladie du sommeil. D'une manière
ou d'une autre, je pense que j'ai dû le rencontrer. Sa voix semble si familière."
Il s'arrêta brusquement, pensant que cette voix était celle du chanteur de son
rêve. "Oui", se dit-il. "Oui c'était."

Quelques minutes plus tard, ils descendaient la longue colline jusqu'à l'hôtel.

VI

L'homme est un morceau de terre, le meilleur des hommes sans esprit,
Pour une telle femme. *John Fletcher* .

Londres était trop pleine de souvenirs. Il ne pouvait pas leur échapper. Il ne pouvait pas vider suffisamment son esprit pour planifier ou exécuter de nouveaux travaux. Il était trop proche de sa misère. Cela faisait maintenant un mois qu'il était en ville ; mais il n'avait rien fait. Il essayait quotidiennement de se rendre compte que son ancienne vie s'était arrêtée. S'il pensait, il pensait comme le feront toujours ceux assommés par le chagrin, dans des passages poignants. Ses nuits étaient souvent blanches. Quand il dormait, il rêvait souvent qu'il était seul dans la nuit, regardant dans une pièce éclairée où Ottalie se tenait, à moitié définie, sous de lourdes robes. Puis il se réveillait en sursaut pour comprendre qu'il ne reverrait plus jamais aucune trace d'elle, au-delà des quelques reliques qu'il possédait.

Un seul petit rayon de lumière lui redonnait espoir. Il voulait reconstruire sa vie pour elle. Il voulait devenir tout ce qu'elle aurait aimé qu'il devienne. De toute façon, quoi qu'il arrive, il aurait son souvenir pour le guider dans tout ce qu'il entreprendrait. Mais il sentait, de temps en temps, quand il pouvait ressentir un peu d'espoir, qu'elle essayait de l'aider à devenir ce qu'elle avait désiré qu'il soit. Il pensait que les petits événements fortuits de la vie étaient des signaux de sa part dans l'autre monde, ou, à défaut de signaux, des tentatives pour l'émouvoir, des tentatives pour le faire se tourner vers elle ; des choses pleines de signification si seulement il pouvait les interpréter. Il avait l'impression que d'une certaine manière, elle essayait de communiquer. C'était comme si le téléphone était cassé. C'était comme si l'oratrice ne pouvait pas exprimer directement son message ; mais il a dû le dire par fragments à des messagers égarés, oublieux et capricieux, qui ont oublié et perdu leur séquence. Ils ne purent qu'insinuer, en balbutiant, le secret qui leur était révélé. Il pensait qu'elle lui avait envoyé un message sur la maladie du sommeil, en utilisant la page déchirée, le magazine et l'officier de marine comme messagers. Il y avait ces trois petits mots d'elle, romantiques, comme des mots entendus dans un rêve. S'ils n'étaient pas d'elle, alors ils n'en étaient pas moins saints, ils étaient intimement liés aux derniers souvenirs qu'il avait d'elle. Souvent, dans sa misère, il criait qu'on lui accorderait de venir à lui en rêve pour compléter son message. Que voulait-elle dire à propos de la maladie du sommeil ?

Il ne pouvait pas deviner. Il ne pouvait que se dire que, pour une raison cachée, cette maladie lui avait été signalée à une époque où il était morbidement sensible aux impressions. Il a passé de nombreuses heures au

British Museum à étudier cette maladie d'aussi près qu'une personne non formée à la recherche médicale pourrait espérer le faire. Il a lu les rapports de la Commission, divers articles dans *The Lancet*, les travaux du professeur Ronald Ross et de Sir Patrick Manson, le résumé de Low dans Allbutt, les articles profondément intéressants du *Journal of Tropical Medicine* et tous les articles qu'il a pu trouver dans revues et encyclopédies.

Il vint un jour au bureau du théâtre en réponse à un télégramme de Falempin. Falempin avait quelque chose à lui dire. Il avait jeté le gant aux « peegs », dit-il, en gardant *The Roman Matron* pour les huit représentations hebdomadaires habituelles, malgré la presse et la colère du public. Pendant trois semaines, il l'avait joué dans des maisons vides ou injurieuses. Puis, à la fin de la troisième semaine, un homme avait écrit dans une revue mensuelle que *The Roman Matron* était la seule pièce de théâtre de l'année, et que toutes les autres pièces anglaises alors jouées à Londres étaient autant de symptômes de notre pourriture nationale. L'écrivain n'a pas été vraiment ému par *La Matrone romaine*. C'était un homme d'esprit urbain, essayant d'irriter le public en louant ce qui lui déplaisait et en trouvant une mort morale dans tout ce qu'il approuvait. On peut dire de ceux-là qu'ils jetèrent du pain sur les eaux ; mais le génie, en général, ne le trouve qu'après plusieurs jours. Dans ce cas, comme l'esprit était alors à la mode, son article était en vigueur dès le jour de sa publication. Les acteurs trouvèrent un soir une maison attentive, pas tout à fait vide. Trois nuits plus tard, la pièce s'est vraiment très bien déroulée. La quatrième nuit, on les appela. À la fin de la semaine, *The Roman Matron* a été un succès, jouant devant une salle comble.

"Naldrett," dit Falempin, "j'ai perdu douze mille livres à cause de votre jeu. Et donc ? Je vais en gagner peut-être quarante mille. Remettez toujours vos cartes. Les peegs, ils mangeront tout ce qu'on leur dira. Certains des journaux qu'ils ils mangent leurs mots. Vous voyez, voici un anozzer. Par les mêmes hommes, je pense. À côté des peegs, je n'aime pas ces drôles d'hommes. Vous avez des critiques ; vous avez de très bons critiques. Mais ils n'ont aucun pouvoir. Ces hommes en haillons… Pah.

Leslie a amené sa femme en ville une semaine plus tard. Elle souhaitait consulter un oculiste. Roger dîna avec eux le soir suivant leur arrivée.

"Roger," dit Leslie, "je veux que vous rencontriez ma cousine, Mme Heseltine. Elle veut que vous dîniez avec elle demain soir. Nous avons dit que nous vous amènerions si vous étiez libre. J'espère que vous viendrez ; c'est une personne tellement splendide."

Roger a dit qu'il irait.

Ce soir-là, il se rendit à un At Home donné en l'honneur d'un grand poète français séjournant à Londres. Il n'avait aucune envie d'assister à la cérémonie. Il est parti du sens du devoir. Il partait d'un sentiment de ce qui était dû au gardien de l'intellect. Le At Home se trouvait à Kensington, dans une grande et hideuse maison. Une file de voitures se tenait près du trottoir, chacune avec ses chevaux torturés jetant pitoyablement la tête contre les rênes. Des larbins aux visages blancs et sensuels se tenaient à la porte. Il y avait des reflets de vernis partout, des bottes, des voitures et du métal poli. Il n'y avait pas beaucoup de bruit, à l'exception du claquement des morceaux et des éclaboussures de mousse. Les portes des voitures claquaient de temps en temps. Les mocassins insultaient ceux qui entraient. Femmes et enfants, debout près de la bande de feutrine sur le trottoir, marmonnaient avec une haine craintive.

Roger entra dans une pièce pleine de bavardages. Au milieu de la pièce, il y avait une sorte de cercle, une sorte de ring de pugiliste, dans lequel se tenait le poète. C'était un petit homme trapu, puissamment bâti. Il avait une grosse tête, posée en arrière sur ses épaules, de sorte que sa mâchoire dépassait de manière agressive. Il suffisait d'un seul coup d'œil pour voir qu'il était la seule personne vitale dans la pièce. Les grands romanciers anglais à succès, costauds, ressemblaient à des vessies à côté de lui. Il parlait d'une voix qui résonnait et sonnait. Les gens se pressaient. Des dames en robes magnifiques se précipitaient sur lui, pour ainsi dire, par vagues successives. Il s'inclina, on lui serra la main, on le tira par le bras. Des questions, des compliments et des platitudes lui arrivaient dans toutes les variétés connues de français indifférent. Il n'a jamais cessé de parler. Il aurait pu paralyser la salle et continuer avec une douzaine de choses semblables. Il parlait sagement aussi. Roger entendit la moitié d'une épigramme retentissante lorsqu'il croisa le regard de son hôtesse. Elle reprenait des relais de platitudes pour remplacer celles déjà explosées. Son hôte, sciant l'air d'une main, expliquait quelque chose qu'il ne parvenait pas à expliquer. Roger le vit féliciter le poète d'avoir défendu son point de vue sans l'exposer. Des platitudes éclatées sont tombées sur Roger et s'est excusé. Roger s'est heurté à des platitudes pas encore éclatées et s'est excusé. Il y avait partout un bavardage de paroles inintelligentes, dominant mais ne faisant pas taire la grande voix. Roger entendit un jeune homme élégant parler du poète comme d'un « limiteur, un terrible limiteur ». Puis quelqu'un l'a pris par le bras. Quelqu'un voulait lui parler. Il a dit son mot au grand homme tout en étant traîné vers quelqu'un. Quelqu'un portant une sorte de chiton étrange, sous un étrange collier grec en vieil or, lui parlait de *La Matrone Romaine* . L'a-t-il écrit ?

"Oui," dit-il. "Je l'ai écrit."

L'hôtesse s'interposa. Le chiton a été apporté à une dame vêtue d'une robe du début de l'époque victorienne. Un petit homme gris, très droit et nerveux, comme un colonel sur scène, heurta Roger.

"Plutôt une foule, hein ?" dit-il en s'excusant. "Avez-vous vu ma femme quelque part ?"

"Non," dit Roger. "Est-elle ici?"

"Oui", dit l'autre. "Je crois qu'elle l'est. Il est terriblement bien, ce vieux bonhomme, n'est-ce pas ? Je l'ai rencontré à Paris en 1890."

Ils parlèrent avec animation pendant dix minutes des perspectives de la littérature française par rapport à la nôtre. Bientôt, le petit homme aperçut sa femme. Il fit un signe de tête à Roger et partit. Roger ne se souvenait pas de l'avoir déjà vu auparavant.

Il cherchait quelqu'un avec qui parler. Deux romanciers se tenaient de l'autre côté de la pièce et discutaient avec une jeune fille. Il n'y avait pas beaucoup de chance de les atteindre. Il regarda vers sa gauche, où une partie des déchets de la fête avait été emportée par la marée. Il ne connaissait personne parmi les gens présents. Il fut frappé par l'apparition d'un jeune homme qui se tenait près du mur et regardait la scène avec un intérêt à moitié méprisant. L'homme avait peut-être trente ans. Ce qui frappait Roger chez lui, c'était l'étrange jaune de son visage. Le visage semblait avoir été verni avec un vernis ambré clair. La peau près des yeux était plissée en pattes d'oie. Le front était ridé et cousu. Le reste du visage avait la maigreur et la fermeté de quelqu'un qui a beaucoup vécu dans les régions insalubres des tropiques. C'était un homme grand, bien qu'aussi maigre qu'un débauché. Roger jugea à son maintien qu'il avait été soldat ; pourtant, il y avait aussi une touche de médecin chez lui. Ses yeux avaient le regard interrogateur direct de quelqu'un toujours attentif à remarquer de petits symptômes et à découvrir la vérité des faits à travers des évasions et des tromperies. Ses mains étaient grandes, compétentes, cliniques, avec des doigts longs, souples et sensibles, larges aux extrémités. La bouche était de bonne humeur, mais marquée par la cicatrice d'une coupure au coin gauche.

Bientôt, l'homme s'approcha de Roger avec la grâce inimitable qui caractérise les mouvements des hommes qui vivent beaucoup à l'air libre.

« Excusez-moi », dit-il ; "mais qui est le poète au milieu là ?"

"Jérôme Mongeron", dit Roger.

"Merci", dit l'homme en se retirant.

Roger remarqua que les yeux de l'homme étaient plus injectés de sang que tous les yeux qu'il avait jamais vus. Peu de temps après, Roger l'a vu faire sortir de la pièce une dame âgée, visiblement sa mère. Comme il sentait qu'il s'était assez ennuyé en hommage à l'homme d'esprit, il s'éclipsa lui aussi dès qu'il le put.

La nuit suivante, il dîna avec Mme Heseltine. C'était une dame âgée, d'apparence fragile, mais très belle, avec cette beauté automnale qui vient avec le début de la grisaille des cheveux. Son visage avait la finesse de la race. En la regardant, on voyait que tous les éléments indésirables et peu attrayants avaient été éliminés, par sélection consciente, au cours de nombreuses générations de Fawcett. Son visage avait ce raffinement simple que l'on voit dans les visages de femmes du dessin de Holbein représentant la famille de Sir Thomas More. Seulement chez Mme Heseltine, la recherche de la justesse et de la finesse avait été poussée un peu trop loin au détriment de la structure corporelle. Il y avait un affaissement pathétique des coins de la bouche et un regard d'oiseau sauvage dans les yeux qui témoignait d'une faiblesse physique très vaillamment supportée. Son mari était un spécialiste du cerveau.

Elle portait du noir pour sa nièce. Il y avait peu d'autres invités. C'était une fête de famille. Il y avait les deux Heseltine, leurs cousins les Luscombe, les deux Fawcett, Ethel Fawcett (une autre cousine), une femme en tenue du matin qui venait de prendre la parole lors d'une réunion de suffrage, Roger et un certain Lionel qui était très en retard. Ils attendirent Lionel. Ils étaient sûrs que Lionel ne tarderait pas. La porte-parole du suffrage, Miss Lenning, a demandé si Lionel allait mieux. Oui. Le nouveau traitement lui faisait du bien. Ils espéraient qu'il s'en remettrait. Roger sursauta lorsque la voix de Mme Heseltine devint grave. Il y avait des notes qui ressemblaient étrangement à la voix d'Ottalie. La voix révèle le caractère plus clairement que le visage, plus clairement qu'elle ne révèle le caractère, elle révèle le pouvoir spirituel. Jusqu'à ce qu'il entende ces notes graves, il n'avait pas beaucoup vu Ottalie en elle, sauf dans la façon dont elle était assise, la tête un peu baissée, les mains posées, dans une pose qu'aucun art ne pouvait vraiment décrire, elle lui ressemblait tellement. . Les mots le traversaient, comme si les morts étaient dans la pièce sous un déguisement. Il y avait Leslie qui le regardait, avec une délibération grave et bienveillante, mettant ses lunettes devant les yeux d'Ottalie avec la main d'Ottalie. La voix d'Ottalie lui parlait par l'intermédiaire de Mme Heseltine. Ils étaient maintenant dans un coin de la pièce, en train de regarder un dessin.

« J'ai si souvent entendu parler de vous », disait-elle. " D'une manière ou d'une autre, tu m'as toujours manqué quand j'étais à Portobe. Mais j'ai entendu parler de toi par Leslie et par la pauvre Ottalie. Je voulais te voir. J'attendais de te voir depuis un mois. Je voulais te dire quelque chose. ce qu'Ottalie m'a dit lorsque mon garçon a été tué à la guerre. Elle a dit que lorsqu'une vie se terminait ainsi, soudainement et de manière incomplète, notre tâche était de la terminer, pour le bien du monde, dans nos propres vies. Elle s'arrêta un instant, puis ajouta : " J'ai essayé de comprendre ce qu'aurait fait mon garçon. J'espère que tu viendras me parler quand tu voudras. Ottalie m'était très chère. Elle était dans cette pièce, en regardant ce dessin, il y a seulement sept semaines." Elle hésita un instant.

"Oui, Mme Heseltine ?" il a dit.

"Je parle de toi," ajouta-t-elle doucement.

"M. Heseltine", dit la femme de chambre en ouvrant la porte. L'homme au visage jaune et aux yeux injectés entra.

"Ah, Lionel", dit Mme Heseltine.

"Je suis vraiment désolé d'être si en retard", a-t-il déclaré. "Ils ont essayé un nouveau remède sur moi. On dit que c'est permanent, mais ils ne l'ont essayé que sur un autre gars jusqu'à présent. J'aurais aimé que vous ne m'attendiez pas." Il jeta un coup d'œil à Roger avec un sourire.

« Connaissez-vous M. Heseltine, M. Naldrett ?

"Nous nous sommes rencontrés hier soir", a déclaré Roger. "Chez les MacElheran."

"Oui. Je pense que nous l'avons fait," répondit-il.

Le dîner fut annoncé. Roger a emmené Miss Lenning. Mme Heseltine était assise à sa gauche. Miss Lenning était une jeune femme déterminée et sans fioritures. Roger a demandé si son discours s'était bien passé.

"Plutôt bien", dit-elle. "J'étais dans un chariot dans le parc. Beaucoup de mocassins se précipitaient une ou deux fois dans le chariot. C'est le genre de chose que les mocassins londoniens adorent faire."

"Oui," dit Roger. " C'est parce que la partie de Londres proche des parcs n'est pas sérieuse. C'est une partie livrée aux marchands de plaisir et à leurs parasites. Les foules là-bas ne croient à rien, elles n'aideront rien, elles ne peuvent pas Je ne comprends rien. Dans l'Est de Londres, vous attireriez probablement l'attention, je suppose que la police a ricané et détourné le regard ?

"Vous parlez comme si vous y aviez participé vous-même", a déclaré Miss Lenning.

"J'y suis allé ? Oui. Bien sûr que oui. Mais pas beaucoup, j'en ai peur. Je parlais assez régulièrement. Puis, lors de votre grande réunion au Parc, j'ai reçu un œuf pourri dans la mâchoire, qui m'a donné du sang. J'ai dû arrêter à ce moment-là, car depuis lors, je suis en retard dans mon travail. Une foule de flâneurs à Londres est une foule de flâneurs. Mais une foule dans une ville du nord, à Manchester, à Leeds ou à Glasgow, est une foule. C'est une chose très différente. Ce sont des ouvriers, intéressés par les choses. Ici, ce sont des oisifs qui se réjouissent d'une chance de tapageur. Ils sont sans chevalerie et sans bon sens, sachant que la police a gagné. Je ne les arrêterai pas. Je pense que vous, les femmes, êtes parfaitement splendides pour faire ce que vous faites et ce que vous avez fait.

"Oh, cela ne vous dérange pas d'aller en prison", a déclaré Miss Lenning. "J'y suis allé trois fois maintenant. D'ailleurs, nous saurons comment réformer les prisons quand nous aurons le vote. Ce qui me fait bouillir le sang, ce sont les insultes que je reçois dans la rue de la part d'hommes dont les votes sont responsables de hontes comme la guerre." Elle s'est arrêté. "Quelle est ta réplique ?" elle a demandé.

"Je suis écrivain."

"Pourquoi n'écris-tu pas une pièce de théâtre ou un roman sur nous ?"

"Parce que je ne crois pas au mélange de l'art et de la propagande. Ma mission est de susciter l'émotion. Je ne vais pas utiliser mon talent pour résoudre des énigmes intellectuelles propres à cette époque. C'est l'œuvre d'un réformateur ou d'un leader. écrivain. Mon travail est de découvrir certaines vérités générales dans la nature et de les exprimer, en prose ou en vers, d'une manière aussi élevée et vivante que possible. Cela vous semble absurde ?

"Pas exactement absurde", dit-elle, "mais égoïste."

" Pensez-vous donc qu'un homme qui passe sa vie à essayer de rendre la pensée du monde plus noble, et par là même le caractère du monde, doit nécessairement être égoïste ? "

"Oui, je le fais," dit-elle fermement. « Vous êtes tous, écrivains, qui essayez, comme vous le dites, de rendre la pensée du monde noble, et aucun d'entre vous – je vous demande pardon, vous êtes seulement trois – ne lève le petit doigt pour nous aider à obtenir le vote. vous vous souciez vraiment de la pensée du monde. Vous ne vous souciez que de votre propre pensée.

"Et votre propre pensée n'est pas du tout une pensée", dit le major Luscombe par-dessus la table. "Je ne parle pas de la vôtre, bien sûr, personnellement. J'aime beaucoup votre pièce. Mais en prenant généralement les écrivains du monde entier, qu'est-ce que l'esprit littéraire contribue à la pensée du monde aujourd'hui ? Pouvez-vous citer un écrivain en particulier, n'importe où dans le monde ? le monde, dont les pensées sur le monde valent vraiment la peine d'être lues ? »

"Oui. Dans un grand nombre. Dans un bon nombre de pays", a déclaré Roger.

"Je n'ai rien contre l'art", dit Heseltine en reprenant les bâtons. "C'est une occupation morale. Mais j'ai le sentiment que les artistes modernes, à quelques exceptions près, ne s'enracinent ni dans la vie nationale ni dans la vie privée. Ils ne se soucient pas plus de l'État, dans son sens religieux, que de l'État. (comme, disons, un élisabéthain se serait soucié) de leur conduite. Ils me semblent être un groupe d'hommes sans aucun principe commun ni enthousiasme commun, travaillant, plutôt aveuglément et étroitement, au gré de leur idiosyncrasie personnelle ou de quelque aberration. de goût. Certains d'entre vous, parmi les plus déterminés, s'intéressent à la réforme sociale. Le reste d'entre vous photographie simplement ce qui se passe pour le plaisir de ceux qui ne peuvent pas photographier.

"Oui," dit Roger. "À l'heure actuelle, vous condamnez la société moderne. Lorsque vous étiez enfant, docteur Heseltine, vous viviez dans un monde ordonné, gouverné par une religion surnaturelle, excité par de nombreuses découvertes matérielles et protégé de l'anxiété extérieure par la prospérité et la paix. Tous ce monde a été bouleversé en une génération. Nous ne sommes plus un monde ordonné. Je crois qu'il existe une sorte de bacille, n'est-ce pas, qui, exposé à l'air libre, s'éloigne de son habitat dans le sang. , vole sauvagement dans toutes les directions ? C'est ce que nous faisons. Une grande partie des Anglais, ayant perdu la foi en leur ancien souverain, la religion surnaturelle, volent sauvagement en automobile et, malheureusement, la prospérité matérielle a énormément augmenté. tandis que la discipline morale a décliné ; de sorte qu'aujourd'hui, alors que nous sommes peut-être au sommet de notre prospérité nationale, il n'y a pratiquement plus d'enthousiasme commun qui lie l'homme à l'homme, l'esprit à l'esprit. Il est difficile pour un artiste de faire beaucoup plus. que de refléter la conduite morale de son temps et de purifier, pour ainsi dire, ce qui est éternel dans la conduite de son cadre temporaire. Si le monde soutient, comme je le prétends, qu'il n'y a rien d'éternel et que la conduite morale consiste à aller beaucoup, très vite, dans de nombreuses automobiles très chères, avec autant de compagnons oisifs que possible, alors je Maintenez que vous devez respecter l'artiste parce qu'il se tient seul et travaille, comme vous le dites, « plutôt aveuglément et étroitement », à toute protestation que son idiosyncrasie personnelle le pousse à faire.

"C'est exactement ce que je disais", a déclaré le major Luscombe. "Je dînais hier soir avec Sir Herbert Chard, à Aldershot. Nous parlions plutôt d'atelier militaire. De conscription. J'ai dit que je trouvais vraiment dommage qu'une discipline universelle, quelle qu'elle soit, n'ait pas été substituée à l'ancienne discipline morale. , dont nous nous souvenons tous bien sûr, et j'ose dire que nous avons été les derniers à l'obtenir. Vous ne pouvez pas continuer sans discipline. "

"Ah, mais c'est prêcher le militarisme", a déclaré Mme Heseltine ; "et le prêche insidieusement."

"Les vertus militaires sont le fondement du caractère", a déclaré le major.

"Je ne peux pas croire que le caractère soit enseigné par les sergents instructeurs et les subalternes", a déclaré Mme Heseltine. "Si cela est enseigné, c'est (peut-être inconsciemment) par des hommes et des femmes remarquables et, dans une certaine mesure, par les images de nobles caractères contenues dans les œuvres d'art. Je ne vois aucune chance de régénération morale dans la conscription, seulement une autre excuse pour vaporisation, et pour ce genre de rejet du jugement et de la responsabilité qui porte le nom de patriotisme.

"Je préférerais établir une étude obligatoire sur l'équité", a déclaré Roger. "Alors les nations pourraient juger un *casus belli* avec justice, sur ses mérites, au lieu d'accepter les paroles des journaux inspirés par des usuriers sans scrupules, comme c'est le cas actuellement. Quelques hommes sans principes, pour la plupart issus de la classe inférieure des Juifs commerciaux, sont capables de diriger ce pays. à la guerre quand ils le souhaitent. Et le Britannique se considère comme un homme d'affaires raisonnable.

"Si tel est le cas", dit triomphalement le major, "cela prouve mon point de vue. Si nous sommes susceptibles d'entrer en guerre, nous devons être préparés à la guerre. Et nous ne pouvons y être préparés que si nous établissons la conscription. Et si nous Si nous ne sommes pas préparés, nous cesserons en tant que nation. Il est de votre devoir, en tant qu'écrivain anglais, d'éveiller la conscience nationale par une pièce de théâtre ou un roman, afin que le moment venu, nous puissions être préparés.

"Mon devoir n'est rien de tel", dit Roger. "Je crois que la guerre est une malédiction inutile et que la préparation à la guerre est une malédiction encore plus grande et infiniment plus inutile. Je ne suis pas un patriote, rappelez-vous. Mon État est l'esprit. L'esprit humain. Je dois allégeance à ce premier Je ne vais pas faire reculer le temps en prêchant la guerre. La guerre appartient aux sauvages et aux anachronismes obsolètes comme les généraux. Vous pensez que c'est ça la décadence. Que je suis un petit Anglais faible, sans esprit, qui va être emporté. le premier « homme immobile et fort » qui arrive avec « un poing en maille ». Très bien. Je n'ai aucun doute que la force brutale peut balayer et va balayer la plupart des choses qui ne sont pas aussi brutales qu'elle. Mais je ne déshonorerai pas mon siècle en prêchant les méthodes de l'homme paléolithique. et lutter contre le gaspillage. Je suppose que deux cent cinquante millions de livres sont dépensées chaque année en boissons et en armements dans ce seul pays. Je suppose que dans le même temps, environ cinq cents livres sont dépensées pour la recherche des causes des maladies. la même somme est donnée pour récompenser les travaux intellectuels. Je veux dire les travaux non liés à l'amélioration de la bière ou de la dynamite, tels que les nobles imaginations sur le monde et la vie. Il regarda Miss Lenning, dont l'œil s'embrasait. Quiconque s'est mêlé de politique ne peut résister à quelque rhétorique que ce soit.

"Vous envoyez des femmes en prison parce qu'elles veulent contrôler une telle folie", a-t-il poursuivi. " N'est-ce pas, Miss Lenning ? Si je dois devenir propagandiste, je le ferai pour la cause de la liberté ou du savoir. J'écrirais pour Miss Lenning, ou pour le Dr Heseltine, mais pour un militaire, qui veut simplement de la nourriture contre de la poudre, sans grand principe créatif, je n'écrirais pas même si les Nicaraguayens frappaient Saint-Paul.

"Un jour", dit Mme Heseltine, "nous deviendrons peut-être assez grands pour abandonner toute cette idée d'Empire et entreprenons, comme les Français, de diriger le monde en termes de pensée et de manières. Nous pourrions alors réaliser quelque chose. La France était vaincue, elle est désormais le pays le plus prospère et le plus civilisé du monde. »

"Et le moins vital", dit la femme du major.

"Mais qu'entends-tu par vital ?" dit Roger, devinant qu'elle répétait un mot d'ordre de classe. "La vitalité se manifeste par une capacité de réflexion."

Maggie Fawcett est intervenue. "C'est un état de choses très curieux", dit-elle. "L'intellect du monde soit fait du commerce, se bat pour le commerce, ou se prépare à se battre pour le commerce. En tout cas, il poursuit un objectif défini. Mais l'imagination du monde est engagée dans la recherche d'une foi stable pour remplacer l'ancienne foi. un. C'est osciller entre la science et la superstition, dont aucune ne permet un compromis. Vous, M. Naldrett, si vous voulez bien m'excuser de le dire, appartenez au camp de la superstition. Vous croyez qu'un homme est en état de grâce. il va à une tragédie et peut distinguer une Francesca d'un Signorelli. J'appartiens au camp scientifique, et je crois que ce camp va gagner, il attire les meilleurs et il a un enthousiasme que le vôtre n'a pas. . Vous recherchez un état émotionnel indéfini, rare, dans lequel vous pouvez appréhender les relations morales des choses. Nous recherchons les relations matérielles des choses afin que l'état émotionnel rare puisse être appréhendé, et non par des personnes rares et particulières. comme les hommes de génie, mais par tout le monde. »

"Ce que vous feriez mieux de faire", a déclaré le Dr Heseltine, "c'est d'abandonner tout cet "anachronisme obsolète" de l'art. La science est l'art du vingtième siècle. Vous ne pouvez plus peindre ni écrire de manière grandiose. Cela a tout a été fait. Des hommes comme vous devraient éradiquer les maladies évitables. Au lieu de cela, vous écrivez ce que Tom a dit à James pendant que Dick tombait à l'eau, avec un quarantième de ce qui est gaspillé chaque année pour la seule armée. Nous entreprendrions d'éradiquer la phtisie dans ces îles. Avec un quarantième de plus, il ne fait aucun doute que le cancer pourrait également être éradiqué. Avec un autre quarantième, administré sagement et scientifiquement sans sentiment morbide, nous pourrions éradiquer le crime et d'autres maladies mentales. "

"L'automobile et le golf, par exemple ?" » a déclaré Ethel Fawcett.

"Oui. Et les paris, le sport, la guerre, l'oisiveté, la boisson, le vice, le tabac, le thé, toutes les abominations de la vie. Tous les retours à des types inachevés. Il faudrait écrire une pièce de théâtre ou un roman sur ces choses-là. Je" Je ne parle pas de manière extravagante. Je parle d'une possibilité scientifique prouvée de perfection humaine relative. Lorsque la vie aura été rendue glorieuse, comme je peux le voir, alors vous, les artistes, pourrez vous mettre au travail pour la décorer autant que vous. comme."

" Ainsi donc, dit Roger, il y a trois manières d'arriver à la perfection, en admettant les femmes au suffrage, en poussant les hommes dans l'armée, et en substituant le Collège des Chirurgiens au Gouvernement. Or un artiste s'occupe avant tout de avec des idées morales. Il n'est pas limité, et ne devrait pas l'être, à des vérités particulières. Son monde est le monde entier, réduit, par une pensée stricte et passionnée, à son essence imaginative. Vous et vos projets, ainsi que leur importance relative, êtes mon. étude, et, quand je les ai réduits aux idées de progrès qu'ils incarnent, mon matériel, je pense que vous avez tous trop fait de la recherche de la perfection une question de métier. Ce n'est pas une question de métier. question de caractère personnel. » Après une courte pause, il reprit son chemin. "En même temps, il n'y a rien que l'homme de pensée désire autant que d'être un homme d'action. Les écrivains anglais (je suppose à cause de leur façon d'éduquer) ont été très tentés d'agir. Byron est allé libérer la Grèce. Chaucer était un ambassadeur, Spenser une sorte de RM irlandais, Shakespeare un acteur-gérant et prêteur d'argent, ou, comme certains le pensent, le chancelier de l'Échiquier. Écrire seul ne suffit pas à un homme.

Leslie, qui discutait avec Ethel Fawcett, regarda Roger sans parler. Le dîner se termina lentement. Les dames quittèrent la pièce. Les hommes s'installèrent sur leurs chaises. Le Dr Heseltine a déplacé le port vers Lionel, avec : « Je suppose que vous n'êtes pas autorisé à faire ça ?

Lionel refusa le port en souriant. Il mit un journal blanc dans un peu d'eau gazeuse et s'installa sur la chaise à côté de Roger. Il sortit son étui à cigarettes. "Veux-tu fumer ?" Il a demandé. "Ce sont des gens plutôt bizarres."

"Non, merci", dit Roger. "J'y ai renoncé."

"Je ne pense pas que je pourrais faire ça", dit Lionel en choisissant une étrange cigarette recouverte de papier jaune, aux extrémités torsadées. "Je fume beaucoup. Quand on est seul, on a envie de tabac, on se gêne."

Il alluma une cigarette avec une main brune qui tremblait. Roger, remarquant le tremblement et la rougeur des yeux de l'homme, se demanda s'il buvait en cachette. "Es-tu très seul ?" Il a demandé.

"Une bonne affaire", répondit Lionel. "Je viens de lire un livre de toi ; il s'appelle *La Poignée* . Je pense que c'est toi qui l'as écrit, n'est-ce pas ? Alors tu as aussi été sous les tropiques ?"

"Je suis allé vivre chez un oncle à Belize, il y a cinq ans", a déclaré Roger. "Je ne suis resté qu'un mois environ."

"Belize", a déclaré Lionel. "Mon chef était au Belize. Y avait-il de la fièvre jaune là-bas, quand vous y étiez ?"

"Il y a eu un cas", a déclaré Roger.

"L'as-tu vu?"

"Non", dit Roger; "Je ne l'ai pas fait."

— J'aimerais voir la fièvre jaune, dit simplement Lionel. "Je suppose qu'il y a eu beaucoup de bruit dès que cette affaire s'est produite ?"

"Oui," dit Roger. "Une bande est arrivée immédiatement. Je crois qu'ils ont mis de la paraffine dans les citernes. Ils ont scellé la maison infectée avec du papier kraft et l'ont fumigée."

"Et ça l'a arrêté ?"

"Oui. Il n'y a pas eu d'autres cas."

"Tout cela est dû à une sorte de moustique", explique Lionel. "Le moustique aux côtes blanches. Il porte l'organisme. Vous mettez de la paraffine sur toutes les flaques d'eau et les bassins debout pour empêcher les larves du moustique d'éclore. Mon ancien chef a fait beaucoup de travail à La Havane et aux Antilles, éradiquant les jaunes. fièvre. Cela a rendu le canal de Panama possible.

« Êtes-vous médecin, alors, puis-je vous demander ? » dit Roger.

"Non," dit Lionel. "Je fais des travaux de recherche médicale, mais je n'y connais pas grand-chose. Je n'ai jamais été correctement qualifié. Tout ce genre de choses m'intéresse."

"Quelles recherches médicales faites-vous ? Cela vous ennuierait-il de me le dire ?"

"Je suis allé en Ouganda et j'ai souffert de la maladie du sommeil."

"Avez-vous?" dit Roger. "C'est très intéressant. J'ai lu beaucoup de livres sur la maladie du sommeil."

"Es-tu intéressé par ce genre de chose ?" » demanda Lionel.

"Oui."

"Si vous voulez bien venir dans mes appartements un jour, je vous montrerais quelques reliques. J'habite à Pump Court. Je suis généralement là toute la matinée et entre quatre et six heures du soir. Je pourrais vous montrer des trypanosomes. Ce sont les organismes. »

"Qu'est-ce qu'ils aiment?" » demanda Roger.

"Ils ressemblent à de petites membranes aplaties et ondulées. Certains d'entre eux ont des queues. Ils se multiplient par division longitudinale. Ils ne ressemblent à rien d'autre. Ils ont une assez mauvaise réputation."

"Et ils causent la maladie ?"

"Oui. Vous savez, bien sûr, qu'ils sont propagés par la mouche tsé-tsé ? La mouche tsé-tsé les aspire d'un poisson ou d'un mammifère infecté et les développe, à l'intérieur de son corps probablement pendant un certain temps, pendant lequel l'organisme change probablement de forme. c'est une bonne affaire. Lorsque la mouche tsé-tsé pique un homme, le trypanosome développé pénètre dans le sang par la trompe. Environ une semaine après la piqûre, lorsque la morsure elle-même est guérie, l'homme contracte la fièvre trypanosomienne ordinaire, ce qui vous rend assez misérable. le chemin."

"L'avez-vous eu?"

"Oui, plutôt. Je l'ai maintenant. Cela revient à intervalles réguliers."

« Et la maladie du sommeil ? »

"Vous contractez la maladie du sommeil lorsque le trypanosome pénètre dans le liquide céphalo-rachidien. Il se peut que vous ne l'obteniez que six ou sept ans après la morsure. Par contre, vous pouvez l'attraper presque immédiatement."

"Alors tu peux l'avoir ?" dit Roger surpris en regardant l'homme avec un respect qui tenait à moitié de la pitié.

"Je l'ai", a déclaré Lionel.

« Compris ? Vous ? dit Roger. Il a trébuché dans son discours. "Mais pardonnez-moi de parler ainsi", dit-il; "Alors y a-t-il un remède?"

"Il n'est pas certain que ce soit une guérison permanente", a déclaré Lionel. "Je viens de commencer. Ça s'appelle atoxyl. Avant d'essayer l'atoxyl, j'avais un autre truc appelé trypanroth, fabriqué à partir de colorant à l'aniline. Ça m'a rendu les yeux rouges, tu vois ? Je les ai teints. Tu peux les faire teindre en bleu, si vous préférez. Mais le rouge était assez bien, pensai-je. Maintenant, j'ai bien peur de parler plutôt de moi.

"Non, en effet, je suis extrêmement intéressé", a déclaré Roger. "Dites-m'en davantage. Parlez-moi de la maladie en Ouganda. Est-ce vraiment grave ?"

"Assez mauvais", a déclaré Lionel. "Je suppose que quelques centaines de milliers d'hommes et de femmes en sont morts au cours des sept dernières années. Je ne sais pas combien d'animaux en plus. La mouche tsé-tsé pique presque tous les êtres vivants, et tout ce qu'elle pique provoque la maladie de certains. Vous voyez, la trypanosomiase est probablement une nouveauté en Ouganda. Les nouvelles maladies sont souvent très mortelles, je crois.

"La mouche tsé-tsé est-elle en train de migrer, ou la chose peut-elle être transmise par contagion ?"

"Non. Je ne pense pas que ce soit une chose contagieuse. Je devrais dire que ce n'est certainement pas le cas. Elle nécessite une inoculation directe. Et autant que nous le sachions, la glossine reste assez près d'un seul endroit tout au long de sa vie."

"Je connais un écrivain qui prétend que nous le diffusons. Est-ce vrai ?"

"Indirectement. Voyez-vous, l'Afrique de l'Est n'est pas comme l'Amérique ou n'importe quel autre pays équestre. Vous n'avez pas beaucoup de moyens de transport, hormis les porteurs, à moins de prendre le fleuve, et même dans ce cas, vous devrez peut-être faire des portages. Partir avec des indigènes D'un district à l'autre, l'infection est assurée. Lorsque des personnes infectées arrivent dans un district sain, leurs germes sont sûrs d'être inoculés aux personnes saines par une tique ou un insecte, même s'il n'y a pas de glossines pour le faire, je crois. sont des trypanosomes dans les punaises des huttes. Je ne sais pas, cependant, si les punaises des huttes sont plus coupables que n'importe quelle autre espèce. Il est impossible de dire que depuis l'heure où vous atterrissez jusqu'à l'heure où vous naviguez, vous êtes toujours mordu ou piqué. par quelque chose. Des insectes, des tiques, des puces, des poux, des moustiques, des glossines, des fourmis, des gads, des hippopotames, des phlébotomes, des guêpes, si vous en avez, mais même avec ça, vous vous faites toujours piquer.

"Et à quoi ressemble la piqûre de glossine ?"

" Vous êtes allé à Portobe, n'est-ce pas ? Je me souviens qu'Ottalie Fawcett parlait de vous, il y a des années, avant que je sorte. Vous aviez ce cottage tout au bout du prêt, juste au-dessus de la mer ? Eh bien. Avez-vous avez-vous déjà longé la falaise jusqu'à un endroit où vous devez escalader une clôture de barbelés très difficile juste sous un frêne ? Je veux dire juste avant d'arriver à une ruine de couvent, où il y a une petite cascade ?

"Oui," dit Roger. "Je connais l'endroit exact. Il y avait autrefois un nid de faucon dans la falaise, juste en dessous des barbelés."

"Eh bien, juste là, il y a beaucoup de ces mouches gris-rouge appelées clegs. Vous les faites monter jusqu'à Essna-Lara. C'est un autre endroit. Elles mordent les chevaux. Vous avez dû être mordu par elles. Eh bien, une glossine À regarder, il ne ressemble pas beaucoup à une mouche domestique. Il est plus terne et plus petit, à l'exception des ailes, qui ne ressemblent à aucune autre sorte d'ailes d'insecte. Vous savez comment. c'est un sauvage ? Il se précipite sur vous sans aucune prétention. Il ne fait que feinter lorsqu'il s'apprête à atterrir et il vous suit jusqu'à ce que vous le tuiez. Il vous suivra pendant un demi-mile, en donnant. tu n'as pas de paix. Comme un cleg, il s'installe sur toi tout en douceur, pour que tu ne le remarques pas. Tu te souviendras que les moustiques sont comme ça. Alors, quand il aura sucé à sa faim et dévissé le sien. vrille, vous ressentez une démangeaison cuisante et voyez votre main enflée. Si vous ne vous sentez pas très bien à ce moment-là, une piqûre de glossine peut être assez grave. Si vous venez dans ma chambre un jour, je vous montrerai de la glossine. Ils n'ont rien à voir. Elles ressemblent beaucoup à des mouches domestiques communes. »

"Et tu as étudié tout ça sur place ? Veux-tu me dire ce qui t'a poussé à t'y lancer ?"

"Oh, j'ai toujours été intéressé par ce genre de choses. J'ai toujours aimé les climats chauds et les endroits sauvages et solitaires. Et puis mon ancien chef était un type formidable. Il m'a intéressé. J'ai vraiment aimé ça. Vous savez, je veux aller au fond du trypanosome. Son histoire biologique n'est pas encore connue, car nous connaissons le cycle du parasite du paludisme. C'est en lui qu'est la cause de la maladie. Et nous ne savons pas vraiment grand-chose sur la mouche tsé-tsé, ni sur le rôle que joue la mouche tsé-tsé dans la vie de l'organisme. Il y a beaucoup de choses que j'aimerais découvrir, ou essayer de découvrir. l'essai qui donne du plaisir."

"Mais je pense que c'est héroïque de votre part", a déclaré Roger. "Etes-vous nombreux à faire ça ?"

"Pas beaucoup."

"C'est une chose héroïque à faire", a déclaré Roger. "Héroïque. La solitude à elle seule doit le rendre héroïque."

"On s'habitue à la solitude. Au début, cela vous donne du nerf. Mais à mon avis, la chaleur vous empêche de trop penser à la solitude. J'aime la chaleur moi-même, mais elle enlève la plupart des griffes. La chaleur peut être plutot mauvais."

"C'est quand même une chose merveilleuse à faire."

"Oui. C'est bien de repérer la cause d'une maladie comme celle-là. Mais on surestime la part héroïque. Tout est dans le travail quotidien. On prend les choses comme elles viennent, et on s'amuse plutôt bien aussi. On ne pense jamais au risque, qui est en réalité très minime. À Londres, les médecins sont chaque jour confrontés à des situations pires. Un médecin me racontait l'autre jour comment une succession d'infirmières avaient succombé à une épidémie de typhus et étaient mortes les unes après les autres. l'autre. Il n'y a rien de tel dans le Protectorat avec la maladie du sommeil.

"Mais être le seul homme blanc, dans la nature, avec les indigènes qui meurent tout autour de vous !"

"Oui. C'est assez grave. J'étais au milieu d'une épidémie assez grave dans un petit endroit appelé Ikupu. C'était une épidémie plutôt intéressante, car elle s'est produite dans un endroit où il n'y avait pas de glossines comme on le suppose. pour faire le mal. Ils étaient peut-être là, mais je n'en ai pas trouvé. Ce devait être une autre espèce qui avait fait les dégâts à Ikupu. En fait, j'y ai trouvé une autre espèce, qui était plutôt. une plume dans ma casquette. Eh bien, j'étais seul là-bas. Mon assistant est mort de la fièvre des eaux noires et j'étais là avec un village endormi. La plupart des autres indigènes se sont enfuis et ont sans aucun doute propagé la maladie. Ces vingt cas représentaient presque toute la société d'Ikupu. Certains n'étaient pas du tout malades, ils avaient peut-être juste un peu de fièvre, ou une maladie cutanée sur la poitrine, et d'autres étaient tout aussi graves. c'est possible. Ils étaient à tous les stades de la maladie. Certains commençaient tout juste à se morfondre devant leurs huttes. D'autres étaient assis là, ne se souciant même pas de demander de la nourriture, se morfondant à mort, la bouche ouverte. Généralement, on s'habitue à voir ce genre de choses ; mais j'étais nerveux cette fois-là. Vous voyez, ils formaient une tribu plutôt spéciale à Ikupu. Ils s'appelaient eux-mêmes Obmali, ou quelque chose du genre. Leur jargon était plutôt du rami. En discutant avec le chef, j'ai eu l'impression qu'il s'agissait des reliques d'une tribu décimée plus à l'ouest. Ils croyaient que la maladie du sommeil était causée par une femme-serpent dans une partie marécageuse de la forêt. S'occuper de ces vingt personnes et leur faire passer des examens m'a donné beaucoup de fièvre. C'est une chose à laquelle il faut s'habituer : la fièvre. On s'habitue à faire son travail avec une température de cent deux degrés. C'est bizarre la fièvre. Tout sursaut, tout choc, ou tout travail supplémentaire, peut vous en causer. J'en ai eu, comme je l'ai dit, une bonne affaire. Eh bien, j'ai commencé à penser qu'il y avait une femme-serpent. Une femme avec une tête en forme de vipère, toute marbrée. La nuit, je barricadais ma cabane contre elle. »

Le Dr Heseltine releva sa chaise. « De quoi discutez-vous tous les deux ? Vous parlez de maladie du sommeil ? Il a demandé. " En quoi le nouveau traitement vous convient-il, Lionel ? Pas de mal de tête, j'espère ? Il a tendance à vous donner des maux de tête. Il y a un sujet de pièce de théâtre pour vous, M. Naldrett. " L'Homme et le Trypanosome ". Vous pourriez amener les germes sur scène et les tuer avec une seringue hypodermique. »

"Oui," dit Roger. "Il y a toutes les exigences d'une pièce moderne : force, silence et masculinité. Il y a même une fin heureuse."

Lionel commença à parler au Dr Heseltine. Roger traversa la pièce pour parler à Leslie. Il entendit Lionel parler d'"attendre pour donner une chance au singe". Il n'a pas eu une autre conversation avec Lionel ce soir-là. Après avoir rejoint les dames, Ethel Fawcett a chanté. Elle avait une bonne voix, mais pas très forte. Elle chanta un Schumann très cher à Ottalie. Sa voix ressemblait un peu à celle d'Ottalie dans les notes aiguës. Cela a hanté Roger jusqu'à chez lui et jusque dans sa chambre isolée. S'asseyant devant la cheminée, il eut une vision soudaine d'herbe mouillée et détrempée, et d'un enchevêtrement de chèvrefeuille jaunissant, entassés au-dessus d'un ruisseau qui gargouillait. L'espace d'un instant, il eut l'illusion complète de l'odeur de la reine des prés et d'Ottalie venant de la maison en chantant si fort qu'il en haleta.

VII

Douce rose vierge, adieu. Le ciel a ta beauté,
elle n'est digne que du ciel. Je vivrai un peu, et puis, âme très bénie, je
monterai vers toi. Adieu. *Le marcheur de nuit ; ou, Le Petit Voleur* .

Le lendemain matin, il trouva dans son assiette une lettre d'une écriture étrangère. L'écriture était solidement formée, mais laide. Les lettres avaient tendance à se superposer les unes aux autres vers la fin de chaque mot. Ce n'était pas une main littéraire. C'était de Lionel Heseltine.

"400A, COUR DE POMPE, TEMPLE.

"CHER M. NALDRETT (il a couru),

"Si vous souhaitez voir mes reliques, viendrez-vous jeudi prochain dans ma chambre entre 16 heures et 17 heures ? Vous verrez mon nom sur le montant de la porte à l'extérieur. Je suis en haut. Votre meilleur chemin serait de passer sous terre jusqu'au Temple. , puis remontez Middle Temple Lane. Si la porte de Lane est fermée, vous devrez monter dans le Strand puis faire le tour.

"   Cordialement,

" LIONEL HESELTINE ".

Il a répondu qu'il le rejoindrait volontiers jeudi. Il aurait souhaité que jeudi ne soit pas encore dans six jours. Il était attiré par tous ces gens qui avaient connu Ottalie. Ils faisaient partie de sa vie. Il réalisait maintenant à quel point les gens devaient être présents dans la vie d'une femme. Un homme a du travail et les intérêts occupés qu'il crée. Une femme a des amis et les émotions qu'ils suscitent. Ce monde des amis d'Ottalie était nouveau pour lui. Il essayait de les regarder comme elle les aurait regardés. Ceux-ci la connaissaient intimement depuis son enfance. Ils étaient continuellement présents dans son esprit. Elle avait vécu avec eux. Il s'était souvent senti vaguement jaloux d'eux, lorsqu'il l'avait entendu en parler avec Agathe ; ou sinon jaloux, triste, qu'il ne puisse pas avoir accès à ce côté d'elle.

Il était attiré par tous, mais c'est Lionel qui l'attirait le plus. Une partie de son attachement pour Lionel était simplement la reconnaissance instinctive d'une finesse et d'une simplicité inhérentes au caractère de cet homme. Mais il y avait bien plus que cela. Il avait souvent senti que dans la vie, comme dans la nature, il y avait un effort constant pour remédier au contre-nature. L'action impénétrable derrière la vie propose toujours sagement une restauration ou un réajustement d'un équilibre perturbé. Il sentait qu'une marée s'était accélérée dans sa vie, au dernier reflux de l'ancien. Dans l'ancienne vie, tout avait été pour plaire à Ottalie. La vie était plus sérieuse maintenant. Il ne pouvait pas retourner d'un seul coup à une vie interrompue comme la sienne. La vie n'était pas ce qu'il avait imaginé. Autrefois, il suffisait de méditer sur de belles images, jusqu'à ce que son esprit les réfléchisse assez clairement pour que sa main puisse en écrire les symboles évocateurs. Il n'était pas trop jeune pour apercevoir la beauté plus austère de la pièce de la vie au-delà de la pièce où la jeunesse prend plaisir. Mais jusqu'ici sa vie avait été si peu sérieuse qu'il n'avait pas eu l'occasion de s'en apercevoir. Maintenant, le vieux monde de la beauté de l'image extérieure, bien définie et richement colorée, était brisé pour lui. Il voyait combien c'était une chose laide, même comme jouet ou comme décoration, à côté des choses nobles et tragiques de la vie et de la mort. C'était son malheur d'avoir vécu une vie sans émotions profondes. Maintenant que les chagrins s'accumulaient sur lui, le frappant sans pitié, c'était son malheur de se retrouver sans un ami capable de comprendre ce que signifiait le problème qui le combattait. O'Neill lui avait envoyé une note d'Ubrique en Andalousie, lui demandant de commander une réserve de litharge pour ses expériences, qui étaient « merveilleuses ». Pollock lui avait envoyé une note de Lyme, remboursant, « avec beaucoup, beaucoup de remerciements », le prêt de cinquante guinées. Sa « petite fille allait très bien et Kitty était merveilleuse ». A part ces deux-là, il n'avait pas d'autres amis intimes. Leslie, une personne bien meilleure que l'un ou l'autre, aurait pu comprendre et améliorer son humeur ; mais Leslie était en Irlande depuis la première quinzaine. Étant donc très seul dans sa misère, Roger en était venu à se considérer à Londres comme la seule chose sensible et torturée au sein d'une fourmilière insensible. Il reculait des points de contact aigus avec le monde vers des points d'insatisfaction internes encore plus aigus envers lui-même. Il était donc naturel qu'il soit fortement attiré par un homme porteur d'une maladie mortelle, à l'esprit grave et joyeux, souriant sereinement, capable, même dans ce dernier malheur, de sentir que la vie avait été bien ordonnée, conformément avec la haute loi. Plus il pensait à Lionel, plus il enviait cette vie mêlée d'action et de pensée qui avait tempéré un tel esprit. Dans des moments de mépris de soi, il voyait, ou croyait voir, cette différence entre leurs vies. Lui-même était comme un vieux roi surpris par la mort dans le trésor. Il avait entassé de nombreux joyaux de pensées brillantes ; il était vêtu de pourpre ; son cerveau était lourd à cause du poids de la couronne. Et tout cela était d'une grande inutilité. Il ne pouvait rien emporter. Le trésor n'était que poussière, rouille et chiffons. C'était une âme humaine faible et maladroite, fermée à sa brillante bien-aimée, non seulement par la mort, mais par sa propre insuffisance emmaillotée. Lionel, en revanche, était un croisé, mourant à l'extérieur de la Ville Sainte, peut-être pas en vue de celle-ci, mais tellement animé par l'idée que la mort était une petite chose pour lui. Toute sa vie avait été une mort pour une idée. Toute sa vie, il avait rendu la mort plus facile. L'esprit torturé de Roger n'était pas apaisé en pensant à ce que leurs âmes respectives prendraient après la mort. Certains hommes ont amassé des trésors dans le ciel, d'autres en ont amassé sur terre. L'écrivain, doutant de l'un et méprisant l'autre, a laissé des trésors dans les limbes. Il commença à comprendre la remarque d'O'Neill selon laquelle c'était « la chose la plus difficile au monde pour un artiste à la fois de faire du bon travail et de sauver sa propre âme ». De petits fragments de théologie médiévale, longtemps méprisés, acquis dans l'état d'émotion dans lequel il avait été préraphaélite, lui parurent à nouveau, tout à coup, comme étant non seulement attrayants mais sages. Souvent, dans les moments d'émotion profonde, dans la peur de la mort, l'esprit accorde plus d'importance aux choses apprises dans l'enfance qu'à l'acquisition de la maturité. Cette émotion, la seule véritable émotion passionnée de sa vie, l'avait humilié. La vie s'était montrée soudain dans sa solennité primitive. L'ancienne vie n'était que cendres et poussière tourbillonnante. Il comprenait maintenant quelque chose du conflit qui se déroulait dans la vie. Mais il l'a compris en tremblant, comme un prophète entend la voix dans la nuit. Il voyait sa propre âme se ratatiner comme une feuille en présence d'une grande réalité. Il devait établir les fondations de cette âme avant de pouvoir se remettre au travail. L'artiste crée l'image de sa propre âme. Lorsqu'il constate l'insuffisance de cette âme, il peut soit y remédier, soit se lancer dans la critique.

En repensant aux discussions de la veille, il s'interrogeait sur la suite des événements qui avaient modifié le cours de sa pensée. Lionel, quelques semaines auparavant, eût été pour lui un homme charmant, intéressant, mais égaré, errant dans un de ces sableux et sonorement nommés Desarts où William Blake met Newton, Locke et ces autres beaux esprits avec lesquels il n'était pas. en sympathie. Il voyait maintenant que Lionel le devançait sur la route. Pensant à Lionel et souhaitant que lui aussi ait fait quelque chose pour ses camarades, il retraça le cours d'une série d'affaires qui s'étaient mises en place dans son esprit. Cela avait commencé avec ce papier soufflé dans le jardin, comme une marée montante apporte avec elle des déchets. Maintenant, il était en pleine inondation avec lui, le soulevant au-dessus des bas-fonds où il était resté longtemps échoué. Il commença à douter que la littérature soit une chose aussi belle qu'il l'avait pensé. La science, si pure et si intrépide, faisait le travail du poète, tandis que le poète, s'inspirant de Blake, la calomniait avec la malignité de l'ignorance. Et si la poésie n'était qu'une simple survivance antique, un joli jouet, qui attirait l'esprit raffiné et le tenait en badinage ? Partout des signes annonçaient que le temps des *belles-lettres* était terminé. Les bons esprits n'étaient plus encouragés à écrire, « piqués par vos papes et vos rois ». Qui plus est, les bons esprits étaient de moins en moins attirés par la littérature. La révélation de l'époque était scientifique et non artistique. Il essayait de se formuler ce qu'exprimaient l'art et la science, afin de pouvoir juger entre eux. L'art lui semblait faire le point sur les réalisations passées, la science à l'aube de nouvelles révélations.

Il connaissait si peu la science que sa pensée en la matière n'était guère plus qu'une réflexion sur la maladie du sommeil. Il a passé en revue ses connaissances sur la maladie du sommeil. Il n'y pensait plus comme une question intellectuelle abstraite, mais comme un ennemi de l'homme, une chose presque humaine, une peste qui marche en plein midi. En Afrique, cette horreur rôdait en plein midi, étouffant le cerveau des hommes. Cela le fascinait. Il pensait aux petites stations solitaires des scientifiques et des soldats, au loin dans la nature, au milieu de la maladie, peut-être la sentant arriver, comme Lionel avait dû la ressentir. Ils abandonnaient leur vie avec gaieté et insouciance dans l'espoir de sauver celle des autres. C'était une meilleure façon de vivre que de s'asseoir sur une chaise et d'écrire ce que Dick avait dit à Tom lorsque Joe était tombé à l'eau. Il réfléchit aux questions que la science devait résoudre avant de pouvoir éradiquer la maladie. Il se demandait s'il y avait dans le cerveau littéraire une certaine rapidité ou une certaine clarté dont le cerveau scientifique avait besoin. Il se demandait s'il pourrait résoudre les questions. Les grandes découvertes sont faites par les découvreurs, pas toujours par les chercheurs. Qu'y avait-il de mystérieux dans la maladie du sommeil ?

Une petite réflexion réduisit ses connaissances limitées à l'ordre. La maladie se propage vers l'est depuis la côte ouest de l'Afrique entre 16° nord et 16° sud de latitude, en se maintenant assez nettement entre les trente-deux degrés nord et sud. Elle est causée par un organisme appelé trypanosome, qui pénètre dans le sang par la trompe des mouches piqueuses. Il tue lorsque l'organisme pénètre dans le liquide céphalo-rachidien. C'était sûr. Il ne pouvait pas dire avec certitude pourquoi la maladie se propage vers l'est, ni pourquoi le trypanosome la provoque, ni comment la mouche obtient le trypanosome, ni ce qui arrive au trypanosome dans le corps de la mouche. Son ignorance se résumait ainsi en quatre chefs.

Quant à la propagation de la maladie vers l'Est, Lionel, qui avait vécu à la campagne, en connaît peut-être la raison. Il aurait au moins entendu ce que pensaient les indigènes et les colons plus âgés. Les raisons invoquées par les résidents vont généralement des histoires de femmes à tête de serpent dans le marais, aux histoires d'une étrange caisse de gin, ou de « germes européens modifiés par le climat ». L'explication simple était qu'en Afrique centrale, les communications humaines sont plus fréquentes d'ouest en est que d'est en ouest. Le Congo est l'autoroute.

Il savait que le trypanosome est transporté par le gibier sauvage. Au cours de longues générations de souffrances, le gros gibier africain a acquis le pouvoir de résister aux trypanosomes. Bien que les trypanosomes soient abondants dans leur sang, les animaux sauvages ne développent pas de « nagana » ou de « surra », les maladies que la piqûre de glossine déclenche chez la plupart des animaux domestiques. Quelque chose a été introduit dans leur être qui freine le pouvoir du trypanosome. Les animaux sont immunisés ou salés. Mais bien qu'ils soient immunisés, les animaux sauvages sont les hôtes du trypanosome. Au fil du temps, lorsqu'elles migrent avant l'avancée des chasseurs ou à la recherche de pâturages dans des régions à glossines qui ne sont pas encore infectées par les trypanosomes, les glossines qui les attaquent sucent le sang infecté et reçoivent les organismes dans leur corps. Plus tard, en mordant, ils transmettent les organismes aux êtres humains, qui développent la maladie. De toute évidence, un seul hôte animal migrateur, ou un seul esclave infecté, souffrant des premiers stades fébriles, peut voyager pendant trois ou quatre mois, infectant quotidiennement une douzaine de glossines, le long de sa route. Un homme ou une bête pouvait rendre la route dangereuse pour tous ceux qui le suivaient. Roger se rappelait comment la puce chigoe ou puce jigger avait voyagé vers l'est le long du Congo, pour s'établir comme un ravageur permanent partout où il y avait du sable pour l'abriter.

Quant à l'action du trypanosome sur l'être humain, cette question relève de scientifiques qualifiés. Il ne s'agissait probablement que d'une bataille contre les globules blancs.

Il passa les jours suivants au Musée, étudiant la maladie.

Mme Holder, qui l'a fait pour Lionel, l'a laissé entrer dans la chambre de Lionel jeudi. "M. Heseltine l'attendait et arriverait dans une minute. Voudrait-il s'asseoir ?" Il l'a fait. Les pièces étaient les chambres supérieures d'une maison de Pump Court. C'étaient de belles chambres lumineuses et aérées, peu meublées. Le sol était recouvert de nattes de paille. Les chaises étaient des transats. Il y avait quelques livres sur une étagère. La plupart d'entre eux étaient des dossiers reliés du *Lancet* et *du British Medical Journal*. Quelques-uns étaient des livres de médecine, achetés à bas prix dans des brocantes, comme en témoignent les étiquettes de prix au dos. Le reste était essentiellement de l'histoire militaire : *la campagne d'Iéna* ; *Les vingt-quatre heures de la stratégie de Moltke* de Hoenig ; *Les tactiques* de Meckel et le traumatisme de Sommernacht *; Chanceliersville* ; La vie de Stonewall Jackson du colonel Henderson *; Essais sur la science de la guerre* et *Spicheren* ; *La Vie de Marlborough de* Wolseley ; *Leipzig* du Colonel Maude ; Contribution de Stoffel à la *Vie de Jules César* ; une copie abîmée de *la Guerre de Mahan de 1812* ; et trois ou quatre petits manuels militaires sur *la reconnaissance, la tactique mineure, les formations d'infanterie,* etc. Un livre de mémoires militaires était ouvert, face contre terre, dans un transat. C'était une chaude journée de juillet, mais le feu n'était pas encore éteint dans la cheminée. Sur la cheminée se trouvaient de petites bibelots en ébène incrustés de nacre. Au-dessus de la cheminée se trouvaient quelques pipes, lances et boutons, une coiffure et un bouclier de singe colobe de guerrier, du Masailand, un support en laiton ciselé (probablement fabriqué en Angleterre) contenant des mégots de cigarettes, et un petit mais très belle Vierge à l'Enfant, évidemment de Corrège. C'était sale, craquelé et mal accroché, mais c'était quand même un travail noble. Lionel, entrant brusquement, trouva Roger en train de le regarder.

"J'espère que vous n'avez pas attendu", dit-il. "Je suis allé voir mon singe. Aimez-vous les photos ? On dit que celle-ci est plutôt bonne. C'est un homme qui s'appelle Correggio. Connaissez-vous un peu son travail ? C'est plutôt sale. Aimez-vous le citron ou le lait ? dans ton thé ? Le citron ? Tu aimes le citron, n'est-ce pas ? Et tu veux bien attendre une minute que je me donne une dernière dose ?

"Puis-je vous aider?" » demanda Roger. "C'est hypodermique, n'est-ce pas ?"

"Ça vous dérangerait ? Vous enfoncez le museau de la chose dans mon bras et vous poussez l'esprit. Cela ne prendra pas une minute." Il fit entrer Roger dans une chambre spartiate, meublée d'un lit de camp et d'un appareil Sandow.

"Maintenant," dit-il en sortant un flacon et une seringue, "je vais d'abord retrousser ma manche, puis je vais vous montrer comment stériliser l'aiguille. Je suppose que vous n'avez jamais fait ce genre de chose auparavant ? Maintenant, insérez-le juste là où se trouvent toutes les crevaisons. »

"Vous avez dit que c'était votre dernière dose", a déclaré Roger. "Est-ce que ça veut dire que tu es guéri ?"

"Guéri pour le moment. Je pourrais avoir une rechute. Pourtant, ce n'est pas probable."

« Comment savez-vous que vous êtes guéri ? Vous sentez-vous mieux ?

"Je ne souffre pas d'insomnie", a déclaré Lionel. "Non. Ils injectent des morceaux de moi à un singe, puis attendent de voir si le singe développe l'organisme. Le singe est en effet très en forme, alors ils pensent que je suis guéri. Merci. Cela fera l'affaire. Maintenant, j'entends du thé Entrez, voulez-vous ? Je sors dans une minute.

Après le thé, ils ont examiné des reliques, à savoir des mouches tsé-tsé, des papillons, des mouches piqueuses, des fragments de ceux-ci, des sections de ceux-ci, des lames de trypanosomes, des lames de filaires, des lames de Laverania. "J'ai aussi ces photos", a déclaré Lionel. "Ils ne sont pas très bons, mais ils vous donnent une idée de l'endroit. Ceux-ci sont tous plutôt sombres. Je suppose qu'ils ont été surexposés. Ils vous montrent le genre d'endroits que les glossines aiment. La cabane dans celle-ci est une hutte indigène. J'y ai vécu pendant que j'étais là-bas la dernière fois que j'étudiais les voies des glossines.

"Ils sont toujours près de l'eau, n'est-ce pas ?" » demanda Roger.

"Oui, généralement près de l'eau. Ils se tiennent dans une étroite bande de abri au bord d'un lac ou d'un ruisseau. Ils n'aiment pas s'éloigner très loin de l'eau, à moins qu'ils ne poursuivent une victime. En fait, vous êtes parfaitement en sécurité. si vous évitez le pays des mouches. Si vous allez dans le pays des mouches, bien sûr, ils vous chasseront pendant un certain temps lorsque vous en sortirez. Ils aiment les eaux ombragées avec une petite plage de sable ombragée à côté. Ils aiment mieux le sable ou la terre meuble que la boue. La boue engendre des carex, dont ils ne se soucient pas. Ils aiment particulièrement une sorte de jungle broussailleuse. Voici un arbre où une douzaine d'indigènes se sont simplement réunis. de faire leur sieste là-bas.

"Est-ce que nettoyer la jungle sert à quelque chose ?"

"Oh, oui. Cela élimine les mouches de cet endroit particulier. Mais cela les disperse à l'étranger. Cela ne les détruit pas. Cela ne détruit pas les pupes, qui sont enfouies sous les racines dans le sol. Il est préférable de brûler, Peut-être que le brûlage peut faire l'affaire pour les chiots, mais cela n'affecte pas les mouches adultes.

"Dites-moi", dit Roger, "le sang est-il nécessaire à la glossine ?"

"Si seulement je savais."

"J'ai réfléchi à la propagation de la maladie. Est-elle causée par le gibier, par les pilleurs d'esclaves ou par les chasseurs d'ivoire ? Comment se propage-t-elle ?"

"Nous ne le savons pas. Cela semble avoir suivi l'ouverture du bassin du Congo au commerce. Le jeu, ce sont les réservoirs, bien sûr."

« Les indigènes ont-ils un remède ?

"Aucun. Ils ont un désinfectant pour leur bétail. Ils font bouillir de l'écorce amère avec une mouche tsé-tsé morte et font boire le breuvage au bétail. Ensuite, ils fumigent le bétail avec de la fumée amère. Ils se livrent à cette activité lorsqu'ils sont sur le point de promener le bétail. à travers le pays des mouches. Ils voyagent la nuit, parce que les mouches ne piquent pas la nuit tombée. Mais la fumigation est vraiment inutile.

"La mouche tsé-tsé est inutile, je suppose ?"

"Toutes les mouches sont inutiles."

"J'aime la coccinelle et le papillon bleu craie."

"Je vois que vous êtes un sentimentaliste. Vous pourriez les garder. Mais j'effacerais complètement tout le reste. J'aimerais que nous puissions éliminer la mouche tsé-tsé aussi facilement que les moustiques porteurs de germes."

"Est-ce qu'on a essayé ?"

"Non. Eh bien. C'est peut-être le cas. Mais chez le moustique, il y a un stade de larve bien marqué, et chez la mouche tsé-tsé, ce n'est pas le cas. Il est très difficile d'atteindre les chrysalides de manière satisfaisante."

« De quoi vivent les glossines ? Toutes mes questions vous dérangent-elles ?

"Non. Allez-y. Mais cela doit vous ennuyer un peu. Ils vivent de tout ce qu'ils peuvent, comme les commissaires qui les étudient."

"Mais pourquoi vivent-ils près de l'eau ?"

"Oh, ça ? Certains pensent qu'ils sucent les crocodiles ; mais l'opinion générale est qu'ils s'attaquent aux poissons d'eau douce qui respirent de l'air. La théorie est la suivante : pendant la saison sèche, les poissons ont très peu d'eau. Les rivières s'assèchent. Je ne parle pas des fleuves comme le Zambèze et le Congo, bien sûr. Ils s'assèchent, laissant des cours d'eau peu profonds réunis par des filets. Les poissons sont des créatures parfaitement horribles. Ils s'enfouissent dans la boue des bas-fonds et y restent jusqu'aux pluies. Je suppose qu'ils gardent leur museau hors de la boue pour respirer. On pense que les glossines se nourrissent de leur museau. Ce n'est peut-être pas vrai. si c'est intéressant, tu ne trouves pas ? Écoute , excuse-moi si je fume. Dis-moi, qu'est-ce qui t'intéresse tant dans la maladie du sommeil ? Cela paraît si bizarre que tu devrais t'y intéresser.

" J'en ai entendu parler il n'y a pas longtemps, à une époque où diverses causes m'avaient rendu très sensible aux impressions. Je ne sais pas si vous avez jamais senti que ce qui vous arrive fait partie d'un grand jeu divinement ordonné ? "

Lionel secoua la tête. Son look est devenu un peu plus médical.

"Eh bien. Cela semble stupide", a déclaré Roger. "Mais j'ai été impressionné par la façon dont la maladie du sommeil a été portée à mon attention encore et encore. Je l'ai donc étudiée, aussi bien qu'une personne aussi ignorante de la science pourrait le faire. Je m'intéresse maintenant, parce que vous y êtes allé et que vous l'avez vu. C'est toujours très intéressant d'entendre l'expérience de vie d'un autre homme. Mais c'est plus que cela. La maladie doit être l'une des choses les plus effrayantes des temps modernes. Je trouve formidable que vous soyez sortis comme vous l'avez fait. , pour l'étudier pour le bien de l'humanité. »

"Ce n'était que de l'auto-indulgence", a déclaré Lionel. "C'est bizarre que vous soyez intéressé. Vous êtes la seule personne que j'ai rencontrée depuis mon retour et qui soit vraiment intéressée. Bien sûr, les médecins ont été intéressés. Mais je crois que la plupart des Londoniens ont perdu la faculté pour de graves raisons. leur intérêt mental s'est étiolé. Ils aiment votre genre de choses, « le sucre, les épices et tout ce qui est bon ». Ils aiment les mots d'ordre. Ils n'étudient pas beaucoup et ne vont pas à l'origine des choses. J'ai rencontré l'autre jour un Espagnol, Centeno, un chimiste, je ne parle pas d'un pharmacien. Il a dit que nous avions commencé à dépérir au sommet. ".

"Je ne suis pas d'accord", a déclaré Roger. "L'Espagne est trop flétrie pour en juger. Notre tête est aussi saine qu'elle l'a toujours été. Avez-vous déjà été soldat, Heseltine ?"

"Oui, d'une certaine manière. J'étais dans la milice."

« Vouliez-vous devenir soldat ? Pourquoi l'avez-vous quitté ?

" Ce n'est pas une vie, à moins d'être dans un état-major. Tout le monde devrait pouvoir être soldat ; je le crois ; mais cela ne me semble pas aller très loin comme quête d'une vie. On peut on ne devient un bon soldat qu'en passant toutes ses journées au combat. Cela ne mène à rien. Je voudrais surtout être écrivain, mais bien sûr, je n'en ai pas l'esprit. . Je suppose que vous direz qu'ils ne sont pas essentiels.

"Ils sont essentiels, et vous en avez probablement autant que n'importe quel écrivain ; mais écrire est un art, et le succès en art dépend de toutes sortes de relations subtiles et instantanées entre les différentes facultés du cerveau et la main. Êtes-vous vraiment sérieux, cependant?"

"Oui. Je donnerais au monde pour pouvoir écrire. Pour écrire de la poésie. Ou j'aimerais pouvoir écrire une pièce de théâtre. Vous voyez, ce que je crois, c'est que cette génération est pleine de toutes sortes d'énergies. qui ne devrait pas être appliqué aux choses mourantes. J'aimerais écrire un poème sur la bonne application de l'énergie. C'est ce qui est important de nos jours. Les Anglais ont beaucoup d'énergie, et une grande partie est gaspillée. juste tellement de retard dans le temps. L'énergie gaspillée dans les seules écoles— — Si je n'avais pas été un juggins à l'école, j'aurais été pleinement qualifié à ce moment-là et j'aurais pu tirer beaucoup plus de plaisir des choses. , découvrir ce qui se passe, ne trouvez-vous pas l'écriture terriblement intéressante ? »

"Je trouve que cela rend le monde plus intéressant. Écrire permet d'entrer dans la vie. Mais quand je rencontre un homme comme vous, je me rends compte que ce n'est pas une vie parfaite pour un homme. Ce n'est pas assez actif. Cela ne semble pas à moi d'exercer suffisamment la nature essentielle.

Avez-vous déjà essayé d'écrire ? J'imagine que vous avez écrit beaucoup de choses splendides. Voulez-vous me montrer ce que vous avez écrit ?

"Oh," dit Lionel, "je n'ai écrit que quelques sonnets et tout. Là-bas, seul la nuit, quand les lions rugissent, tu ne peux pas t'en empêcher. Ils rugissaient tout autour de moi. J'étais seulement dans un cabane indigène. Cela donne un sentiment solennel. J'avais l'habitude de composer des vers tous les soirs.

"Tu en as ? Tu ne veux pas me les lire ?"

"Tu peux les regarder si tu veux", dit Lionel en rougissant sous son bronzage. Comme la plupart des Anglais, il avait un peu honte de posséder la moindre intelligence. Il sortit un petit livre de comptes d'un sou du tiroir situé sous l'étagère. "Ils sont plutôt mauvais, j'imagine."

Roger les regarda.

"Ils ne sont pas mauvais du tout", a-t-il déclaré. "Vous avez quelque chose à dire. Vous n'avez pas beaucoup d'oreille, mais ce n'est qu'une question de formation. Les gens peuvent toujours bien écrire s'ils sont émus ou intéressés. Une bonne écriture se produit lorsqu'un technicien soigneusement formé subit une émotion profonde, ou, mieux encore, a survécu à un événement. Avez-vous écrit de la prose ? »

"Non. La prose est beaucoup plus difficile. Je ne sais jamais quand m'arrêter."

"Moi non plus. La prose devient difficile dès qu'on commence à en faire un art plutôt qu'une seconde nature."

Il voulait parler de Portobe avec Lionel. Il était dans cet état d'esprit où la blessure d'un chagrin peine à être frappée. Il voulait savoir ce que Lionel avait dit à Ottalie et ce qu'elle lui avait dit. Il avait ce sentiment qu'on ressent parfois à Londres. "Vous voilà, à Londres, devant moi. Et vous avez été dans tel endroit et tel endroit, où j'ai moi-même été, et vous avez parlé avec des gens que je connaissais. Comme la vie est merveilleuse !" À sa grande joie, Lionel commença spontanément à parler de l'Irlande.

"J'aimerais pouvoir écrire une prose comme la vôtre", dit-il. "C'est ta prose qui m'a donné envie d'écrire pour la première fois. Je m'arrêtais chez les Fawcett à Portobe. C'était l'année avant le mariage de Leslie, juste avant que je parte en Inde pour faire du mal à Delhi. Ottalie venait de recevoir ce livre que tu avais écrit. à propos du Dall. Vous le lui aviez envoyé. C'était un bon livre. J'ai aimé vos petites images de mots.

"Je suis désolé que tu aies aimé ce livre. Il est très grossier. Je me souviens qu'Ottalie m'en voulait."

"Ottalie était une personne bien", a déclaré Lionel. "Elle avait un esprit si délicat et si rapide. Et puis. Je ne sais pas. On ne peut pas décrire une femme.

Un homme fait des choses et se définit en les faisant, mais une femme l'est tout simplement. Ottalie l'était tout simplement ; mais je Je ne sais pas ce qu'elle était. Je pense qu'elle était la meilleure chose que j'ai jamais vue.

"Oui", dit Roger en humidifiant les lèvres sèches. "Elle était comme légère."

« Ce que j'ai le plus remarqué chez elle, dit Lionel, prenant désormais le ton d'un colonial qui a vécu très loin de la société des femmes, c'était sa finesse. Elle faisait les choses d'une manière qu'aucune autre femme ne pouvait faire. Je revenais de l'Est et je suis allé la voir - bien sûr, j'allais assez souvent à Portobe quand Leslie était là - c'était comme être avec quelqu'un d'un autre monde. Elle était tellement amusante aussi. de faire les choses simplement. Je ne suis pas doué pour décrire ; mais vous savez combien certains écrivains écrivent une chose facilement parce qu'ils la connaissent au fond de leur cœur. Ottalie Fawcett semblait faire les choses simplement, parce qu'elle les comprenait au cœur, par intuition. "

"Oui," dit Roger. "Je serai toujours fier d'avoir vécu parmi une race qui pouvait supporter une telle personne."

"Elle doit être une perte terrible", a déclaré Lionel, "pour quiconque la connaissait bien. Je crains que vous ne la connaissiez bien. Je pensais à elle quand j'étais en Afrique. Elle était merveilleuse."

"C'était un esprit merveilleux", répondit Roger. "Dis-moi. Il me semble que je te connais très bien, même si je ne t'ai pratiquement pas rencontré. Je ne sais même pas si ton peuple est vivant. Est-ce que ta mère vit?"

"Non," dit Lionel. "Vous pensez à ma vieille tante qui était au At Home avec moi. Je suis resté quelques jours avec elle, avant qu'elle ne quitte la ville. Mes gens sont morts."

"Envisagez-vous de retourner en Afrique pour examiner la maladie du sommeil ?"

"Oui," dit Lionel. "Je veux y aller bientôt. Je veux y aller sous la pluie, pour pouvoir tester l'affirmation des autochtones, selon laquelle les pluies aggravent la maladie et ont tendance à la faire ressortir là où elle est latente. Je crois que tout cela n'a aucun sens. Les autochtones observent , mais ne jamais en déduire. Pourtant, il faut savoir.

« Veux-tu y aller seul ?

"Je devrais sortir seul, je suppose. Il y a beaucoup d'hommes qui m'accompagneraient pour tirer sur les lions, mais les trypanosomes sont moins populaires. On ne rapporte pas beaucoup de trophées des trypanosomes, à l'exception d'une mâchoire pendante et d'yeux injectés."

« Les pluies sont-elles très malsaines ?

"Oui. S'ils font ressortir la maladie latente, ils le font en abaissant la constitution. Mais je ne crois pas qu'ils fassent quelque chose de semblable. Pourtant, les indigènes disent qu'ils peuvent faire ressortir le nagana d'une vache mordue en versant un seau d'eau sur elle."

" Écoutez, " dit Roger, " je ne veux pas que vous preniez une décision définitive avant de mieux me connaître. Je sais combien il est risqué de choisir un compagnon pour un voyage dans le désert ou pour toute entreprise de ce genre. Mais je ne suis pas satisfait de mon travail. Je ne peux pas vous en dire plus. Je ne pense pas que mon travail m'utilise suffisamment, ou me laisse grandir uniformément. D'ailleurs, pour d'autres raisons, je veux arrêter d'écrire. . Je suis profondément intéressé par votre travail et j'aimerais vous rejoindre, si vous me le permettez, après que vous me connaîtrez mieux, j'aurai une théorie que j'aimerais élaborer.

"Ce serait très bien", a déclaré Lionel. "Je veux dire, ce serait très bien pour moi. Mais cela demande un travail assez dur, rappelez-vous. Et puis, qu'en est-il de la formation scientifique ? Je ne suis pas moi-même suffisamment qualifié, mais je joue à ce jeu depuis sept ans, et je J'ai eu une dure année de formation sous la direction de mon ancien chef, Sir Patrick Hamlin. J'ai commencé par faire les premiers secours et le service de garde au camp. Puis, lorsque j'ai abandonné le métier de soldat, j'ai trouvé un emploi dans le domaine de la lutte contre la famine en Inde. sous son aile, et m'a amené à aider contre la peste à Bombay, et j'ai donc continué, apprenant tout ce que j'ai pu, je veux dire, j'ai pu apprendre beaucoup, étant toujours avec Hamlin. connaître Hamlin. C'est un homme très remarquable. Il a éradiqué l'ophtalmie de Travancore. Il m'a rendu très enthousiaste et m'a appris tout ce que je sais. Maintenant, vous êtes plutôt un grincheux, si vous me permettez de le dire. Je me demande dans combien de temps tu pourras te rendre utile ?"

"Eh bien, qu'est-ce qu'on veut ?" dit Roger. " Sûrement pas grand-chose ? Que pouvez-vous faire avec la maladie ? Vous pouvez seulement injecter de l'atoxyl à un homme et lui extraire des trypanosomes ? Je peux apprendre à monter et à colorer des objets pour le microscope. J'ai tenu des registres météorologiques. Je pourrais Je n'ai certainement aucune expérience ni aucune connaissance scientifique ; mais je ne suis pas sûr que ma théorie particulière nécessitera bien plus qu'une observation prolongée et régulière. Tous les faits scientifiques disponibles sur les structures des différentes variétés de glossines le sont probablement. connu, mais les habitudes des mouches sont très peu connues. Je pensais qu'une observation minutieuse des mouches serait utile, c'est un genre de travail qui pourrait trouver ennuyeux maintenant, qui a vraiment observé les habitudes des mouches tsé-tsé. On ne sait même pas quelle est leur nourriture. Et autre chose qui les maintient près de l'eau, même lorsque (pour autant que nous le sachions) les poissons qui respirent de l'air ne sont plus enfouis dans la boue ? ils aiment tant certains types de jungle ? Et pourquoi n'y aurait-il pas un moyen de les exterminer ? Je pourrais expérimenter de plusieurs manières. »

"Oui. C'est vrai. Tu pourrais", dit Lionel en plissant le visage. "Comment supportez-vous la chaleur ? Vous êtes menu. Vous pouvez probablement supporter plus qu'un gros gaillard."

"Je n'ai pas trouvé le Belize très éprouvant."

"Alors c'est une affaire coûteuse", a déclaré Lionel. "Quand je sors, je ne serai attaché à aucune commission. Il faut entrer d'assez près dans tous ces détails sordides. Bien sûr, cela ne vous dérangera pas que je vous donne un ou deux pourboires. Voici mon livre de comptes pour une assez longue période. petit voyage à Ikupu, vous verrez que c'est très coûteux et très inutile.

Roger regarda le livre de comptes. Le coût du voyage à Ikupu était certainement lourd. Les proches des deux porteurs mangés par les lions avaient reçu une compensation. La veuve de l'assistant décédé avait reçu une indemnisation. Les provisions d'un mois avaient été jetées par les porteurs déserteurs. Les pages sales et écornées lui ont donné une idée de la vie inutile, mortelle et confuse qui se déroule dans de nouveaux pays avant que la nature inutile, cruelle et confuse ne se fasse imposer les idées de son « fils rebelle ». "Nous sommes partis soixante-dix," dit Lionel, "pour aller à Ikupu. Nous n'avons pas eu de chance dès le début. Nous n'y sommes jamais arrivés que douze. Vous voyez, mon assistant Marteilhe était affreusement malade. J'avais de la fièvre. Et ils s'en allaient tout le temps. Alors les porteurs faisaient ce qu'ils voulaient. C'est un pays déchirant pour voyager. C'est comme le Texas : « Un bon pays pour les hommes et les chiens, mais un enfer pour les femmes et les bœufs. Qu'en pensez-vous ? Cela vous semble-t-il en valoir la peine ? »

"Ça vaut vraiment le coup", dit Roger en rendant le livre. "Si je ne parviens pas à faire le moindre bien là-bas, cela en aura valu la peine, à la fois pour mon propre caractère et pour mon temps."

"Je ne comprends pas vraiment votre point de vue", a déclaré Lionel.

"Eh bien," dit Roger ému. "Je veux être bien sûr de certains éléments en moi avant de m'installer dans une vie littéraire. Cette vie, si elle est le moins du monde digne, est consacrée à la création de la conscience morale de l'époque. Autrefois, un écrivain Le monde l'a prouvé avant qu'il puisse commencer à créer ses « idées du bien et du mal ». Homère n'a évidemment jamais existé, mais la vieille idée selon laquelle un poète était aveugle est très significative. Les poètes devaient être des hommes d'action, comme le poète. d'autres hommes de leur race. Ils ne sont devenus poètes que lorsqu'ils ont perdu la vue, ou ont cessé, à cause d'une blessure ou d'une maladie, d'être efficaces dans les rassemblements, alors qu'en fait leur vie était tournée vers l'intérieur. Aujourd'hui, cela a changé, Heseltine. Un homme écrit parce qu'il a lu, ou parce qu'il est oisif, ou avide, ou vicieux, ou vaniteux, pour une douzaine de raisons différentes ; mais très rarement parce que toute sa vie a été tournée vers l'intérieur par la discipline de l'action, de la pensée ou de la souffrance ; . Je ne suis pas sûr de moi. La mort de Miss Fawcett a apporté dans ma vie beaucoup de choses que je n'avais jamais soupçonnées. Je commence à penser qu'un écrivain sans caractère, sans caractère élevé et austère, en lui-même et dans l'image écrite de lui-même, est un flatteur, un débauché, un vendeur du Christ. " Il se leva de sa chaise. Il arpenta la pièce. une ou deux fois. "Jacob Boehme avait raison", a-t-il poursuivi. "Nous sommes des gens aquatiques. Sans action, nous stagnons. Si vous vous asseyez pour écrire, jour après jour, pendant des mois, vous sentez l'écume grandir dans votre esprit. » Il se rassit en regardant le Corrège. « Voilà, dit-il, c'est tout ce que c'est. . J'ai parfois l'impression que tous les très bons artistes, comme Dürer, Shakespeare, Michel-Ange, Dante, tous, jugent les artistes de moindre importance lorsqu'ils meurent. Je pense qu'ils pardonnent le mauvais art, parce qu'ils savent à quel point l'art, quel qu'il soit, est difficile. Je ne crois pas que l'art ait jamais été facile pour qui que ce soit, sauf peut-être pour les femmes, dont la vie entière est consacrée à l'art. Mais ils ne pardonneraient jamais les fautes de caractère ou de vie. Ils exigeraient une conduite très exigeante, sans pitié. Bon Dieu, Heseltine, il me semble terrible qu'on permette à un homme d'écrire une pièce de théâtre avant d'avoir risqué sa vie pour un autre ou pour l'État.

"Eh bien", dit Lionel en ramassant sa cigarette tombée par terre en dispersant des étincelles. "Oui." Il appuya pensivement son index sur chaque miette de feu l'une après l'autre. "Oui. Mais regardez ici. J'ai rencontré ce poète français, Mongeron, l'autre jour, avant-hier. Il a dit que l'action était inutile à l'homme de pensée, puisque l'imagination lui permettait de posséder toute expérience avec imagination."

"Oui. Je connais cette théorie agréable. Je suis d'accord", a déclaré Roger. "Mais seulement lorsque l'action a formé le personnage. Je prends l'écriture très au sérieux, mais je veux être sûr que c'est la chose qui fera ressortir le meilleur de moi. J'en doute. Je doute même que l'art ait une quelconque signification. Ce n'est pas un anachronisme dans ce siècle scientifique, où tant de choses sont apprises et appliquées à l'amélioration de la vie. Comme je l'ai dit l'autre soir, mon État est l'esprit humain, sur lequel j'ai tant parlé. d'encre, soit vraiment une survie, ce que vous appelez dans les salles de dissection « un fossile », alors je n'aide pas mon État, mais je le gêne, en donnant toute la vitalité de mon cerveau à une cause obsolète. On se sent très malin, avec. ces livres sages dans la tête ; mais ils ne descendent pas jusqu'au fond de la roche. Ils ne signifient pas grand-chose dans les grandes choses de la vie. »

"Non," dit Lionel pensivement. "Je pense que je vois tous vos points." Il a immédiatement rendu le sujet pratique, se sentant un peu au-delà de ses connaissances en éthique. "Ce serait une expérience très intéressante pour vous de sortir", a-t-il déclaré. " C'est une bonne chose aussi ; car il est très difficile d'amener un bon cerveau à aborder un sujet de cette manière particulière. Pourtant, il ne faut pas gaspiller un bon cerveau comme le vôtre à observer les glossines. "

"Aucun travail d'imagination n'est gaspillé", a déclaré Roger. "Cette expérience m'apporterait beaucoup. Je devrais être plus sûr de pouvoir faire face au juge après ma mort."

"Et la pratique de votre art ?"

"L'approfondissement de mes intérêts ne nuira pas à cela."

"Viens dîner dehors", dit Lionel. "Je vais généralement chez Simpson. Nous allons en comité des subsides. La première chose que nous devrons faire est d'essayer de vous trouver le poste de laveur de biberons dans la clinique de quelqu'un. Ce que je veux faire quand j'y serai. c'est ça, Naldrett. Je veux aller tout de suite au fond de l'au-delà, dans le CFS, ou partout où il y a peu de chances que les autochtones se mélangent aux Européens, je veux savoir s'il existe un remède autochtone, le cas échéant. Les tribus indigènes sont immunisées, comme elles le sont contre le paludisme, et si leur bétail, s'il en a, est immunisé, comme le gibier. Vous devinerez que ce que je veux faire, c'est préparer des antitoxines suffisamment fortes pour résister à la maladie. à n'importe quelle étape, et aussi d'agir à titre préventif, c'est là le problème, cela me semble un peu fou."

"La mouche tsé-tsé est-elle immunisée ?" dit Roger. "Est-ce que quelqu'un sait quelque chose sur les mouches ? Si la glossine est immunisée, pourquoi ne pourrait-on pas préparer un antitoxine à partir de la mouche tsé-tsé ? Ce serait plus que de la science. Ce serait une question d'équité."

Ils marchèrent ensemble le long du Strand.

"Les antitoxines doivent attendre", a déclaré Roger alors qu'ils s'arrêtaient avant de traverser la rue Wellington. "La première chose que nous ferions mieux de faire est de faire une longue promenade ensemble, pour voir comment nous nous entendons."

"Nous pourrions affréter un bateau et essayer de contourner le nord de l'Irlande", a déclaré Lionel. "Dublin à Moville. Ce serait une véritable révélation. Ensuite, nous pourrions faire le tour de la côte jusqu'à Killybegs. Le vieux Hamlin sera de retour à la fin du mois d'août. Il vous prescrirait un programme d'études. Nous pourrions faire un peu de lecture. ensemble."

Dans le Strand, devant Simpson's, un cortège de sales garçons suivait un sale ivrogne qui était emmené à Bow Street par deux policiers. Les vendeurs de journaux, aux visages avilis et prédateurs, scrutaient avec des yeux ophtalmiques les informations sur les paris. D'autres symptômes de la maladie sont passés.

"Beaucoup de maladies ici", a déclaré Roger.

"Tout cela est évitable", a déclaré Lionel. " Seulement, nous n'avons pas le droit de l'empêcher. Les gens ici préfèrent se réformer. La science ne se mélange pas avec le sentiment, Dieu merci ! " Ils entrèrent chez Simpson.

VIII

Et ici, en l'honneur de ton amour, je
demeurerai près de ta tombe, oubliant toutes ces joies que les temps
anciens rendaient précieuses à mes yeux. *La fidèle bergère* .

Dix mois plus tard, Roger était assis dans des couvertures sous une
moustiquaire, dirigeant un bateau vers l'amont. Il était en proie à une fièvre
froide. La proue du bateau était remplie de cages d'animaux de laboratoire et
de caisses sur lesquelles était assis un nègre chantant une chanson. Le
chanteur applaudissait gravement avec ses mains pour marquer le temps.
"Marumba est très loin", chante-t-il. "Oui. C'est loin et personne n'y est
jamais arrivé." Parfois, s'arrêtant dans sa chanson pour tendre la main à
Roger, il lui montrait un accroc ou un banc. D'autres fois, les rameurs, levant
leurs pagaies avec lassitude, chantaient pendant quelques mesures en chœur
les ossements sur la route de Marumba. Puis le chœur mourut ; les pagaies
éclaboussèrent ; les trous grognèrent. Le bateau traînait dans l'inconnu,
remontait la rivière rouge et sauvage, qui flânait, fumait et puait, comme une
rivière d'une terre naissante.

Lionel, encombré de couvertures, gisait aux pieds de Roger. Ses dents
claquaient. Le chiffon mouillé qui lui entourait le front avait glissé sur ses
yeux. Le mouvement débile de la main qui essayait de repousser le chiffon
pour qu'il puisse voir, témoignait d'une intense faiblesse irritable. A côté de
lui gisait un nègre, décharné à l'état de squelette, qui regardait Roger avec une
gravité enfantine, ses yeux lourds de mort.

Le bateau s'échoua lentement devant un accroc. Roger, se soulevant sur une
caisse, regardait péniblement par-dessus la rive du fleuve, vers l'immensité
au-delà, où, dans l'obscurité, planaient des brumes. À droite, à un kilomètre
ou deux de la rivière, s'étendait la forêt, en pente vers une étendue d'eau d'un
bleu intense. Au-delà de l'eau, l'herbe montait en pente jusqu'à la forêt. La
forêt s'avançait, immense, sombre, silencieuse. Au-delà, il n'y avait que la
forêt, les arbres imposants, les arbres tombés, déracinés, pourris, une
obscurité, une obscurité verte. Au-dessus se trouvait le ciel, d'un métal bleu
dur et brillant, recouvert de films flamboyants. Au dehors, comme des
capitaines arrêtés à la tête d'une horde, se trouvaient des arbres solitaires,
immenses, aux fûts roux. De chaque côté s'étendait la forêt, un désert
irrégulier de bois, gris plutôt que vert, dans l'éclat du ciel ; en bas, plus
sombre. L'eau au pied de la pente s'ouvrait en baies, agitée par le vent,
chatoyante. Des roseaux poussaient autour des baies. Un groupe de grandes
plantes aquatiques à fleurs d'oranger cachait le reste à la vue de Roger tandis
que le bateau flânait.

À gauche, c'était une plaine parfois marécageuse, qui s'étendait dans les brumes, avec des nids de fourmis comme bornes kilométriques. De petites collines douces s'élevaient, certaines d'entre elles parsemées d'arbres épineux. Ils étaient comme les souches d'îles rongées par le fleuve, lorsque, autrefois, il débordait cette plaine depuis la forêt jusqu'à l'horizon lointain.

Loin devant, à gauche de la rivière, Roger remarqua une colline légèrement plus grande. Il soutint son regard pendant quelques minutes. Il se dressait sur la plaine exactement comme un camp romain qu'il avait visité en Angleterre bien auparavant, un jour de Noël. Il aimait le regarder. C'était réconfortant de le regarder. C'était comme un mot d'Europe, cette colline là-bas, grisâtre dans la lumière aveuglante. C'était comme un camp romain, comme la vertu militaire, l'ordre, le calme, le courage, la dignité. Il avait besoin d'un tel message. Il commandait un navire chargé de souffrance. Il errait vers l'inconnu, chargé des mourants. De la fumée s'élevait du dessous de la colline, une seule flèche de fumée. Il a salué le chanteur.

" Merrylegs, " cria-t-il, " quelle est cette fumée là ? "

"Jualapa", dit l'homme en se levant pour regarder. "Jualapa."

"Ça ne peut pas être Jualapa", dit Lionel d'un ton irritable, luttant pour soulever ses couvertures. "Oh, arrête ce bruit, Roger. Ça me fait trembler la tête."

"Jualapa", criaient les rameurs avec enthousiasme. "Jualapa." Ils ont laissé tomber leurs pagaies. Debout sur les bancs, ils scrutaient sous leurs mains pointues la fumée qui montait. Ils se frottaient le ventre en pensant à la viande. L'un d'eux, frappant ses mains ensemble, s'est mis à chanter une chanson sur Jualapa.

Roger, trébuchant, secoué par le mal, leur ordonna de céder, tout doucement. Les bavardages s'apaisèrent tandis que les trous recommençaient à grogner. Merrylegs, toujours en frappant dans ses mains, entonna une autre chanson.

Jualapa est proche. Oui, Jualapa est proche. Pas comme Marumba.
Nous mangerons de la viande à Jualapa. Beaucoup de viande. Beaucoup de viande. Les hommes de Little Belly mangeront de la viande à Jualapa.

"Ferme ta stupide tête, Merrylegs", cria Roger avec colère. La chanson s'est interrompue. Merrylegs commença à dire à l'aviron quelle viande il y aurait à Jualapa. Il a dit qu'il y aurait du bétail, et peut-être parmi eux une vache malade. L'aviron semblait se rafraîchir un peu. Le bateau avançait un peu plus vite.

"Comment vas-tu, Lionel?" » demanda Roger. C'était une question stupide.

"Oh, pour l'amour de Dieu, ne pose pas de questions idiotes", dit Lionel très faiblement. "Laissez-moi tranquille."

Pour répondre, Roger renouvela doucement la compresse autour de la tête du malade. A la soif qui le torturait, il devinait que sa fièvre brûlante allait bientôt commencer. Il pria pour que cela s'arrête jusqu'à ce qu'ils atteignent la fumée. Ils approchaient probablement d'un village. Ils pourraient camper au village. Seulement, il faudrait qu'il se porte bien lorsqu'ils arriveraient au village. Il faudrait qu'il ramène Lionel à terre, dans une cabane confortable. Il faudrait qu'il lui donne à manger là-bas un bouillon fort et réconfortant. Avant de pouvoir le faire, il devrait voir le chef du village. Il devrait s'occuper des porteurs. Le bateau devrait être amarré. Une partie de son équipement devrait être déchargée.

Il n'était pas envisageable de continuer, en amont, jusqu'à Jualapa, dans leur état actuel. Un indigène leur avait dit, la veille, que Jualapa, à trois jours de route en amont, était atteinte de la maladie du sommeil. "Tous dormaient", a-t-il déclaré. "Hommes, femmes et petits enfants. Le bétail n'était pas traite à Jualapa." C'était la première fois qu'ils entendaient parler de la maladie depuis qu'ils avaient quitté la côte. Ils avaient décidé de tenter Jualapa.

Ils souffraient tous deux de fièvre. Ils auraient été heureux de camper quelques jours avant de repartir ; mais Lionel l'a interdit. Les rameurs avaient le mal du pays. Trois d'entre eux avaient contracté la dysenterie. Il pensait que s'ils s'arrêtaient quelque part, leurs hommes les abandonneraient. L'important était d'avancer, dit-il, d'amener les hommes si loin qu'ils aient peur de s'enfuir. Si les hommes désertaient après que les dirigeants aient combattu la maladie, tant mieux, il y aurait du travail à faire. Mais s'ils désertaient avant cela, l'expédition se terminerait avant que Roger ne subisse sa première ponction lombaire. C'était la dernière décision sensée que Lionel avait pu prendre. Sa fièvre était réapparue en moins d'une heure. Depuis, il était dangereusement malade, si malade, et avec des changements de température si violents, que sa faiblesse, maintenant que la fièvre était tombée, effrayait Roger.

Roger tremblait et bavardait, essayant de réfléchir. Il était malade; si malade qu'il ne pouvait pas penser clairement. Le plus horrible, pour lui, c'était d'être juste assez clair dans sa tête pour craindre de changer la décision de Lionel. Il voulait changer pour le bien de Lionel ; mais avec cette fièvre couvant dans son cerveau, montant et s'élevant, comme un souffle chaud qui le flétrissait, le plan lui paraissait auguste, comme une loi des Mèdes et des Perses. Il avait peur de changer. Finalement, dans un moment d'éclaircissement de la tête, il se décida à changer. Il jetterait l'ancre. Ils s'arrêteraient à la fumée. Ils atterriraient et camperaient. Rien ne pouvait être fait tant que les dirigeants n'étaient pas guéris. Si les hommes désertaient, il comptait sur la chance pour pouvoir embaucher de nouveaux hommes. Il ne pouvait pas continuer ainsi ; Lionel pourrait mourir. La fièvre se referma sur son esprit, montant et flétrissant. L'air semblait étrangement épais. Merrylegs vacilla et se brouilla. Le bateau s'échoua sur un banc de boue et frôla quelques roseaux aux multiples reflets avec un long bruissement. Le nègre mourant, ému par quelque souvenir que le bruit avait réveillé en lui, se releva faiblement et demanda quelque chose. Il tomba évanoui, ferma les yeux puis les rouvrit. Il frappait d'une main en baragouinant le nom de Mpaka. Ses dents se sont serrées. Il était à l'agonie. Une des rames, grimpant sur les caisses de l'arrière, frappa le mourant à la poitrine. Il battait le diable, expliqua-t-il. Il fut vite fatigué. Il criait à l'oreille du malade, riait avec ravissement de ses gémissements et s'avançait pour expliquer ses prouesses. Il s'est mis à chanter une chanson à ce sujet.

Kilemba a un gros diable dans le ventre.
Le grand diable dévore Kilemba. Mangez tout. Mais Muafi est un homme fort. Homme très fort. Le diable ne sert à rien. Ne mange pas de Muafi.

Ils contournèrent un virage où les crocodiles, tels de grands vers de terre, se blottissaient au soleil, le ventre recouvert de boue. Le bateau passa dans une large plaine au-dessus de laquelle s'élevait la colline comme un camp romain. Des grues roses se tenaient dans les bas-fonds. Lentement, l'un d'eux s'éleva, vacillant lourdement. Une autre s'élevait, puis une autre, puis une autre, jusqu'à former un ruban rosé sur la forêt. Suivant la ligne de leur vol, Roger aperçut quelques cerfs délicats quitter leur pâturage, effrayés par le démarrage des grues. Ils s'éloignèrent délicatement, regardant derrière eux avec inquiétude. Bientôt, ils se mirent à courir.

Sur la rive gauche, dans un espace de terre pauvre, recouvert de galets par une crue crue, des vautours se recroquevillaient et se faufilaient autour d'un animal mort. Roger les regardait bêtement. Une sorte d'avertissement de mort transparaissait dans la montée de sa fièvre. Il se disait qu'il y avait la mort ici. Les mots parlaient dans son cerveau, chaque mot comme un éclair de feu. "Aucun homme blanc n'est jamais venu ici auparavant. Vous êtes le premier. Faites attention. Il y a la mort ici." Une vague peur d'une guerre possible, si vague qu'il n'était pas tout à fait sûr qu'il ne s'agissait pas d'un souvenir d'une alerte de guerre chez lui, le poussa à se tourner vers son revolver. Il souleva le loquet avec son pouce et regarda les sept disques de cuivre émoussés légèrement tirés vers l'avant par l'extracteur. Il y en avait sept, et nous sommes sept, et il y avait sept planètes. La fièvre le fit regarder la culasse ouverte pendant une bonne minute.

De grandes plantes aquatiques, dont les longues feuilles gris bleuâtre semblaient très fraîches sous l'éclat de la chaleur, sortaient des mouches. Ils attaquèrent avec une férocité tourbillonnante comme des clegs. C'étaient de petites mouches brunes et insignifiantes. C'étaient des mouches tsé-tsé. Le bateau s'est mis à découvert pour les éviter. Après quelques minutes supplémentaires, Roger a demandé aux rameurs d'arrêter de ramer.

Il était au milieu du large, regardant la rive gauche, là où un sentier battu menait au bord de l'eau. Pendant de nombreux siècles, hommes et bêtes s'y sont abreuvés. Le chemin avait creusé une profonde ornière dans la berge. Ce qui frappait Roger, c'était son étroitesse. C'était le chemin étroit des sauvages. Les gens qui l'avaient fabriqué l'avaient utilisé avec crainte, un à la fois, plein de suspicion, comme si on buvait du cerf. Leur peur avait une sorte d'idéalisme. On peut vraiment dire de ces buveurs nerveux que lorsqu'ils buvaient, ils buvaient à la bonne santé de leur État. Même dans sa fièvre, la vue du chemin choquait Roger avec le sentiment du danger de la vie en cet endroit. Quel était le danger ? Quelle était la vie ?

Au-delà du chemin, à peu de distance de la rivière, se trouvait une épaisse haie d'épines entourant un village. Du milieu du village, un unique filet de fumée s'élevait. Il montait tout droit sur un pied ou deux, derrière l'abri de la haie. Puis il tomba en rafales, en bouffées vacillantes. Il n'y avait aucun autre signe de vie dans le village. Quelques poules cueillaient de la nourriture en plein air. Une vache, debout, la tête baissée, au-dessus du cadavre de son veau, attendait la mort. Ses os transperçaient sa peau, la pauvre bête. Il y avait des taches noires de mouches sur elle. Trois vautours l'attendaient. L'un d'eux déployait ses ailes avec l'air d'un homme qui bâille. Les vautours s'affairaient à mi-distance autour d'une vache morte. Des tas sombres, plus loin, avaient encore quelque chose de l'apparence de vaches. Les hommes, regardant attentivement du haut des caisses, bavardaient avec enthousiasme en désignant du doigt. Roger dégaina ses jumelles et regarda cet endroit silencieux. Il ne pouvait voir personne. Il y avait des vaches mortes, une vache mourante et ces quelques poules qui gloussaient. Il se demandait s'il pouvait y avoir une embuscade. L'herbe était assez haute, en touffes, pour abriter un ennemi ; mais les oiseaux sauvages passaient de touffe en touffe sans crainte. Dans une zone dénudée, deux oiseaux à tête écarlate se battaient même ensemble. Les plumes de leur cou étaient ébouriffées. Ils frappaient et tiraient. Ils se levèrent en battant des ailes pour se donner des coups d'ailes. Sautant en l'air, ils poussèrent avec leurs éperons. Une poule, moins brillamment colorée, regardait la bataille. Mais pour ces oiseaux, l'endroit était paisible. Le vent secouait l'herbe ; la fumée était en rafales ; » chantonna une des volailles avec un long gloussement gargouillant.

Quelque chose faisait que Roger, du village à la colline, ressemblait à un camp romain. Il brillait en gris sous les rayons du soleil. La danse de l'air au-dessus était étrange, presque comme de la fumée. Il le regardait à travers ses lunettes. Après un long regard, il se tourna vers l'eau pour reposer ses yeux. "Je suis fou", se dit-il. "Je rêve de ceci. Bientôt je vais me réveiller." Il regarda à nouveau. Il n'y avait aucun doute là-dessus. La colline était recouverte d'un mur de pierre grise d'au moins trente pieds de haut. Là, à environ trois quarts de mille de là, se trouvaient les ruines d'une ancienne ville, aussi vieille peut-être que les Pharaons. Il ne faisait aucun doute qu'il était vieux. Des parties, minées par des objets fouisseurs ou repoussées par des objets en croissance, tombèrent en tas. D'autres parties étaient envahies par la végétation, d'une épaisseur de douze pieds. Des arbres en sont sortis. Quelques cactus au sommet du mur se détachaient nettement sur le ciel. À l'autre extrémité du mur, il y avait un brasier couleur de feu, où une herbe venimeuse, ayant étouffé toute vie plus faible, triomphait en s'étalant en fleurs jaunes, tachetées et enduites d'un jus somnolent. Il y avait des nuées denses de mouches au-dessus, comme Roger pouvait le deviner d'après les mouvements des oiseaux sur le chemin. Il observa la ruine. Il n'y avait là aucune trace d'occupation humaine. Aucune fumée n'y est apparue. Apparemment, l'endroit était devenu une possession du butor. Les bêtes sauvages des forêts y reposaient, les hiboux y habitaient et les satyres y dansaient. C'était aussi désolé que Babylone à la fin d'Isaïe XIII.

Il regarda les hommes pour voir quel effet la ruine produisait sur eux. Ils ne l'ont pas regardé. Ils possédaient une intelligence primitive limitée, qui ne pouvait voir au-delà des faits de la vie physique. Ils regardaient le village en bavardant.

"Pourquoi on s'arrête ?" dit Lionel.

"Il y a un village", dit Roger. "Il semble que ce soit la peste du bétail." Lionel lutta faiblement pour se mettre en position assise et regarda dehors avec des yeux vides.

"Il y a une ruine sur la colline, là-bas", dit Roger.

"La peste et la ruine sont les produits de cette terre", a déclaré Lionel. "Ne reste pas là à cracher, Naldrett. Découvrez ce qui se passe ici."

"Regarde ici, repose-toi", dit Roger avec effort. "Allonge-toi simplement sur les couvertures ici et repose-toi."

"Comment diable vais-je pouvoir me reposer alors que tu ne veux pas faire taire la bande ?"

"Ferme les yeux, Lionel", dit Roger. "Fermez-les. Gardez-les fermés." Il a jeté un chiffon dans l'eau peu profonde. "Voici une nouvelle compresse pour vous."

Il ordonna aux hommes de s'arrêter à l'abreuvoir, tandis qu'il fouillait dans ce qu'il appelait le coffre à jouets pour trouver des cadeaux pour le chef du village. Il prit du fil de cuivre, quelques cartouches en laiton, des perles vertes, des barres de cire à cacheter de couleurs vives, une ou deux poupées, de celles qui disent « Maman » lorsqu'on les frappe sur le plexus solaire, un miroir de poupée, un couteau, une bouteille verte vide et une trompette en étain. Il inclina un parapluie vert aux lignes blanches au-dessus de la tête de Lionel. Il a glissé par-dessus bord lorsque le bateau s'est échoué. Merrylegs le suivit, portant les cadeaux. Ils glissèrent dans des eaux peu profondes et escaladèrent la berge.

Merrylegs, frappant bruyamment dans ses mains, cria aux villageois dans le dialecte Mwiri qu'un roi, un homme blanc, un personnage des plus glorieux, s'avançait vers eux. Roger lui demanda s'il avait entendu parler de ce village la veille à leur halte. Non, dit-il, il n'avait jamais entendu parler de ce village. C'était un endroit pauvre, très loin ; il n'en avait jamais entendu parler. Il a rappelé en frappant avec ses mains. Aucune réponse n'est venue. Roger, regardant autour de lui avec inquiétude, ne voyait aucun signe de vie. Aucun signe n'était visible sur les murs de la ville. Un nouveau vautour, éclairé par la vache mourante, le regardait gravement, sans enthousiasme. L'un de ceux qui étaient déjà là battit à nouveau des ailes comme pour bâiller. " Merrylegs, " dit Roger, " nous devons aller au village. " Il fit tourner l'étui de son revolver pour que l'arme soit à portée de main. Ils contournèrent la zareba jusqu'à ce qu'ils arrivèrent au trou bas, de deux pieds carrés, qui menait à travers les épines jusqu'à la ville. La boue de la route était durement martelée par le passage continu des indigènes. Des fragments de poteries grossièrement décorées ont été foulés ici et là. Allongé à plat, Merrylegs put constater que les piquets qui servaient de porte d'entrée, n'étaient pas en place à l'intérieur de la palissade. Le visiteur était libre d'entrer. "Je pense que tout est parti", a déclaré Merrylegs. "Il attrape un esclave."

Roger ne croyait plus à la théorie de l'homme esclave.

"C'est absurde", a-t-il déclaré. "C'est absurde. Il doit y avoir la mort ici." Il se tenait près du portail, respirant lourdement, ne sachant pas vraiment, de temps en temps, ce qu'il faisait, d'autres fois le sachant clairement, mais sans s'en soucier. Les petites choses, le rampement d'une tique, le gloussement d'une poule, le bruit de sa propre respiration, semblaient importants à son cerveau encombré par la fièvre. "Je vais entrer", dit-il enfin.

"Ne pas entrer", dit promptement Merrylegs. "Peut-être à l'intérieur. Peut-être lui préparer beaucoup de bière. Tout le monde l'a bu." Il a rappelé à Mwiri, mais aucune réponse n'est venue. Une poule, attendant peut-être de la nourriture, entra en gloussant par le trou, levant les yeux vers les étrangers. Roger, trouvant un morceau de biscuit dans sa poche, le laissa tomber devant elle. Elle l'éloigna de sa présence et l'avala avec gourmandise avant que les autres poules puissent le voir.

Roger s'agenouilla. En scrutant le tunnel, il essaya de distinguer ce qu'il y avait à l'intérieur. Il ne pouvait pas voir. Le passage d'entrée avait été construit avec un coude au milieu pour la plus grande sécurité de la tribu. Pour autant qu'il puisse en savoir, un guerrier pouvait se trouver au-delà du virage, prêt à lui enfoncer une lance. Il n'y pensa que longtemps après. Il commença à parcourir le passage à quatre pattes. Rien ne se trouvait au-delà du virage. Il se leva à l'intérieur du village. "Entrez, Merrylegs", appela-t-il. Merrylegs est venu. Ils regardèrent autour d'eux.

Le village formait un cercle irrégulier d'environ deux cents mètres de diamètre. À l'intérieur de la haie d'épines, elle était solidement palissadée avec des pointes de bois hautes de neuf pieds, liées entre elles par de l'acacia et enduites d'un tampon de boue. Les cabanes étaient éloignées de la palissade. Ils formaient une avenue accidentée, en forme de faucille. Il restait trente-cinq cabanes encore debout. Les cadres de deux ou trois autres étaient debout, attendant d'être terminés. Un ou deux autres étaient tombés en ruine. Plusieurs habitants étaient en vue, hommes et femmes.

Ils étaient assis par terre, appuyés contre les palissades ou les murs de leurs huttes, dans des attitudes qui rappelaient l'attitude du nègre, aperçue longtemps auparavant sur la photographie de l'hôtel irlandais. L'un des hommes, se levant en chancelant, marcha vers eux pendant une demi-douzaine de pas, s'arrêta, parut oublier, et retomba en hochant la tête. Un enfant, se levant d'une bûche, rampa vers une poule. La poule, le soupçonnant, s'éloigna. L'enfant le regardait s'éloigner de lui comme s'il essayait de se rappeler ce qu'il avait prévu de lui faire. Il resta bêtement debout, à moitié endormi. Lentement, il s'allongea sur le sol, avec le mouvement d'un vieillard soucieux des douleurs de ses articulations. Il semblait à Roger que l'enfant n'avait jamais vraiment été éveillé. C'est le mouvement lent et délibéré de l'enfant qui, à travers sa fièvre, le convainquit qu'il était en présence de l'ennemi. "Ces gens souffrent de la maladie du sommeil", a-t-il déclaré. Les mots semblaient résonner dans son cerveau : « maladie du sommeil, maladie, maladie ». C'était ce qu'il était venu voir. Voilà son travail était fait pour lui. C'était la maladie du sommeil. Ici, il y avait un village avec ça. C'était choquant pour lui. S'il avait été en bonne santé, cela l'aurait stupéfié. Ces dormeurs n'allaient jamais se réveiller. Tous ces pauvres misérables émaciés mouraient. Il n'avait jamais vu la mort à l'œuvre à grande échelle auparavant. Il réprima une impulsion à moitié formée de s'enfuir en s'avançant dans l'enceinte, dans l'odeur de la mort. L'endroit était plein de mort. Il conduisit Merrylegs devant lui. Merrylegs connaissait la maladie. Merrylegs n'avait aucune envie d'en voir davantage. Il était pour s'enfuir. "Allez, Merrylegs", dit Roger. "Chantez-les."

Merrylegs n'a eu aucune réponse. "Il n'y a que des morts ici", dit-il. "Jeunes hommes, ne l'attrapez pas, courez."

"Alors fais le tour des cabanes", dit Roger. "Nous verrons combien ont couru." Ils se dirigèrent vers la cabane d'où montait la fumée.

Une vieille, vieille femme hideuse était accroupie là, près d'un petit feu. Elle tremblait violemment et marmonnait avec ses gencives. Elle s'éloigna de Roger avec un cri gémissant, très semblable au cri d'un lapin attrapé par une belette. "Tiri", dit-elle, "tiri", attendant la mort. Merrylegs lui posa des questions ; Roger l'a essayée. C'était inutile. Elle ne les comprenait pas. Elle marmonna quelque chose, secouant sa pauvre vieille tête, gémissant entre les mots. Roger lui a donné une poupée, qu'elle a serrée dans ses bras et sur laquelle elle a pleuré. Elle ressemblait à une enfant de quelques mois dans le corps d'un babouin. Ils ont essayé une autre cabane.

Au nombre de marmites de nourriture qui y étaient entreposées, Roger devina que cette cabane avait appartenu à un chef. Deux femmes gisaient là, l'une aux derniers stades de la maladie, très malade et remuant à peine, l'autre encore apathique. Elle cligna des yeux lorsqu'ils entrèrent dans la cabane, sans intérêt et sans alarme, tout comme un animal. Elle aurait pu être autrefois une femme charmante, mais la somnolence de la maladie avait déjà fait ressortir l'animal sur son visage. Ses ornements d'or très fin et tendre montraient qu'elle était l'épouse d'un personnage important ; elle était peut-être la préférée du chef. Elle ne comprenait pas le dialecte de Merrylegs, ni lui le sien. Peut-être, comme cela arrive parfois dans la maladie, n'avait-elle pas un contrôle total sur sa langue. Roger pensait qu'elle avait peut-être soif. Il lui a versé de l'eau. Elle n'a pas bu. Roger se rendit alors compte qu'elle était peut-être en train d'accepter la maladie et de s'y abandonner sans lutte, après avoir perdu son mari et son enfant. Il pouvait voir qu'elle avait eu un enfant, et il n'y avait pas d'enfant là-bas. « Pauvre femme », se dit-il. "Pauvre misérable." Ils sortirent à nouveau à l'air libre.

À l'extrémité du village, Roger trouva des preuves qui l'aidèrent à formuler une théorie sur ce qui s'était passé. Juste à l'extérieur de la palissade se trouvaient les ossements de quelques cadavres qui, à son avis, étaient ceux de ceux qui étaient morts après la première explosion de l'épidémie. Si l'épidémie avait commencé deux mois auparavant, comme cela semblait probable, ces hommes et ces femmes devaient être morts depuis une quinzaine de jours. Depuis lors, la maladie et la mortalité n'ont cessé d'augmenter. Les habitants capables et non infectés avaient enfin migré ensemble. Ils étaient partis avec leurs armes et leur bétail vers un endroit plus sain, laissant mourir les infectés. Il ne pouvait donner aucune autre explication. De nombreuses cabanes étaient désertes. Dans d'autres, des dormeurs encore vivants gisaient parmi les cadavres. Trois jeunes hommes, un garçon et un vieil homme étaient les plus vivants des habitants restants. Roger n'avait qu'à regarder leur langue pour voir qu'eux aussi étaient scellés pour la mort. La langue quitta la racine avec un tremblement impuissant.

Leurs ganglions lymphatiques étaient enflés. Eux-mêmes ne se faisaient aucune illusion sur leur état. Le nuage était sur eux. Ils ne parleraient pas à moins qu'on ne leur parle avec une certaine acuité. Ils attendaient tristement que la maladie leur efface tout. Merrylegs essaya de les comprendre ; mais j'y ai renoncé. "Des hommes très pauvres", dit-il. "Rien savoir." Ils étaient une relique (ou un avant-poste) d'une tribu étrange, parlant une langue inconnue. Peut-être étaient-ils les descendants d'une petite bande errante, séparée de sa tribu mère par la guerre, la peste ou le hasard. Ils avaient eu leurs lois, leurs arts, leurs coutumes. Ils avaient même prospéré. Le jeu de la vie s'y était déroulé agréablement. La vie là-bas n'était guère plus qu'une séance au soleil, entre aller boire un verre à la rivière et aller au champ pour prendre un repas. Les belles s'étaient enduites d'huile, et les plus fortes s'étaient engraissées avec du beurre. Ils avaient vécu « naturellement », comme les plantes ou les animaux, partageant l'immunité des organismes sauvages contre les maladies. Ils ont été complètement ajustés. Or, un petit changement avait modifié leurs relations avec la nature. Quelque chose avait amené le trypanosome. Maintenant, ils mouraient comme les animaux, abandonnés par leur espèce.

Le premier choc de la vue de cette moisson de mort frappa Roger sourdement, à travers le bouclier de sa fièvre. Il n'en réalisait pas toute l'horreur. Il n'était pas non plus conscient du passage du temps. Il est resté au village pendant une bonne heure avant de regagner le bateau. À cette heure-là, il nota grossièrement les vingt-neuf caisses encore présentes. Seize d'entre eux, espérait-il, pourraient céder au traitement. Les autres étaient déjà pratiquement morts d'émaciation. La préparation des notes, aussi brève soit-elle, était une grande épuisement de ses forces. La fièvre gagnait en lui. Il se retrouva à regarder fixement entre deux mots écrits. Son cerveau était dans un tumulte perpétuel. Ses yeux semblaient brûler dans leurs orbites. Il se souvient de Lionel avec un bon départ. "Lionel", répéta-t-il. "Je dois le dire à Lionel. Nous nous arrêterons ici."

En dehors du village infecté, il cherchait des traces. Une piste menait vers la ruine. Un autre partit à travers la plaine. Tous deux étaient aussi étroits que la sangle d'un cheval et battus aussi durement que de la faïence. Les anciennes traces de bétail les traversaient. Merrylegs, regardant autour de lui, cria que la tribu avait traversé la plaine avec son bétail dix ou onze jours auparavant. Il a montré des marques au sol. Roger l'a cru sur parole.

Il grimpa sur l'écoute arrière du bateau, avec l'impression qu'on lui injectait du métal chaud dans les articulations. "Comment vas-tu maintenant, Lionel?" Il a demandé. "Vous avez l'air plutôt mal. C'est un endroit où se trouve la peste. Ils sont malades ici. Ils en meurent."

"Tu n'aurais pas pu venir me le dire avant ça ?" dit Lionel. "Je suis resté allongé ici sans savoir si tu étais mort ou vivant."

"J'aurais beaucoup de cabanes à examiner", répondit-il. "Qu'en penses-tu ? Nous ferions mieux de nous arrêter ici, hein ? Nous ferions mieux d'en faire notre station. La première chose que je ferai sera de vous mettre dans un lit."

"C'est comme toi", dit Lionel. « Vous faites des projets quand je suis malade et que vous ne pouvez pas y opposer votre veto. Mon Dieu, si j'avais su que ça allait être comme ça ! Eh bien, je ne travaillerai plus jamais avec un griff. »

"C'est l'heure de vos médicaments", dit Roger d'un ton posé, afin de changer de sujet. Il versa la poudre blanche dans un papier à cigarette et la tendit au patient.

"N'ose pas me donner des médicaments," répondit Lionel en éliminant la dose. "Je crois que tu m'empoisonnes. Je t'ai observé. Tu m'empoisonnes."

"Ne dis pas des choses pareilles, Lionel", dit Roger. "Tu es terriblement fatigué, je sais, mais ils font mal. J'aimerais pouvoir te guérir," réfléchit-il. "Ce n'est pas aussi facile que vous semblez le penser", a-t-il ajouté.

"Qu'est-ce qui ne l'est pas ?"

"La vie ici."

"C'est parce que tu es un imbécile. Je vais bien. Je veux seulement qu'on me laisse tranquille. Eh bien. Ramenez les hommes à terre, n'est-ce pas ? Installez une sorte de camp."

"Je vais le faire", a déclaré Roger. "Je vais camper là-bas cette nuit sur la colline, parmi les ruines." Il a donné quelques ordres.

Lionel s'assit. "Merrylegs", dit-il, "laisse tomber ça. Je commande ici."

"Regarde ici, Heseltine", dit Roger. "Je dois faire ça."

"Vous ne détruirez pas l'expédition", dit Lionel. "Tu es ignorant comme une vache. Tu n'as même pas examiné les ruines."

Roger ne lui prêta aucune attention. Il a demandé aux hommes d'amarrer le bateau et de le décharger.

"Naldrett", dit Lionel, "si tu persistes dans cette voie - alors que je suis malade et que je ne peux pas t'arrêter - c'est la fin de notre collaboration. Nous nous séparons. Posez cette boîte, Merrylegs. Laissez ces choses dans le bateau."

Roger avait plus de force en lui que son compagnon. Le bateau a été déchargé. Les porteurs, laissant un tas de caisses au bord de la rivière, formèrent une file indienne et marchèrent avec leurs fardeaux de nécessités vers la colline. Lionel marchait, soutenu par Roger. Il n'a pas parlé. Son visage exprimait la colère impuissante d'un homme malade. Bientôt Roger remarqua qu'il pleurait à cause d'une simple faiblesse nerveuse. Il pensait qu'il valait mieux ne rien dire. L'irritabilité de Lionel était due à la fièvre. S'il disait quelque chose, son humeur irritable en ferait sûrement une cause d'offense. Il ne dit rien. Lionel, après une pause d'une minute, dit quelque chose d'une voix faible à propos de la chaleur. Roger n'avait pas remarqué la chaleur. Il avait en lui un four à chaux brillant. Il s'arrêta et demanda s'il faisait très chaud. "Dieu!" dit Lionel avec dégoût. Ils continuèrent leur chemin en suivant les porteurs. Bientôt, Lionel s'arrêta et injuria la chaleur. Roger attendit. Chaque instant d'attente était pour lui une torture. Chaque moment d'effort physique le mettait à rude épreuve. Il avait envie de se jeter à terre et de laisser la fièvre suivre son cours.

"Dieu Tout-Puissant!" » dit Lionel en se tournant vers lui. "Tu ne peux pas me répondre ?"

"Je ne savais pas que tu m'avais parlé."

"Tu ne sais rien."

"Tu ne me parlais pas, tu jurais contre la chaleur."

"Et si je l'étais."

" Si vous parveniez à rester tranquille jusqu'à ce que nous soyons campés, " dit Roger, " vous vous sentiriez mieux. Je fais de mon mieux pour vous. "

"Vous l'êtes", dit Lionel, "vous l'êtes. Je meurs d'envie de voir le genre de camp pourri que vous ferez quand vous serez laissé seul."

"Tais-toi", dit Roger. "Tais-toi. Je suis trop malade pour parler." La fièvre tournoyait en lui maintenant. Il ne pouvait pas se permettre d'en dire davantage. Il était proche du stade du délire. Il se souvint d'avoir senti l'odeur de la mort, dans une explosion nauséabonde et sensuelle, tandis que Merrylegs parlait du kraal dans le creux. Regardant, à moitié somnolent, vers sa gauche, il aperçut un kraal jonché de bétail mort et mourant, parmi lequel se perchaient des vautours gorgés. Ensuite, il se souvint des ruines d'un mur, qui s'élevait maintenant à environ trois pieds de haut. Il était construit en bonne pierre de taille, bien posée, avec un rang crénelé juste au-dessous de son sommet actuel. Il ne se souvenait jamais d'avoir franchi le mur. Il y avait beaucoup de tournesols. Immenses tournesols orange aux pétales mous et ondulés. Tournesols poussant sur une litière de pierres soigneusement travaillées. Les moustiques venaient « cingler » autour de lui, enroulant leurs cornes sensuelles. Ces petites cornes lui semblaient être le langage de la fièvre. Ils lui ont suggéré des choses. Les hommes ont mis très, très longtemps à monter la tente. Quelque chose n'allait pas chez l'un des hommes. Les autres hommes se tenaient à l'écart de lui. Les lits avec leurs moustiquaires étaient enfin prêts. Le feu brûlait. On cuisinait quelque chose qui sentait la soupe. Dans son imagination malade, c'était l'odeur de quelque chose de mort. Il leur a dit de l'enlever. Il a vu Lionel quelque part, un peu comme un homme à l'article de la mort voit le médecin à son chevet. Il ne pouvait pas être sûr lequel des deux était le vivant. Puis vint un moment où il ne parvint plus à défaire l'attache de sa moustiquaire. Il a vu son lit à l'intérieur. Il avait envie d'être au lit. Toute cette torture prendrait fin dès qu'il serait au lit, enveloppé. Mais il ne pouvait pas entrer. Le lit lui était fermé par la moustiquaire. Il voulait y entrer. Il donnerait tout pour être au lit. Mais il ne savait pas comment déplacer le filet, tant tout sentait la mort. C'était partout très rouge, un rouge fumé, tourbillonnant, avec des lumières violentes. Des gens traversaient le crépuscule, ou plutôt non pas des gens, mais des traînées d'obscurité. Ils poussaient de grands cris. Ils étaient trop bruyants. Pourquoi ne pouvaient-ils pas se taire ? Il a cessé de tâtonner au filet. Il commença à voir une armée d'artillerie sans fin franchir un col. Les hommes étaient tous sombres ; les canons étaient tous peints en noir ; les chevaux étaient noirs. Ils montaient sans fin, sans fin, sans fin. Il leur a crié d'arrêter de conduire, de faire n'importe quoi plutôt que de continuer encore et encore de cette manière horrible. Instantanément, ils se sont transformés en glossines, chevauchant du bétail mourant. C'étaient des glossines géantes, avec des yeux comme des boulets de canon. Une multitude infernale de trypanosomes se tortillait autour d'eux. Les trypanosomes se tortillaient partout sur lui. Une glossine géante lui forçait la bouche à ouvrir avec un bec poilu, afin que les trypanosomes puissent se tortiller dans sa gorge. Un trypanosome aplati, au goût flasque comme de la gelée, grouillait sur ses lèvres.

La crise s'est produite tôt le matin, le laissant faible mais alerte. Quelque chose allait se passer. L'air était aussi proche qu'un souffle de fournaise. Il s'assit en se tenant par le mât de la tente. Il pouvait voir une étoile ou deux. Il aurait souhaité que cette horrible odeur disparaisse. Cela semblait être partout.

"Lionel", dit-il.

"Oui," dit une voix faible.

"As-tu dormi?"

"Oui. J'ai dormi longtemps. Comment vas-tu ?"

"La crise est partie. Mais je me sens bizarre. Quelque chose va se passer."

"C'est très proche. Cela passera avant le matin. La fièvre joue au diable avec un, n'est-ce pas ?"

« Est-ce que tu vas mieux maintenant ?

"Oui. Tout ira bien maintenant. Tout ira bien après un petit-déjeuner. Ce n'est pas si mal ici, n'est-ce pas ?"

"Non. Pas si mal. Mais il y a cette odeur de mort, Lionel."

"C'est de la fièvre. Cela passera, vous le découvrirez."

"Est-ce que je délirais?"

"Oui un peu."

"Tu étais plutôt mauvais."

"Oui. J'étais plutôt mauvais hier", a déclaré Lionel. "C'est horrible quand on entre dans cet état. On a tellement honte après. Cela fait partie de la maladie. Tu as été terriblement gentil avec moi, Roger."

" J'ai vu que vous étiez plutôt mauvais. Il faudra se mettre au travail demain et remettre les choses en ordre. Là, ils sont en mauvaise posture dans le village. Il reste vingt-neuf cas. Nous pourrions en sauver seize. " eux."

"Y a-t-il une trace de la façon dont ils l'ont obtenu ? Le savent-ils ?"

"Ils ne parlent aucune langue connue de Merrylegs."

"Je vois. Comment sont-ils ? Sont-ils nombreux ?"

"Oui. Ce sont des nègres de bon type. On dirait qu'ils pourraient avoir quelque chose de mieux en eux que le sang nègre. Quelque chose d'arabe. Et il y a cette ruine ici."

"Ce sera amusant de regarder ces ruines. Je me demande si elles ressemblent aux ruines rhodésiennes. J'en ai vu. Si c'est le cas, il devrait y avoir de l'or ici. De l'or brut aussi bien que de l'or travaillé. Mais il ne faut pas y penser. que."

"Non. N'ayons pas de problèmes secondaires. Je suppose que nous ferions mieux d'ouvrir un camp d'isolement demain."

"Oui. Faites-les tous sortir et brûlez le village. Ensuite, nous commencerons le traitement."

"Ce serait plutôt une plume dans nos casquettes si nous trouvions un antiglossinaire. Un oiseau vaudrait mieux que rien. Ou une mouche ichneumon pour percer les pupes."

"J'étais moi-même jeune autrefois", a déclaré Lionel. "Je sais exactement ce que ça fait." Il y eut une pause après cela. Lionel semblait rire.

"Tu ne peux pas te rendormir, Lionel ?"

"Non. C'est trop près."

"C'est agréable de regarder les étoiles. Et je peux voir jusqu'au bout du désert. La lune est magnifique. Elle est très vaste ici. Et solitaire. Cela donne l'impression étrange d'être plein de souvenirs. Je me demande qui a construit ces ruines."

" Des Phéniciens, je suppose. En Afrique, on met tout sur le compte des Phéniciens. Dans la Méditerranée, c'étaient d'autres types ; maintenant, ce sont les Ibères. Les Aryens étaient très en vogue il y a quarante ans ; mais ils sont morts, maintenant. Puis il y avait ces Celtes bâclés. Ce seront les Hittites à notre retour.

"Avez-vous vu le Grand Zimbabwe ?"

"Oui. Mais ils s'appellent tous Zimbabwe. C'est un nom indigène pour les ruines. C'est un endroit étrange. Il est tout ouvert. Il n'y a pas de toit. Aucun d'eux n'a de toit. Rien que de grands murs et deux hideux des cônes de pierre et de nombreux cadavres sous les sols. Il y a d'anciennes exploitations d'or tout autour. On dit que c'est un temple astronomique, ainsi que le site d'une grande ville minière. Connaissez-vous beaucoup de choses en astronomie ? »

"Non. Je connais Sirius."

« Je connais Sirius. Pouvez-vous le voir ?

"Je ne peux pas le voir d'ici. Peut-être qu'il n'est pas visible."

"Il me semble que ça s'assombrit. Écoute."

"Est-ce que c'est un lion qui rugit ?"

"Saute une minute." Lionel était dehors, debout à la porte de la tente.

"Quel est le problème?" » demanda Roger.

"Un orage", dit Lionel. "Enfilez vos affaires. Je me suis préparé pour ça. Enroulez cette bâche autour de vous et sortez. N'attendez pas. Allez."

Dehors, dans la nuit, le ciel s'assombrissait rapidement sous un nuage violet tourbillonnant. De temps en temps, l'étendue des nuages brillait d'une couleur rougeâtre livide au passage des éclairs. C'était comme si tout le ciel inférieur s'éclairait. Le tonnerre grondait. De grandes traînées brûlantes déchiraient le ciel, perdant du tonnerre et des flammes. Roger vit les porteurs passer de leur feu à l'abri sous le vent des ruines. Une légère explosion sensuelle attisée sur son visage, lui apportant cette odeur de mort. Il se détourna, s'étouffant. "Éloignez-vous de la tente", lui cria Lionel à l'oreille, malgré le grondement du tonnerre. "Attachez cette corde autour de moi. Ça va être mauvais. Mettez-vous sous le vent du mur. Courez." Ils se précipitèrent vers le refuge, sur les jambes chancelantes de ceux qui venaient de se remettre de la fièvre. Pendant qu'ils couraient, Roger marcha sur quelque chose qui ressemblait à une corde et qui bougeait, qui (se tortillant) heurta sa botte avec un coup sec.

"Il y a un serpent", cria-t-il en sursautant.

"Est-ce qu'il t'a eu ?"

"Non. Seulement ma botte."

" Heureusement pour vous. Il y a peut-être des vipères ici. Faites du bruit avec vos pieds. Nous y sommes. Cela fera l'affaire. "

Il y eut un crépitement aigu de grosses gouttes de pluie qui frappèrent le sol comme une balle tombant sur de l'étain. Dans la lueur d'un long éclair, qui dura dix bonnes secondes, Roger vit Lionel sonder le sol à la recherche de serpents avec une patte tendue. Il était cagoulé et recouvert d'une bâche provenant du bateau. Il grattait une allumette, endormi par la chaleur et l'humidité, pour allumer une cigarette. L'allumette s'enflamma, mettant le visage en couleur vive sous la teinte du capuchon. Le ciel était chargé par une armée sombre. Il y eut une sorte de soupir élémentaire alors que commençait l'obscurcissement des étoiles verticales. Des soupirs jaillirent de tout l'air. C'était un bruit de cascades et de forêts de pins. Puis, dans un fracas fracassant, la tempête éclata. Le ciel tout entier s'enflamma, comme si un vaste bain de feu avait été soudainement renversé. Il y eut un rugissement comme si la terre était fendue. Après un instant de pause, il y eut une explosion si terrible que les deux hommes se blottirent instinctivement l'un contre l'autre. Il faisait de plus en plus froid à cet instant. Il faisait un froid glacial. La tente se distinguait clairement, dans ses moindres détails, pendant quelques secondes lumineuses. Puis la pluie tomba à verse, comme si le bas du ciel s'était brisé. L'éclair suivant ne montra qu'une eau grise et ruisselante, se déversant avec un poids et une force nouveaux pour Roger. C'était une pluie aveuglante, on ne pouvait pas y faire face. Cela a transformé le monde en un torrent gris. Cela faisait coller la terre sous les pieds. Brooks dévalait la colline une demi-minute après le début. Les éclairs et les tonnerres ne cessaient jamais. Accroupi contre le mur, Roger ne pouvait avaler qu'un air à moitié constitué d'eau. La force de la tempête l'a stupéfié. La fureur du tonnerre l'intimidait. La splendeur de la foudre était si épouvantable qu'à chaque explosion, il se penchait contre le mur. Un arbre a été heurté sur le mur au-dessus de lui. Il s'attendait à être frappé à chaque éclair. Il n'était pas question de courage. Le vacarme et l'éclat étaient pires que les tirs d'obus les plus violents. Les éclairs semblaient traverser le ciel, longer le sol et sortir du sol. On l'a senti. Cela sentait quelque chose de brûlé ; du métal.

L'instant d'après, il enfonçait ses doigts dans les créneaux pour éviter d'être emporté par le vent. Le vent tomba avec une force qui lui coupa le souffle. Pendant une seconde, la pluie parut s'arrêter. Il changeait simplement sa direction vers l'horizontale. L'air semblait ne plus être présent. Il n'y avait rien d'autre qu'un torrent d'eau impétueux, cuisant et aveuglant . Après que le vent se soit levé, Roger n'était plus vraiment conscient de rien. Il se tenait adossé au mur, les yeux et la bouche bien fermés, les oreilles secouées et ruisselantes, le nez plissé par l'effort qu'il faisait pour garder les yeux fermés. Sur ses paupières, il sentit la lueur de l'éclair, tantôt aveuglante, tantôt simplement vive. Tout le reste sautait, hurlait, roulait mouillé, roulait à froid, dominé par les explosions en altitude. Toute confusion était laissée libre pour nourrir en lui la peur de la mort. Ils restèrent donc côte à côte, pendant environ une heure, lorsqu'un changement se produisit.

Le vent tomba après avoir soufflé à son plus fort. La pluie s'est arrêtée. La lueur livide des éclairs s'éloignait au loin. Les étoiles sont sorties. Roger se faufilait dans la boue, essayant de faire ressentir ses pieds gelés. Les dents de Lionel claquaient. Lionel, les doigts engourdis, essayait d'allumer une allumette détrempée pour la cigarette détrempée déjà entre ses lèvres.

"Assez mauvais", dit Lionel. "La tente est partie."

"L'aube va bientôt se lever", dit Roger en regardant l'épave de la tente. "C'est fini maintenant." Il frissonna.

"Pas encore", dit Lionel. "Ce n'est que la moitié. Il reste encore l'autre moitié à venir. Je me demande comment les porteurs l'ont pris."

"Je vais aller voir", dit Roger.

"Reste où tu es", dit Lionel. "Tu n'auras pas le temps." La lune apparut pendant un bref instant – une lune maladive déjà menacée par le scud. Les nuages roulaient à nouveau.

"Cela va nous arriver en face", a déclaré Lionel en élevant la voix. "Ce sont des tempêtes circulaires." Le vent murmurait au loin. Toute la terre était remplie d'un sombre murmure. "Entrons dans l'épave de la tente", a ajouté Lionel en criant. "Dans l'épave de la tente. Nous risquons de mourir de froid si nous ne le faisons pas." Ils soulèvent la lourde toile pour pouvoir se glisser à l'intérieur, sous les plis. Ils se recroquevillèrent l'un à côté de l'autre, attendant, glacés jusqu'aux os.

— Il fait bon froid, dit Roger en claquant des dents.

"Oui," dit Lionel. "J'ai connu un homme mourir dans l'un de ces cas. Tenez bon. Le voici."

Cela fut accompagné d'un tel choc de tonnerre et d'éclairs qu'ils sursautèrent tous les deux. Ils sentirent les plis de la tente se soulever et se soulever au-dessus d'eux sous l'effet du vent. Un rabat s'était détaché. Il frappa Roger comme une barre de bois dur. Il comprit alors ce que les marins entendaient par vent. Il ressentit un instant une sorte d'exultation. Alors un souffle terrible le jeta sur le côté et fit rouler sur lui un grand poids de toile mouillée. Il le sentit frémir et hésiter. Le vent semblait se soulever et se soulever, avec une multitude de petits diables hurlants. Ils se soulevaient et se soulevaient. Toute la masse hésita. Il a été ému, il a été influencé. Il sentit le tissu s'arrêter, vaciller vers le haut et s'abaisser. "Nous y allons", marmonna-t-il en déglutissant. Par la suite, il a affirmé que seul le poids de la pluie l'empêchait d'être emporté. L'eau gargouillait sous ses pieds. L'eau coulait dans ses manches et dans son cou. De l'eau jaillit sur lui alors qu'il retirait les plis pour avoir de l'air. Un incendie grandiose et épouvantable traversait le ciel. Des secousses frappaient la terre tout autour de lui. Un autre arbre a été détruit. Le tonnerre éclata au-dessus dans un long crescendo ondulant de fissures fendues. Cela, et la cataracte qui lui coulait au visage, lui firent reculer le pli. Il se recroquevillait. Il avait perdu contact avec Lionel. Il ne savait pas où était Lionel. Son pied heurta quelque chose de dur. En tâtonnant, avide de compagnie, il découvrit que c'était le mât de tente cassé. Une autre rafale le souleva. Cela a pris de la force. Il balaya les plis de ses mains et envoya le bord fouetter, fouetter, fouetter, avec ses fouets de corde et ses piquets de tente. Toute la fureur de la tempête était sur lui. La tente s'entassait en ruine contre les cartons. Il était assis dans la boue mouillée, assailli par tous les démons du mauvais temps. Lionel était à ses côtés et lui criait à l'oreille. "Ne restez pas debout", dit la voix lointaine. "Être frappé." Il hocha la tête la prochaine fois que les flammes se répandirent. Il semblait probable qu'il serait frappé. C'était une mort rapide, disaient les gens. Il se surprit à dire à haute voix que ce serait terrible si Lionel était frappé. Et alors ? Que ferait-il alors ? Il se tourna sous la pluie battante pour tenter d'apercevoir les porteurs. Il ne pouvait voir que la pluie et cette lueur rougeâtre de lumière vivante.

Il ne ressentait pas grand-chose. Il avait trop froid, trop faible, trop effrayé. S'il avait été capable de définir ses sentiments, il aurait dit qu'il pensait qu'il était impossible qu'il ait jamais pu être sec, chaud ou heureux. Son ancienne vie n'était qu'un rêve lointain et inconcevable. Qu'il se soit déjà assis près d'un feu semblait inconcevable. Qu'il existe un soleil semblait inconcevable. Que la vie puisse être digne, tendre ou héroïque semblait inconcevable. "Si ce n'est pas de la misère," marmonna-t-il en tremblant, "je ne sais pas ce que c'est. Je ne sais pas ce que c'est." Il sentit soudain que l'eau coulait sous lui en un jet puissant, profond de plusieurs centimètres. En posant sa main, elle remonta jusqu'au poignet dans un courant. Il tâtonnait avec sa main. Alors qu'il le posait, un scarabée dans l'eau le pinça vivement, le rendant un instant malade au souvenir du serpent qui avait frappé sa botte. Se levant précipitamment, l'eau monta au-dessus de ses bottes. Levant les yeux, une ouverture dans les nuages lui montra la lune, nageuse battue dans une course de moulin. La tempête éclatait.

Peu de temps après, il s'est cassé. Les étoiles sont sorties. Le vent cessa à cause de ses tourbillons continus. Elle soufflait régulièrement, dans un vent frais et vif, provoquant des averses éclaircissantes. Les averses auraient semblé torrentielles à d'autres moments, mais pour Roger, c'était désormais de petites bruines. Lionel et lui trouvèrent une sorte de grotte dans la tente. Une partie de la toile s'était coincée sous le poteau. Le reste avait été projeté sur une pile de cartons accrochés au mur. Soutenu maintenant par ces deux montants, il formait un abri étroit d'environ cinq pieds de long. Ils se glissèrent dans cet abri, mort de froid. Pendant un moment, ils restèrent accroupis l'un à côté de l'autre, claquant des dents. Ensuite, ils dessinèrent quelques plis de la toile sur eux et restèrent allongés, essayant de se réchauffer et de dormir. Ils n'étaient pas vraiment sûrs de vivre jusqu'à l'aube. Roger pensait vaguement aux porteurs. Il se demanda ce qu'ils avaient fait, motivés par leur connaissance de ces tempêtes. Un rugissement sourd, lourd et régulier semblait provenir de la rivière. Il se demanda si l'eau avait beaucoup monté après toutes ces pluies torrentielles. Pensant vaguement à une inondation, il se demanda si le bateau était en sécurité. Cela faisait très, très longtemps qu'ils n'avaient pas quitté le bateau. Il a dû quitter le bateau dans une autre vie. Le soleil brillait, il avait chaud, il avait traversé un paysage magnifique. Il avait vu les paons de la reine de Saba se jeter parmi des fleurs qui ressemblaient à des pierres précieuses brûlantes. C'était il y a longtemps. C'était fini pour toujours. Mais pourtant il s'interrogeait vaguement sur le bateau. Était-ce sûr, là-bas, en pleine nature ?

"Lionel," dit-il doucement. "Peux-tu dormir?"

"Non. Nous allons nous réchauffer tout à l'heure."

"C'est vraiment misérable."

"Tout ira bien quand nous aurons chaud. Ne parlons pas."

"Est-ce que le bateau va bien, à votre avis ? L'eau rugit dans la rivière."

"Le bateau ? Je n'arrive pas à penser au bateau. Il était amarré ou quelque chose comme ça." Leurs dents claquèrent encore pendant un petit moment. Bientôt, alors qu'ils grelottaient, ils ressentirent la chaleur inconfortable et douloureuse qui arrive parfois à ceux qui dorment dans des vêtements mouillés. C'est une chaleur tout aussi désagréable que celle que génère l'herbe mouillée dans une meule. Il y a des crampes et des douleurs. Les muscles se dressent en petits nœuds et se contractent. Pourtant, c'est une sorte de chaleur. Ils restèrent éveillés, frottant leurs muscles contorsionnés, jusqu'à ce que, peu avant l'aube, ils aient assez chaud pour somnoler. Ils s'assoupissaient alors, se réveillant de temps en temps, généralement toutes les dix minutes, pour se retourner avec inquiétude, afin que les muscles endoloris cessaient de se tordre en petits nœuds et en bouquets.

IX

Où sont ces cannibales, ces valets ?

Les vacances du cordonnier.

La pluie a cessé avant l'aube. Lorsque les deux amis se sentirent assez forts pour se manifester, le soleil brûlait déjà. Il était sept heures et demie passées. Les ruisseaux qui les avaient traversés et surmontés trois ou quatre heures auparavant ne coulaient plus. Leurs traces étaient marquées à flanc de colline, dans de larges ornières boueuses et peu profondes, et dans des sentiers recouverts d'herbe enduite. La rivière avait débordé peu de temps auparavant. Elle tourbillonnait maintenant, pleine, aussi rouge que l'eau d'une usine sidérurgique. Roger se souvenait de l'eau qui coulait le long d'une route près de Portobe, depuis des usines sidérurgiques situées en haut de la colline. C'était juste cette couleur sauvage. Il éprouvait un mal du pays. Il se tourna pour cligner des yeux au soleil pour le plaisir de la chaleur sur son visage.

Le camp n'était qu'un tas de boue. Des éclaboussures rouges recouvraient les cartons. La tente y était à moitié enterrée. Ses vêtements et la bâche qui les recouvrait en étaient enduits. Il sentait que cela avait été intégré, non seulement dans sa peau, mais aussi dans sa nature. Il n'avait jamais su auparavant ce que signifiait être vraiment sale, ni ce que la saleté continue pouvait signifier pour le personnage. Le site du camp était foulé, éclaboussé et ensablé, mais la clarté du matin lui faisait difficilement croire qu'une telle tempête l'avait frappé peu de temps auparavant. Il remarqua les arbres qui avaient été détruits par la foudre. Tout n'avait pas été un cauchemar.

En haut de la colline, au-delà de trois petits murs d'enceinte, pas plus hauts que le mur à côté de lui, s'élevaient les grands murs centraux. Ils ressortaient clairement sous la forte lumière. C'étaient de bons murs, bien construits, avec des rangées de créneaux près du sommet, au bon endroit artistique, à l'endroit inévitable. Les créneaux montraient à Roger qu'il n'était pas très éloigné des bâtisseurs, en esprit. Ils parlaient le langage universel de l'art. Mais ils étaient plus que bavards, ces vieillards. Leur travail était splendide. Il y avait du style. Il y avait sur lui l'empreinte de la volonté. L'idée avait été pensée dans ses termes les plus simples. Les murs étaient solides de cette simple force que les nations efficaces de l'antiquité, non encore corrompues par le sentiment, affectaient dans la construction publique. Même s'ils ne ressemblaient pas à des œuvres romaines, ils rappelaient à Roger les murs de Richborough et de Caerwent. Il y avait en eux quelque chose du même esprit païen, quelque chose de fort, de fin et d'étrange. Même avec les arbustes à fleurs et les touffes d'herbe, ces murs étaient étranges. Il frissonna un peu. La colline solitaire avait autrefois été une ville où vivaient des cerveaux forts, fins et étranges.

Lionel sortit en rampant. "Où est Merrylegs ?" Il a demandé. "Pourquoi n'ont-ils pas apporté notre thé ?"

» commença Roger. Où étaient les porteurs ? Il ne les avait pas vus depuis qu'il les avait aperçus se mettre à l'abri avant l'éclatement de la tempête. Ils étaient allés. Ils n'étaient pas revenus. Ils n'avaient même pas allumé de feu. "Je ne sais pas où ils sont", a-t-il déclaré. "Où peuvent-ils être ?"

"Tu ne les as pas vus ?" dit Lionel.

"Non," répondit-il. "Ils ne sont pas là. Merrylegs !" il cria. "Joyeuses jambes !" Aucune réponse n'est venue.

Le visage de Lionel changea légèrement. Il sauta sur le muret et regarda en contrebas vers le village. La vue sur ce désert d'herbes pâles, où coulait la rivière, était très splendide ; mais Lionel ne cherchait pas de paysage. "Donnez-moi les lunettes", dit-il. Il les regarda pendant plusieurs minutes, balayant la plaine. — Cours dans les ruines, Roger, dit Lionel. "Ils sont peut-être là."

"Attendez une minute", dit Roger. "Il y a de la fumée dans le village. C'est un feu trop important pour que les gens que j'y ai vus puissent l'allumer."

"Bois mouillé", dit promptement Lionel. "Allez. Nous devons remettre de l'ordre dans ces garçons."

Ils gravirent précipitamment la colline, appelant Merrylegs. Après quelques minutes, Roger s'arrêta. "Lionel", dit-il. "Pendant la tempête, ou juste avant, je les ai vus s'abriter là-bas sous le vent du mur. Leurs traces seront dans la boue. Nous pourrions les suivre de cette façon."

"Oui," dit Lionel. "De toute façon, ils ne sont pas ici."

Après quelques petites recherches, ils trouvèrent l'endroit où les porteurs s'étaient abrités avant que la tempête ne menace. Un vautour leur montra l'endroit exact. Deux autres vautours étaient déjà là. La tempête avait tué l'un des hommes.

"C'est Eukwo, le paresseux", dit Lionel. " J'ai remarqué hier soir qu'il y avait quelque chose qui n'allait pas chez lui. Peut-être avez-vous vu comment les autres se sont battus pour l'éviter. Ces gars-là sont comme des animaux, n'est-ce pas, dans la façon dont ils soignent leurs malades ? " Il regarda le corps. « La dysenterie et le rhume, je suppose », dit-il. "Avec Kilemba mort la nuit dernière, le village plein de morts en dessous de nous, la tempête, puis cet homme mourant, c'en est trop pour eux. J'ai peur, Roger, que les hommes nous aient abandonnés."

"Disparu?" » dit Roger d'un ton neutre. Cela ne lui était pas venu à l'esprit auparavant.

"J'ai peur", dit Lionel en s'éloignant. "C'est ici qu'ils se sont abrités pour la tempête. Il y a leurs traces qui descendent. Vous voyez ? Ici. Vous voyez ? Encore à moitié plein d'eau. Ils sont partis dans la nuit pendant les averses. Ils ont trois ou quatre heures de départ. de nous."

"Eh bien," dit Roger. "Allez. Nous ferions mieux de manger au fur et à mesure. Sinon, nous ne les rattraperons peut-être jamais."

"Ils seront partis dans le bateau", dit Lionel. "Avec cette crue, ils seront à une journée de marche en aval. Là, il n'y a aucune trace du bateau dans le lagon."

"Elle a peut-être été emportée", dit Roger après un coup d'œil à travers les lunettes. "Les magasins sont toujours là." À ce moment-là, ils descendaient rapidement vers le village. Tous deux pensaient avec quelle férocité ils frapperaient Merrylegs et combien il y avait peu de chances de trouver des Merrylegs à battre. La colère brûlait en éclats brûlants, et l'eau froide du désespoir l'éteignait à nouveau. Roger le sentit plus vivement que Lionel. Il était moins habitué aux chocs du voyage. Il se demandait, en se dépêchant, quelles provisions avaient été laissées dans le bateau et ce qui avait été entassé sur la berge pour être transporté le lendemain. Il avait été malade ; il ne l'avait jamais remarqué. Les hommes avaient fait ce qu'ils voulaient. Il se reprochait si amèrement qu'il osait à peine regarder son ami. Il se demandait si les hommes avaient pris quelque chose de suprême importance. Il craignait le pire. S'ils avaient pris quelque chose d'important, il en serait responsable. C'était de sa faute. Il aurait dû se garder de cela. Il aurait dû prendre les pagaies. Il aurait dû ordonner aux hommes de tout ramener au camp, où tout se serait trouvé sous ses propres yeux. Lionel le regarda d'un air interrogateur.

"Ne traversez pas la rivière avant d'avoir atteint l'eau", dit-il. "Nous pouvons les attraper. Ils ne sont peut-être pas partis."

En chemin, ils parcoururent le village. Les porteurs n'étaient pas là. Lionel essayait de se faire comprendre par des signes aux villageois ; mais ils étaient trop fortement infectés pour comprendre une chose difficile. Il a dû les abandonner. Il demanda à Roger de remplir ses poches de maïs meurtri qu'ils trouvèrent dans un des pots d'une cabane vide. Ils ont mâché ça au fur et à mesure. Leur prochaine tâche consistait à parcourir la piste.

Près de la buvette du village, la rivière avait débordé. Il avait arraché quelques arbres, dont les branches gisaient désormais vers le bas dans l'eau, arrêtant les débris. Elle s'était fortement précipitée contre les caisses, les chassant de leur place, mais ne les détruisant pas. Il les avait entassés de dérive et les avait colorés d'un rouge jaunâtre. Les traces de pas des porteurs y étaient abondamment imprimées dans la boue. Ils ont dû y arriver tôt le matin, alors que les eaux commençaient à baisser.

"Ils ont été occupés", a déclaré Roger. Toutes les boîtes avaient été fracturées. Leur contenu était jeté dans la boue dans toutes les directions.

"Regarde ici", dit Lionel. « Que pensez-vous de ces marques ? À un endroit, la boue avait été rabotée en une longue couche de plâtre se terminant par une encoche ou une rainure étroite.

"Cela a été fait par le bateau", dit Roger.

"Oui," dit Lionel. "C'était le bateau. Vous pouvez voir la crevaison dans la boue là. Cela a été fait par la vis saillante dans le faux nez. Vous vous souvenez de la vis que nous avons mise à Malakoto ? Ils ont bousculé ici."

"Oui. Sans aucun doute. C'est la vis. Alors ils ont échantillonné la marchandise et sont partis."

"C'est vrai. Ils nous ont volé et se sont enfuis."

"Et nous sommes bloqués au cœur du désert ?"

"Nous sommes seuls, à trois cents milles de tout homme blanc."

"Oui. Alors nous sommes seuls", dit Roger. "Nous sommes seuls ici." Les mots l'ont enthousiasmé. Ils signifiaient des mots.

"Nous ne pouvons pas les poursuivre", a déclaré Lionel. "Ils ont pris un trop bon départ."

"Nous n'avons pas de bateau dans lequel entrer."

"J'aimerais", a déclaré Lionel, "J'aimerais que ces nègres riverains utilisent des canoës."

"Ils ne le font pas."

"Non," dit Lionel. "Ils ne le font pas. Eh bien. Ce n'est pas une bonne chose de se morfondre."

"Nous pourrions suivre le courant", a déclaré Roger, "et peut-être les attraper à Malakoto."

Lionel secoua la tête. "Il y a les marécages", dit-il. "Et nous avons tous les deux de la fièvre. Je doute que nous puissions nous en sortir. Nous pourrions le faire."

"Nous devrons essayer à la fin, si nous voulons nous en sortir."

"C'est ce que je pensais", a déclaré Lionel. "Mais quand nous l'essayerons, ce sera la fin de la saison sèche, lorsque les marécages seront praticables. Les marécages sont maintenant aussi mauvais qu'ils peuvent l'être. Honnêtement, Roger, je ne pense pas que nous puissions faire Malakoto, en portant nos propres magasins. Cela fait dix jours ; et ces autres ne resteraient pas à Malakoto, rappelez-vous, ils se dirigeraient vers Kisa. Non. Il vaut mieux céder. Ils ont gagné.

"Et nous allons perdre tous ces magasins ; des magasins d'une valeur d'environ cent livres ?"

"C'est le minimum, j'en ai peur."

"C'est un mauvais début", a déclaré Roger. Il allait et venait, inquiet. "Est-ce que ça ne te fait pas bouillir le sang ?" il a continué. "Regardez comme ces brutes ont secoué les choses. Je donnerais beaucoup pour en avoir quelques-unes ici."

Lionel s'assit sur une caisse et regarda l'épave d'un air méditatif. "Roger", dit-il enfin. "Avez-vous une idée des magasins qui ont été installés sur la colline la nuit dernière ?"

« Surtout les magasins d'arcs, je suppose : provisions, literie et équipement de camp.

"C'est ce que j'avais peur", a déclaré Lionel.

"De quoi as-tu peur?"

"Allez. Soyons réalistes", dit Lionel en sautant de son perchoir. "Nous devons sortir ces choses de la boue. Nous devons voir où nous en sommes."

"Tu veux dire que nous pouvons être... Que veux-tu dire ?"

"Il faut voir quels magasins il nous reste."

Ils se mirent au travail ensemble pour récupérer l'épave. Ils commencèrent par des cartouches qui avaient été éparpillées en toute liberté. Beaucoup étaient gâtés ; beaucoup de disparus. Des marques sur l'herbe indiquaient que d'autres avaient été soigneusement vidées, afin que les voleurs puissent récupérer les cartouches de cuivre renfermant les charges. Pourtant, on en trouvait un bon nombre. Les deux hommes ont récupéré une cinquantaine de cartouches de Winchester et quatre-vingts cartouches de revolver. Avec ce qu'ils portaient à la ceinture, ce montant était rassurant.

"Regarde ici", dit Roger. "Voici une boîte de diapositives. Elles sont toutes brisées."

"Le microscope n'a-t-il pas été évoqué ?"

"Je ne sais pas", a déclaré Roger. "C'était dans une boîte avec un pochoir bleu."

"Je sais", dit Lionel. "Je l'ai cherché. Je pensais qu'il n'était pas ici. Regarde. Là-bas. Il y a une partie d'un couvercle avec un pochoir bleu. C'est le couvercle du microscope ?"

"Non, c'est un couvercle pour la drogue."

"Ils ne peuvent pas l'avoir emporté avec eux. Ils n'auraient sûrement pas pris de microscope."

"C'est peut-être dans le camp pendant tout ce temps."

"Oui. C'est vrai. Attendez. Nous allons sortir ces choses de la boue, puis nous monterons la colline et dresserons une liste de ce qui manque. Voici notre papeterie en ruine. Tous nos jolis tableaux de température propres que j'ai accordez une telle importance. Je vous ai dit que la vie était du gaspillage ici, toutes vos plantes pressées sont finies.

"Voici des vêtements, en quelque sorte. Des sous-vêtements Jaeger."

"Pêchez-les. Nous les laverons après."

Ils ont divisé l'étendue de vase rouge. C'était une sorte de terrain de Tom Tiddler, jonché de marchandises européennes. Ils travaillèrent vite, à la course contre le soleil. De temps en temps, on entendait des cris de « Le coffre à outils a disparu. Voici le couvercle. » "Vos petits magasins ne serviront pas à grand-chose, le savon a fondu ou quelque chose du genre." "Regardez ce que ces brutes ont fait au sucre."

Bientôt, Lionel l'acclama.

"Je dis. Je dis. Avez-vous rencontré de la drogue ?"

"Non. Seulement le couvercle d'une boîte de médicaments."

"Eh bien. Ça devient sérieux. Il n'y a pas d'autre boîte ici. Il faut retourner au camp et voir s'ils sont là."

"Nous en aurons fini avec la drogue", a déclaré Roger.

"N'en parle pas, mon cher homme", dit Lionel. "N'en parle pas."

— Cela vaudrait la peine de faire un radeau, dit Roger. "Il y a quelques haches dans le camp. Si nous travaillions dur toute la matinée, nous pourrions construire une sorte de radeau. Nous pourrions utiliser les cordes de la tente comme attaches. Ensuite, nous pourrions facilement gréer une voile. Nous devrions les attraper. au crépuscule, peut-être.

"Il y a des points à propos de la théorie du radeau", a déclaré Lionel alors qu'ils partaient pour le camp. "Mais il y a tellement de ruisseaux et de ravins où ils pourraient se cacher, et puis il y a les rochers."

"On pourrait construire une sorte de rempart de cartons."

"Nous allons d'abord nous renseigner sur les médicaments. Non. Si nous travaillons dur au soleil, nous aurons à nouveau de la fièvre." Il fronça les sourcils. Il était anxieux. "J'espère que ces médicaments vont bien", a-t-il déclaré. "Les armes ne me dérangent pas, mais nos médicaments sont portables."

Roger jeta un regard inquiet à Lionel. Il avait appris à le connaître assez bien au cours des derniers mois. Il avait appris que, même s'il était parfois irritable, il était très rarement enclin à des paroles découragées. Maintenant, il parlait avec anxiété, du point de vue égoïste du « je ». Roger pensa aux précieuses bouteilles d'atoxyl, qui valaient bien plus qu'une guinée l'once. La remarque de Lionel était vraie. Ils étaient portables. Et si les atoxyls disparaissaient, leur mission serait terminée. Non, c'était pire que ça. Si l'atoxyl avait disparu, Lionel était en danger. Car supposons que les trypanosomes réapparaissent chez lui, comme cela pourrait être le cas, dans ce climat chaud ? Supposons que Lionel développe la maladie du sommeil et meure, comme les gens du village mouraient, avant de pouvoir accéder à la civilisation ? Il n'a trouvé aucune réponse au problème. Dans l'espoir de distraire Lionel, il se mit vaillamment à parler des Phéniciens, qu'il ignorait suffisamment pour échapper à l'attention.

Dans le camp, les choses étaient comme avant, sauf qu'elles étaient plus sèches. Ils retournèrent les cartons, cherchant avec impatience le pochoir bleu.

"Voici le microscope", dit Roger. "Ou je pense que oui." Il saisit l'étui ouvert avec le jemmy au bout du peg-maul. "Oui. Le microscope va bien. Certaines de nos éprouvettes sont brisées. Certains médias. Mais il y en a beaucoup, dans la boue. C'est une bonne chose. Qu'est-ce qu'il y a là-bas ?"

"Ici, des antiscorbutiques."

"Et dans la longue boîte ?"

"Des larves de différentes sortes."

"Voilà, alors. Voici une affaire de drogue."

"Enregistré!"

"Dois-je l'ouvrir ?"

"Oui, ouvre-le. Nous avons fait une chose très stupide, Roger. Nous aurions dû emballer chaque boîte comme un équipement miniature, afin de minimiser l'importance des pertes. Dans mon esprit, tout notre atoxyl est dans une seule caisse. "

"Non," dit Roger. "C'était le cas dans trois cas. L'un d'eux, je le sais, était dans le bateau. J'étais assis dessus la majeure partie de la journée d'hier."

"Eh bien. Ouvrez celui-là et voyons où nous en sommes."

Les vis bien fixées ont été tirées. La boîte était ouverte au soleil, dégageant une légère odeur propre de camphre.

Lionel regarda les pots de drogue en marmonnant les noms : « Bichlorure de mercure, carb de sodium, chlore de sodium, cit de sodium, sublimé corrosif, quinine, quinine, quinine, bromure de potassium, nous n'en voudrons pas beaucoup, de l'alcool absolu, carbolique, pansements de premiers secours, chlorodyne, morphine, craie camphrée pour les dents, qu'est-ce que c'est ? - digitalis, pourquoi diable ont-ils envoyé ça ? Il n'y a pas d'atoxyl ici.

« Ni ces autres trucs, la teinture, Trypanroth ?

"Non. Nous n'en avons pas commandé. Ce n'était pas vraiment un succès pour moi et on n'en parlait pas si bien."

"C'est malheureux. Mais attendez une minute. Je vois une autre affaire de drogue. Là-bas, contre le mur. Ce n'est pas une affaire de drogue ?"

"C'est vrai. Lance le jemmy." Il n'a pas attendu pour dégainer les vis. Il arracha le couvercle avec deux clés rapides du jemmy. Il regarda à l'intérieur.

"Un quaker", dit-il sombrement après un premier regard. "C'est une affaire de quakers."

"Qu'est-ce qu'un quaker ?"

"Ce cas-ci est ce que nous appelons un quaker. Pourquoi ? Parce qu'il provoque un tremblement de terre. Regardez ces bouteilles. Elles sont pleines de papier et de sciure. Regardez celle-ci. De vieux chiffons. Voici une bouteille d'atoxyl de 2 livres, pour lequel nous avons payé vingt-huit livres, sans parler du droit. C'est plein de poussière comme le reste.

"Mais, bon Dieu, Lionel ! Où cela aurait-il pu être fait ? Qui aurait pu le faire ? Nous les avons obtenus directement de la meilleure maison de Londres."

"Il y avait des rats sur le chemin", a expliqué Lionel. "Tu te souviens que nous nous sommes arrêtés un jour à cet endroit de Kwasi Bembo, où nous avons embauché Merrylegs ? Eh bien. Cela a probablement été fait à Kwasi Bembo par un de ces commerçants étrangers. Un moyen facile de gagner de l'argent pour eux."

"Je ne vois pas comment il a fait."

"Oh, il aurait pu le faire assez facilement, pendant que nous faisions notre sieste. Mais peu importe où cela a été fait, n'est-ce pas ?"

"Ne désespérez pas encore", dit Roger. "Il doit y avoir une autre boîte quelque part. Ici. Ouvrez celle-ci. Le pochoir est poncé. Qu'est-ce qu'il y a à l'intérieur de celle-ci ?"

"Cela semble prometteur", a déclaré Lionel. "C'est foutu, ce n'est pas cloué. Arrêtez, maintenant." Il repoussa le couvercle avec un violent soulèvement. Roger regarda anxieusement.

"Rien que des pierres dans celui-ci", dit Lionel. "Il ne reste même plus nos bouteilles. Nous ferions mieux d'ouvrir toutes nos caisses et de découvrir ce qui a été emporté. Je suppose que c'est notre dernière boîte de produits chimiques ?"

"C'est la dernière ici."

"C'est pas grave", dit Roger. "Nous ne désespérons pas. Voyons ce qu'il nous reste." Ils ont examiné les autres cas. Ils dressèrent un inventaire de leurs biens. Ils apprirent qu'ils étaient laissés au cœur de l'Afrique avec des provisions pour trois mois, quarante livres d'anti-scorbutiques, une quantité de vêtements, une quantité modérée de munitions, deux fusils, deux revolvers, un fusil de chasse, de nombreux désinfectants, un un assortiment de médicaments de choix, des instruments médicaux et un microscope. Du confort médical, ils avaient des bougies scintillantes, du tabac, du savon, des allumettes et deux bouteilles d'eau-de-vie. Parmi les caisses de quakers, ils en trouvèrent cinq en tout, toutes prétendant être soit des produits chimiques, soit des cartouches. Parmi les ustensiles, ils avaient une bassine en fer blanc, des assiettes et des pannikins. Pour s'abriter, ils avaient une tente avec un poteau cassé.

"Lionel", dit Roger, après avoir vérifié leur liste. "Regardez ici. Nous sommes ici depuis une bonne heure et demie. L'eau sera tombée d'un pied ou plus. Au moment où nous aurons préparé et pris le petit-déjeuner, elle sera tombée d'un pied supplémentaire. Il est fort possible qu'à ce moment-là, Il y aura peut-être encore quelques marchandises, peut-être même quelques caisses, laissées à sec sur la rive. Nous ne nous inquiéterons pas de notre perte avant de le savoir. Si nous déjeunons maintenant, nous serons assez forts pour supporter tout ce qui peut arriver. viendra chez nous. Allumons un feu. Nous préparerons du thé et sacrifierons une boîte de soupe. Soyons extravagants et amusons-nous.

Ils étaient suffisamment extravagants au petit-déjeuner, mais ils n'en tiraient que peu de plaisir. Ils avaient en eux une colère vive contre leurs ennemis, connus et inconnus. Lorsque leur colère leur donna congé, ils éprouvèrent au fond d'eux-mêmes une crainte glaciale et profonde que leurs projets pour sauver des vies n'aboutissent pas, que, en un mot, leur expédition soit un échec.

"Lionel", dit Roger. "Pensez-vous que la fraude de l'atoxyl a eu lieu à Londres ? Morris et Henslow ne feraient sûrement pas une chose pareille ?"

"Qui sait ce qu'ils ne feront pas ?" dit Lionel sombrement. "Je sais qu'un entrepreneur ou autre fournit toujours des articles de mauvaise qualité à une expédition vers l'un des pôles. Pourquoi pas à nous ? Il y a toujours une chance que l'expédition ne revienne pas. Et même si elle revient, la fraude Il est fort probable que cela ne soit pas connu du public. Et même si l'affaire est portée devant un tribunal, qui peut le prouver ? Il est presque impossible que l'entrepreneur soit réellement coupable. " Je l'ai découvert. Quant au fait qu'un entrepreneur soit puni, je suppose que cela n'est jamais arrivé. Cela fait croire à l'enfer. "

"Ce n'est pas le crime lui-même", a déclaré Roger. "Ne connaissant pas le criminel, je ne peux pas juger du crime; mais c'est l'état d'esprit qui me rend malade. L'état d'esprit qui pourrait provoquer une telle chose."

"C'est un état d'esprit assez courant", estime Lionel. "Dans les affaires, c'est assez courant. Les hommes d'affaires, même de bonne réputation, feront des choses bizarres quand le bât commence à leur pincer. Vous pouvez dire ce que vous voulez de la guerre. Les affaires sont la véritable malédiction d'une nation. Les affaires et le cerveau des affaires. , et, oh, mon Dieu, l'homme d'affaires ! Le porc engraissé et vulpin.

"Eh bien," dit Roger. "Il est très important de ne pas prendre ces choses à l'esprit, voire de les condamner."

"Et je dis qu'il n'en est rien", dit Lionel. "Je crois à l'étranglement des idées comme à l'étranglement des gens. Vous, les écrivains, quand vous êtes vraiment bons dans votre travail, ne condamnez pas assez la moitié."

"Tout comprendre, c'est tout pardonner."

"Intellectuellement, pas moralement. Allez. Nous n'allons pas discuter. Nous allons travailler. Il faut enterrer ce porteur. Où est la bêche ?"

Ils ont creusé une tombe pour Kukwo, l'ont enterré et ont entassé un cairn de pierres du mur au-dessus de lui. Il était midi brûlant quand ils eurent fini. Ils eurent alors le loisir de repenser à la perte de leur atoxyl.

"Nous n'en avons peut-être pas du tout ?" dit Roger. Lionel sortit de sa poche une petite bouteille à bouchon vissé. Il contenait autrefois des tabloïds anti-pyrine. Il était maintenant à moitié plein d'une poudre blanche.

"J'ai quelques doses ici", a-t-il déclaré. Il l'a regardé attentivement. "Avec de la chance", dit-il, "nous pourrions guérir deux ou trois cas grâce à cela".

"Mais si tu fais une rechute toi-même, Lionel ? Tu dois en garder, au cas où tu rechuterais."

"Je ne rechuterai pas", dit-il négligemment. "Les rechutes ne sont pas courantes."

"Mais vous pourriez le faire. Et vous êtes plus important qu'un village rempli de nègres. Plus important que tous les noirs réunis et multipliés par dix."

"Je ne le vois pas. Regardez ici. Je vous dis une chose qui est assez claire pour moi. Nous devons nous mettre au travail pour trouver une antitoxine. Mais d'abord, nous allons descendre et tâtonner." la boue pour tout ce qui peut rester. Je n'abandonne pas l'espoir de trouver de l'atoxyl, même maintenant.

Ils se répétaient au fur et à mesure qu'ils ne s'attendaient à rien trouver. Vraiment, leurs cœurs battent fort avec l'attente. Ils étaient sûrs de trouver ce qu'ils cherchaient.

Ils descendirent dans la boue si sûrs que leur déception les laissa presque sans équipage. Car ils ont été déçus. Une heure de travail au grill n'a ajouté que deux cartouches à leur magasin. Dans la rivière, pris dans un accroc avec d'autres dérives, ils aperçurent une caisse flottante, marquée d'un pochoir bleu. À la manière dont il flottait, ils le jugeaient vide ou presque vide. Il s'était probablement envolé peu de temps après son ouverture. Il avait été pris dans un accroc. Il s'était ensuite esquivé et avait glissé pour s'enfuir. Finalement, il s'était retourné et avait vidé son contenu dans la rivière. Ils ont donc jugé le drame, observant la victime à travers leurs lunettes, à une centaine de mètres de distance.

"C'est réglé, je pense", a déclaré Lionel. Un museau saillant s'élevait au niveau de la boîte, la faisant basculer. Il est retombé, s'est replié, de sorte qu'il s'est rempli. En un instant, il disparut de notre vue. Les verres montraient un léger tourbillon dans l'eau. Le tourbillon disparut aussitôt, sous l'impulsion de la crue. Leur dernier espoir d'atoxyl était terminé.

"Eh bien," dit Roger désespérément. "Mieux vaut savoir le pire. La boîte était vide, tu ne trouves pas ?"

"Je ne sais pas", a déclaré Lionel. "Je ne pouvais pas en être sûr."

"On retrouvera peut-être des choses dans l'eau quand la rivière s'enfoncera un peu plus", dit Roger, sans grande conviction. "Il va bientôt sécher. Alors nous trouverons ce qu'il y a dedans."

Lionel s'assit découragé, posant son menton sur une main. Il laissait sa déception s'exprimer en silence. Son cœur était si serré lors de cette première grande journée médicale sur le terrain qu'il ne pouvait pas regarder Roger en face. La perte de l'atoxyl était moins dure à supporter que la perte de tous les cas intéressants sur lesquels il se serait penché à ce moment-là si cette horrible chose ne s'était produite. Et, étant un vieux militant, et par conséquent prévenant, il lui était amer de se voir contrecarré de manière inattendue par une ruse aussi simple. Il pensait s'être prémuni de toutes les esquives connues. Il avait été sur ses gardes tout au long. A Londres, il avait goûté la nourriture, les vêtements, les cartouches, rejetant tout ce qui semblait même défectueux. Il avait été surpris par sa propre sévérité. Depuis la côte, il avait si jalousement surveillé ses magasins qu'il s'était cru en sécurité. Il avait été vaniteux de son succès. Il n'avait jamais perdu aussi peu lors d'une expédition précédente. Or, une crise de fièvre, une tempête et la mort subite d'un porteur l'avaient laissé tomber. Il n'oubliait pas la part du pharmacien. Il se maudit d'avoir fait confiance au pharmacien. Puis il a décidé que ce n'était pas le pharmacien. La fraude avait été commise en Afrique. Il n'avait pas été assez prudent. Il était lui-même responsable. "Les armes et la bouffe, je pouvais les comprendre", a-t-il crié. "Mais qu'ils se droguent ! Qui aurait pensé qu'ils se droguent ? Pourquoi n'ai-je pas vu que l'Afrique se civilisait ? Roger, je veux tuer quelqu'un."

"C'est à mon tour de donner une conférence maintenant", a déclaré Roger. "Nous porterons ces choses jusqu'au camp. J'ai une idée pour le camp."

"Quelle est ton idée?"

"Construire une maison avec les pierres du mur. Nous pourrions utiliser le mur lui-même pour un mur, en construire trois autres et le couvrir avec la tente. Ce serait mieux que de passer une autre nuit comme la nuit dernière."

— C'est possible, dit Lionel en remplissant machinalement ses poches de cartouches. "Mais je ne sais pas à quoi nous allons faire ici si nous n'avons pas d'atoxyl. J'aurais aimé savoir de qui il s'agissait. Si jamais je touche à nouveau Kwasi Bembo, j'enlèverai cet atoxyl de son foie."

Ils ont passé un après-midi brûlant à transporter leur équipement jusqu'au camp. Ils sont devenus irritables vers quatre heures. Après cette période, ils travaillèrent séparément, s'évitant. A six heures, Roger prépara du thé autour duquel ils se lièrent d'amitié. A sept heures, ils se mirent à construire leur maison. Ils travaillèrent au clair de lune jusque tard dans la nuit, assemblant les pierres sans mortier. Quand ils allèrent se coucher, il était presque minuit et la maison était loin d'être parfaite. Ils ne pouvaient pas faire plus. Ils étaient trop fatigués. Après avoir fouetté leurs couvertures contre les murs pour les débarrasser de la boue et des « bichos », ils se retournaient, épuisés, et dormaient du sommeil stupide des marins pendant près de onze heures.

Ils ont terminé leur maison dans l'après-midi. Ce n'était pas une très bonne maison, mais ils estimèrent qu'elle serait plus sûre et plus sèche que ce que leur tente avait prouvé. Après l'avoir terminé, ils ont estimé qu'il était structurellement faible. Ils s'y sont remis à nouveau. Ils renforcèrent le toit avec des jeunes arbres et posèrent de grosses pierres sur les bords de la toile, afin qu'elle ne soit pas emportée par le vent. Avec beaucoup d'astuce, Roger aménagea un toit extérieur en chaume grossier qu'il fabriquait lui-même avec les osiers utilisés par les indigènes. Il pensait qu'un double toit serait plus frais. Il expliqua à Lionel un projet ambitieux pour une véranda au toit de chaume ; mais cela dut être abandonné, faute d'encouragements. À l'intérieur, la maison mesurait environ douze pieds carrés. Lorsque les deux lits, la table, les chaises et les cartons étaient tous à l'intérieur des portes, l'ensemble semblait très exigu et exigu. Ils avaient quelques doutes quant au nom à lui donner. Lionel était pour "Phoenician Villa", Roger pour "The Laurels" ou "Oak Drive". Finalement, ils ont opté pour « Portobe », qu'ils ont enduit de noircissement sur la porte. Ils n'avaient pas beaucoup pensé à Portobe en remontant le pays. Portobé. Roger sortant ce soir-là, après le dîner, pour laver les assiettes dans un seau, resta assis près du feu pendant de nombreuses minutes, « réfléchissant longuement » à Portobe. Quelque chose lui fit tourner la tête et regarder la nuit vers le nord-nord-ouest,

car là habitaient l'amour, et toutes les parties aimantes de l'amour,
et tous les amis.

C'était une étendue sombre, semblable à un papillon de nuit et argentée au clair de lune, s'étendant en forêt et en rivière jusqu'au désert. Pour atteindre Portobe, il lui faudrait traverser le désert, la mer, l'Espagne, la France. Il fit une pause. Il n'est pas sûr que la France soit dans la ligne directe. S'il n'en était pas ainsi, il n'y aurait alors que la mer à traverser, au-delà de Land's End, au-delà de Carnsore, au-delà de Braichy, au-delà de tous les promontoires. Puis direction les Eaux de Moyle, qui ne cessent d'appeler le cœur qui les entend. Il se souvint du poème sur l'appel des Eaux de Moyle. Il le savait par cœur. C'était un vrai poème. L'immensité et le silence de la nuit l'envahissaient. Les grandes étoiles ont brûlé là-haut. Ils semblaient rouler et se déployer au-dessus de lui, rang après rang, casque sur casque brillant, une armée, une puissance. Il n'y avait ni oiseaux, ni bruits de bêtes, ni lumières. Seulement la terre, étrange dans la lune ; le grand continent, sans mesure dans ses excès. Elle était toute sauvage, toute indomptée, un continent noir et cruel, une vieille reine lubrique, enduite d'huiles sanglantes. Elle lui faisait peur. Il pensait à une nuit à Portobé, trois ans plus tôt, où il était sorti « regarder la nuit » avec Ottalie. Il pouvait encore voir certaines des étoiles vues alors. Il pouvait encore, dans l'imagination aiguisée des malades du pays, sentir les gerbes de chèvrefeuille qui traînaient et traînaient, trempées, à travers la grille en fer peu utilisée qui menait à la plage. Il avait envie de remonter la plage, le long du prêt surplombé de vieux saules, comme il l'avait fait cette nuit-là avec Ottalie. Il avait envie de traverser la petite ville, devant le fruitier, devant la boucherie, devant la caserne du RIC, jusqu'au petit cimetière au bord du ruisseau. Ottalie était allongée là. Le voilà en Afrique, essayant de faire quelque chose pour le bien d'Ottalie. Il inspira brusquement. Tout cela était inutile. Cela n'allait pas se faire. L'atoxyle a été perdu. Ils auraient tout aussi bien pu rester en Angleterre. Il soupira. Réaliser quelque chose de très difficile, qui mettrait à rude épreuve tous ses pouvoirs, telle était sa tâche. Une fois cela fait, il aurait le sentiment d'avoir conquis son épouse. Une voix étrange et étouffante sortit de la maison.

"Roger ! Roger ! Entrez. Où es-tu ?" Lionel dormait sur sa chaise.

"Qu'est-ce que c'est ? Qu'est-ce que c'est ?" dit Roger.

"Rien. Rien", dit Lionel. "J'ai rêvé que j'étais rapide par la jambe. Vous ne savez pas à quel point c'était bestial."

X

Un frisson froid, il me semble.
> *Chaque homme hors de son humour.*

Que voudriez-vous administrer tout d'un coup ?
> *Monsieur Thomas.*

Le lendemain, ils marchèrent jusqu'au village, se préparant à une matinée désagréable. Ils ont enterré sept corps et incendié onze cabanes. Plusieurs fois, au cours de la journée, ils ont remarqué des glossines au repos sur la charpente des huttes.

"Ils ont suivi les gens depuis l'eau", a expliqué Lionel. "Ils ne nous attaquent pas, parce que nous portons du canard blanc. Ils n'aiment pas le blanc."

"Les mouches ont une connaissance étrange", a déclaré Roger. "Comment acquièrent-ils leurs connaissances ? Est-ce un simple instinct hérité ? Je remarque qu'ils attaquent toujours dans les endroits les moins protégés. Comment savent-ils qu'un homme ne peut pas facilement les chasser d'entre ses épaules ? Ils le savent. Je remarque qu'ils presque attaquez toujours entre les épaules."

"Oui. Et des chiens sur la tête, du bétail sur les épaules et des chevaux sur le ventre et les pattes antérieures. Ce sont de petits diables subtils."

"Et ils n'ont apparemment aucune place dans le schéma du monde, sauf pour transplanter le trypanosome là où il est inoffensif là où il est mortel."

"Beaucoup d'hommes sont comme ça", dit Lionel. "Vous pouvez parcourir n'importe quelle rue de Londres et en voir des milliers devant ces dégoûtantes tavernes. Des hommes qui n'ont d'autre place dans le schéma du monde que de transplanter les substances intoxicantes des tonneaux, où elles sont inoffensives, vers leurs entrailles, où elles devenir mortel, à la fois pour eux-mêmes et pour la société. Tout État qui se respecte noierait les brutes dans leur propre bière. Pourtant, les brutes ne se noient pas, il doit y avoir une raison scientifique. être si pourris que les germes sont neutralisés par d'autres germes, ou alors les germes doivent avoir une certaine sorte d'efficacité pour la vie, tout comme les glossines. Elles ont la ténacité d'un organisme très inférieur. C'est l'un des mystères de la vie. Je pense qu'un homme a tendance à perdre cette ténacité et cette efficacité pour la vie dès qu'il devient suffisamment subtil et fin pour valoir vraiment la peine d'être présent dans le monde. J'aime Shakespeare parce qu'il est l'un des rares hommes à s'en rendre compte. il y revient encore et toujours. Il le fait dans Hamlet, dans Richard II, dans Brutus, Othello. Oh, dans beaucoup de pièces, dans les personnages mineurs aussi, comme Malvolio ; même à Aguecheek. Et les gens appellent cette brute dégoûtante et costaude, le prince Henry, « le seul héros de Shakespeare », une « vision de la virilité anglaise idéale ». Le seul héros de Shakespeare ! Shakespeare l'a écrit avec sa langue dans sa joue et a ensuite utilisé une once de civette.

Ils se remirent à leur travail. Après avoir changé de vêtements, pris un bain antiseptique et oint leurs mains avec une solution sublimée corrosive et de l'alcool, ils commencèrent solennellement à distiller de l'eau pour leur petite réserve d'atoxyl.

"Lionel," dit Roger, "nous avons assez de médicaments pour guérir deux, ou peut-être trois de ces personnes. Nous ne devrions pas les utiliser tous. Nous sommes ici dans la nature. Gardez-en au moins une dose pour vous au cas où. vous devriez avoir une rechute. Vous savez à quel point un cas de rechute est très virulent.

"Je sais", dit Lionel. "Mais cela fait partie du travail de la journée. Notre seule chance de faire le bien ici est de trouver un antitoxine. Je veux cet atoxyl de rechange pour ça."

"Mais", dit Roger, "on ne peut pas fabriquer un sérum efficace à partir du sang d'un homme chez qui l'atoxyl est à l'œuvre. L'atoxyl ne fait sûrement que stimuler les phagocytes à manger le trypanosome."

"Tout à fait", dit Lionel. "Vous êtes un sérumite, moi non. Je ne suis pas du tout enthousiasmé par l'utilisation de sérum pour cette maladie. Je crois que le remède (s'il en existe un) sera obtenu en injectant au patient des trypanosomes morts ou très , très faibles. Je vais faire une culture artificielle spéciale de trypanosomes dans des tubes de culture. Je vais ensuite affaiblir les germes avec de l'atoxyl, quand ils seront tous gonflés et paralysés, je crois que cette injection, ou. l'injection de trypanosomes complètement morts aura des effets bénéfiques permanents.

— Et moi, reprit Roger, je crois que vos méthodes seront inutiles. Je crois que la guérison (s'il y a guérison) sera obtenue par l'emploi de sérums obtenus à partir d'animaux immunisés naturellement ou artificiellement.

"C'est juste le genre de conte de fées prenant auquel on pourrait croire. Vous êtes un sentimentaliste."

"Très bien. Mais écoutez. On dit que lorsque les chiens des Bushmen sont élevés entièrement avec de la viande de gibier immunisé, ils deviennent immunisés comme le gibier ; mais que s'ils ne sont pas habitués à la viande sauvage, ils développent du nagana en la mangeant. mine de rien."

"Je ne crois pas à la première partie", a déclaré Lionel. "Cela ressemble aussi à une histoire. Les chiens qui sont entièrement élevés avec du gibier sauvage sont probablement des chiens indigènes naturellement immunisés, issus d'une souche sauvage, comme les chiens de chasse sauvages."

"Mais il ne fait aucun doute que le gibier sauvage, comme les gnous, les koodos, les hyènes et les quaggas, est immunisé ?"

"Aucun du tout."

"Alors ne pourrait-on pas faire une préparation à partir du sang du gibier sauvage ? On pourrait sûrement extraire le principe immunisant de la créature immunisée et l'utiliser comme sérum ?"

"Nous ne savons même pas ce que peut être le 'principe immunisant' ; alors comment pouvons-nous l'extraire ?"

"Eh bien, alors. Utilisez le sérum sanguin seul."

"Mais, mon cher homme, le sang de ces bêtes est le repaire favori du trypanosome."

Ils en débattaient çà et là avec l'entêtement de passionnés mal dotés en connaissances. Roger s'est battu pour son « conte de fées », Lionel pour ses cultures mortes et mourantes. Enfin Lionel termina la préparation du mélange.

"Regarde ici," dit-il. " Cet atoxyl, dites-vous, doit être conservé ? Eh bien. Si j'ai une rechute avant de l'utiliser, sachez qu'il doit être utilisé pour paralyser les trypanosomes élevés artificiellement, qui me seront ensuite injectés. Vous je n'essaierai aucun de vos sérums sur moi, mon ami. Si vous aimez aller chercher des sérums sur des bêtes sauvages mourantes, sales et atteintes d'anthrax, faites-le, mais ne mettez pas de poison dans mon corps, je vous vois. si simplement étrangler un cerf dans une mare de boue et prélever le sang dans un bidon d'alcool à brûler. Voilà le mélange prêt. Et maintenant que notre eau de vie est prête à l'emploi, se pose la grande question : lequel de tous ces dormeurs est. vivre ? Voilà vingt-neuf hommes, femmes et enfants. Ils sont tous condamnés à mourir en quelques semaines. Or, Roger, tu es un écrivain, c'est-à-dire un législateur, un disposeur et un colon. questions morales. Lequel de ces choix doit vivre ? Nous pouvons dire non à celui que nous choisissons. Si nous vivons jusqu'à cent ans, nous n'aurons probablement plus jamais à faire un choix aussi solennel.

"Ce n'est pas une vie certaine", dit Roger, hésitant un instant, bouleversé par la responsabilité. "Atoxyl n'est pas un remède sûr, même dans les cas modérés."

"C'est une guérison pratiquement certaine si le patient va bien par ailleurs ; bien sûr, si l'affaire n'est pas allée trop loin."

"Quel est le pourcentage de décès ?" dit Roger.

"Avec atoxyl ?"

"Oui."

"Huit pour cent pour les cas légers et vingt-deux pour cent pour les mauvais. Sans atoxyl, c'est un certain cent pour cent."

"Je vois."

"C'est une bonne drogue."

"Oui," dit Roger. "C'est une bonne drogue. Mais regarde-les, Lionel. Rester là et les choisir."

"Nous faisons maintenant ce que les scientifiques feront un jour pour chaque race humaine", a déclaré Lionel. "Nous choisissons pour l'avenir. En l'occurrence, nous choisissons pour l'avenir d'une fraction d'une misérable petite tribu africaine. Le scientifique choisira un jour, tout aussi définitivement, pour l'avenir de l'homme. Je ne pensais pas que vous Je rechignerais, Roger. C'est le début de l'âge d'or. « L'âge d'or recommence. Voici les sages qui choisissent qui héritera de la terre. »

Un nègre endormi sortait d'une hutte en chancelant. Il marcha, comme s'il ne contrôlait pas tout à fait ses actions, vers les sages. C'était un être fin et souple, habillé de dents de crocodile. Certaines parties de lui brillaient d'une onction d'huile. Il s'approcha, le regard fixe. Sa mâchoire pendait. Des mouches se sont installées sur son corps. Une mouche tsé-tsé au vol féroce et dansant vola autour de lui et se posa sur ses épaules. Il resta immobile, regardant les mages. Son esprit ne pouvait être sûr de rien ; mais il y avait quelque chose qu'il voulait dire ; quelque chose qui devait être dit. Il attendit, distraitement, que le message lui revienne, puis avança lentement et s'arrêta de nouveau. Ses lèvres marmonnèrent quelque chose. Ses yeux se sont baissés. Une main tremblante cherchait faiblement du soutien dans les airs. Il reposait sur une cabane. Il s'effondra lentement et avec beaucoup de lassitude sur la cabane et s'assit. Sa tête hocha la tête et acquiesça. Une autre glossine s'est envolée. Roger remarqua que l'homme était cicatrisé autour du corps avec d'anciennes cicatrices. Il avait été un guerrier. Il avait vécu pleinement la vie sauvage. Il avait tué. Il s'était précipité à mort en criant, sous ses plumes de Colobe, le premier de sa tribu à poignarder, avant que les boucliers ne s'entrechoquent. Il avait été souple, rapide et sanglant comme la panthère. Maintenant, il était cette chose tremblante et tâtonnante, une bûche, un radoteur, un perchoir pour les mouches.

"Lionel", dit Roger, "ce sera affreux si nous perdons nos procès."

"Pourquoi ? Ils mourront de toute façon."

"Mais après les avoir choisis comme ça. Si nous leur donnons leur chance, et qu'ils la perdent. Je devrais penser que peut-être l'un des autres aurait pu survivre."

"Nous choisirons avec soin. Nous ne pouvons pas faire plus que cela. Il y a cette vieille vieille hideuse qui revient. La pauvre vieille. J'ose dire qu'elle a vu plus du monde que nous deux. Elle est peut-être la femme d'un roi et la mère des rois. Comme ces sauvages sont impitoyables envers les vieux !

"Ils sont comme des enfants. Les enfants n'ont aucune pitié pour les vieux."

"Je me demande ce que la belle vie est pour elle ?"

"J'ose dire qu'elle se souvient des bons jours. Elle ne ressent pas grand-chose."

"Non," dit Lionel. "Mais je remarque que les personnes âgées ressentent intensément. Ils ne ressentent pas grand-chose. Ils ne ressentent peut-être qu'une seule chose au monde, mais ils ressentent cela de toutes leurs forces. C'est parfaitement horrible ce qu'ils ressentent. Nous sommes tous des îles. Nous ne nous connaissons pas. Nous ne pouvons pas connaître l'esprit de cette femme, et nous n'avons aucune donnée permettant de l'imaginer. Ce vieil animal est peut-être comme l'oiseau de Blake : « Tout un monde de délices fermé à vos cinq sens. » "

"Très bien. Voudriez-vous la guérir ? Elle n'est pas infectée en l'occurrence ; mais le feriez-vous si elle l'était ?"

"Non. Elle a eu sa vie. Je me demande, en passant, si l'extrême vieillesse est à l'abri de la maladie du sommeil. J'ose dire que c'est le cas. Mais la vieillesse n'est pas courante dans les sociétés sauvages. J'aurais aimé connaître l'histoire de cette vieille femme. . Elle a vu beaucoup de choses, Roger. C'est un visage merveilleux. Maintenant, devons-nous choisir une femme ?

"Non. Pas une femme. Il faut penser à l'avenir de la créature. Que deviendrait une femme laissée seule ici ? Même si elle suivait sa tribu, ils ne l'admettraient probablement pas. Vous savez que ces gens ne croient pas au possibilité d'un remède contre la maladie du sommeil. Ils ne feraient que la chasser ou la tuer.

"Oui, ou laissez-la dériver parmi les hommes blancs. Non. Pas une femme. Pas un vieillard, dis-je. Les vieux ont eu leur vie. D'ailleurs, la vie d'un vieux sauvage est généralement misérable. Il n'y aurait rien pour lui. à faire, que ce soit ici ou ailleurs. Nous n'aurons donc pas de vieil homme.

"Ni un guerrier", dit Roger.

"Je ne suis pas sûr qu'il s'agisse d'un guerrier", a déclaré Lionel. "Il serait capable de se débrouiller tout seul. Il vaudrait la peine d'être pris en charge par une autre tribu à court de mâles. Il y a des points pour le guerrier."

"Il se lèverait probablement une nuit et nous frapperait avec une lance à pointe de pelle."

"Et puis nous devrions lui tirer dessus. Oui, cela pourrait arriver. Cela se limite aux garçons."

Ils observaient les garçons, notant leurs dents, leurs crânes et leurs physionomies. Plusieurs présentaient des signes de maladie maligne congénitale ; d'autres avaient l'air brutal et grossier ; mais ils étaient, dans l'ensemble, beaucoup plus jolis que les garçons qui vendent des journaux à Londres. Ils ont réduit le choix à quatre. L'un d'eux présentait des signes de pneumonie. Il a été rejeté. Les autres ont été examinés attentivement. Leurs zones préfrontales ont été mesurées. Ils ont été sondés, ressentis et résumés. L'affaire fut un temps douteuse. Le garçon avec la meilleure tête était plus somnolent que les deux autres. La question se posait de savoir si la guérison douteuse d'un génie devait être préférée à la guérison moins douteuse d'un cancre. " La nature a fait un effort pour celui-ci, dit Lionel, aux dépens du type. Ce type a une meilleure tête que les autres, mais ce n'est pas un si beau spécimen. Cela veut dire qu'il sera moins beau. " heureux. La nature préférerait probablement les autres.

"Nous n'avons rien à voir avec la nature", a déclaré Roger. "Nous sommes prêts à la combattre partout où nous pouvons la trouver. La nature est une collection de légumes, dont beaucoup sont humains. Contrecarrons-la. L'esprit de la nature est l'esprit du troupeau de moutons. L'ordre de la nature est l'ordre du marais primitif. Je ne connais que trop bien l'esprit des cancres, ou l'esprit « naturel », qui sacrifierait n'importe quel esprit originel, et brutalement. la bête qu'elle est, plutôt que de voir ses stupides règles de bergerie enfreintes.

"Le génie, c'est l'excès", disait Lionel. "Le génie chez un sauvage signifie un excès de sauvagerie. Cet homme est peut-être un voyou très turbulent et assoiffé de sang. Les autres, même s'ils seront probablement des voyou assoiffés de sang, ne seront peut-être pas aussi turbulents."

« S'il est turbulent, dit Roger, ce sera d'une manière plus intellectuelle que d'habitude dans sa tribu. La turbulence chez un sauvage est un signe de vie. Ce n'est que chez un homme civilisé qu'elle est un signe d'échec. ".

"Très bien", dit Lionel. "Nous aurons le génie. Il pourrait nous décevoir. Je pense qu'il est le meilleur type ici. Qui sera l'autre ? Que dites-vous à ce joli garçon, que nous avons filé il y a quelque temps pour des démangeaisons ? J'aime le visage de ce garçon.

"Tu penses qu'il serait bon à sauver ?"

" Eh bien, mis à part, il avait l'air d'un gentil garçon. Il serait exceptionnel, socialement, tout comme l'autre serait exceptionnel intellectuellement. Il serait dans une certaine mesure contre nature, et c'est ce que vous semblez vouloir. Pourquoi êtes-vous si déprimé ? " le naturel?"

"J'ai entendu des vieilles femmes des deux sexes vanter le naturel, depuis que je suis enfant. Le naturel. Le naturel né. Le mouton sous-développé en nous, qui fait la tête commune pour écraser l'effaroucheur de loups."

"Nous leur donnerons une dose aujourd'hui et une dose demain, et une dernière dose dans deux semaines et demie", a déclaré Lionel. "Et alors, soit ils seront aptes à affronter n'importe quoi dans le vaste monde, soit ils seront en route pour Marumba."

— Le génie d'abord, dit Roger en élevant le malade. L'aiguille a été stérilisée. Une petite piqûre entre les omoplates ramena la dose à la maison. L'autre garçon le suivit. Lionel les observa attentivement.

"Ils doivent sortir d'ici maintenant", a-t-il déclaré. "Ils doivent vivre avec nous pour cette nuit. Nous ne pouvons pas faire plus maintenant. Nous en avons fait assez pour une journée. Demain, nous devrons les installer dans une cabane sur la colline. Ils seront assez bien là." demain soir."

La nuit suivante, ils allaient bien, comme Lionel l'avait prédit. Leur deuxième dose était suivie d'une préparation de mercure, à laquelle les sages faisaient confiance pour achever la guérison. Les patients allaient plutôt bien. Mais le travail et l'excitation de les installer dans des quartiers près de "Portobe" rendaient les médecins très loin d'être en bonne santé. Même si les quartiers des malades n'étaient guère plus qu'un pare-brise couvert de bâche, la difficulté de le fabriquer était trop lourde pour deux Européens surmenés, pas encore habitués à la chaleur. Lionel, se plaignant d'un mal de tête maussade, s'arrêta du travail avant le thé. Roger, sentant la bonne humeur bruyante qui précède si souvent un accès de fièvre récurrente, aida Lionel à se coucher et fit joyeusement la part de construction du malade. Après cela, il donna aux deux malades leur souper de biscuit et de bœuf bully (qu'ils mangèrent de très bon appétit), et, lorsqu'ils eurent mangé, il les coucha sous leur pare-brise. Tout en travaillant, il espérait ardemment que Lionel ne serait plus malade. Il avait été maussade, avec une légère fièvre irritable tout au long de la rivière depuis Malakoto. S'il tombait à nouveau malade maintenant, tous les travaux seraient retardés. Roger voulait se mettre au travail. Tous leurs projets avaient été bouleversés par la désertion des porteurs. Tout nouveau bouleversement des plans pourrait ruiner l'expédition. Les jours passaient. Chaque jour rapprochait ces pauvres diables somnolents du village de leur mort. Bientôt, ils seraient trop malades pour être guéris. Il voulait Lionel en bonne santé et fort, travaillant à ses côtés à la découverte d'un sérum. C'était un besoin criant. Lionel étant malade, il ne pouvait rien faire, ou presque. Il avait si peu de connaissances scientifiques. Et en plus de cela, il aurait Lionel à surveiller, et à nettoyer et nourrir tous ces vingt-sept malades. Il ne voyait pas comment les choses allaient se faire.

Il s'est dit qu'il faudrait faire des choses et qu'il devrait les faire. Cette résolution le réconforta, mais la perspective ne fut pas rendue plus brillante lorsqu'il découvrit peu après que la température de Lionel avait grimpé d'un bond soudain jusqu'à 103°. Cela lui faisait peur. Lionel n'allait pas être malade, il était malade, et déjà très dangereusement malade. Sa température avait augmenté de quatre ou cinq degrés en une demi-heure environ. Cette découverte donna à Roger un moment de panique. Avec une telle fièvre, Lionel pourrait mourir, et si Lionel mourait, que se passerait-il alors ? Il serait là seul, seul dans la nature, avec des sauvages somnolents et à moitié morts. Il serait là seul avec la mort, au cœur d'un continent. Là, il deviendrait fou, à la vue de sa propre ombre, comme l'Australien de la joyeuse histoire. Mais que Lionel meure, perdre Lionel, l'ami de tous ces jours, le camarade de toutes ces aventures, telle était l'idée désolante. Ce qui lui arriverait si Lionel venait à mourir n'aurait pas beaucoup d'importance.

Il était convaincu que la vie de Lionel dépendrait de ses efforts. Il serait médecin, infirmier et pharmacien. Laissez-le y réfléchir. Le lendemain, peut-être, il y aurait deux indigènes vigoureux pour soigner les malades du village. Pendant ce temps, il y avait la nuit pour gagner ; et cette température de combustion pour baisser.

Il a réussi à lui administrer une dose de quinine. Il ne pouvait rien faire de plus. S'accroupir à côté du malade lui faisait se sentir bizarre. Il se souvenait qu'il n'avait laissé ni nourriture ni eau dans la cabane des patients. Ils devraient avoir de la nourriture à portée de main au cas où ils se réveilleraient affamés, comme ils le feraient probablement après un jeûne long et irrégulier. Il leur portait du biscuit et un seau à moitié plein d'eau. Ils dormaient lourdement. La nature se reposait en eux. En revenant de la cabane, il constate que la nuit lui paraît froide. Il frissonna. Ses dents se mirent à claquer. Il sentait que le froid lui avait frappé le foie. Il aurait souhaité ne pas être sorti. En entrant dans la maison, il éprouva le besoin d'un feu ; mais il n'osa pas en allumer une, à cause de Lionel. Lionel restait allongé, en train de délirer, babillant des moitiés de mots. Roger lui donna encore de la quinine et en prit lui-même une forte dose. Il y avait quelque chose de très étrange dans la quinine. Cela semblait venir à sa bouche d'une main immensément lointaine. Il y avait un long, très long bras, semblable à un chemin de fer tordu, attaché à la main. Il sembla à Roger qu'il ne pouvait pas se courber suffisamment pour laisser la main atteindre sa bouche. Après que l'étrangeté de la main se soit dissipée, il se sentit horriblement froid. Il avait envie d'avoir du feu tout autour de lui et en lui. Il regarda Lionel bêtement. Il ne pouvait plus rien faire. Il se coucherait. Si Lionel voulait quelque chose, il se levait pour le chercher. Il ne pouvait pas s'asseoir avec Lionel. Il avait de la fièvre. Il se mit dans son lit et entassa les couvertures autour de lui en tremblant. Presque aussitôt, le monde réel commença à se brouiller et à changer. C'était toujours le monde réel, mais il y voyait beaucoup de choses qu'il n'avait pas soupçonnées. Beaucoup de choses étranges se passaient sous ses yeux. Il restait là, frissonnant, claquant des dents, écoutant, comme il le pensait, le bruit que faisait le monde lorsqu'il tournait. C'était un bruit fracassant, retentissant et résolu, qui bourdonnait et montait immédiatement plus haut. ça continuait encore et encore.

Au milieu de tout ce bruit, il avait l'étrange impression que son corps n'était pas du tout au lit, mais en équilibre dans les airs. Son lit se trouvait quelque part en dessous de lui. En s'asseyant, il en voyait une partie, infiniment lointaine, sous ses pieds tendus. Le plafond gonflait et gonflait juste au-dessus de lui. Cela semblait aussi vaste que le ciel. Tout le temps où il gonflait, il semblait rétrécir. Il gisait enchaîné quelque part, tandis que son corps rétrécissait au point de disparaître. Il pouvait se sentir diminuer, tandis que l'obscurité au-dessus devenait plus vaste. Il entendit quelque chose bien en dessous de lui – ou était-ce à ses côtés ? – quelque chose ou quelqu'un qui parlait très rapidement. Il essaya d'appeler Lionel, mais tout ce qu'il put dire, c'était quelque chose à propos d'un ostréicole. Il y avait beaucoup de bavardages. Quelqu'un essayait d'entrer, ou quelqu'un essayait de sortir. Quelque chose ou quelqu'un était en grand danger et, quoi qu'il puisse faire, il ne pouvait s'empêcher de devenir de plus en plus petit. Finalement, l'obscurité tomba sur sa petitesse et l'effaça.

Il s'est réveillé tôt le matin, avec l'impression que ses os avaient été arrachés. Sa bouche avait le goût de papier brun brûlé. Des odeurs nauséabondes passaient sur lui à chaque nouvelle rafale soufflant dans l'embrasure de la porte. Quelque chose n'allait pas avec ses yeux. Il avait une vision obscure. Il ne pouvait pas voir correctement. Les choses ont changé et se sont fusionnées. Il leva la main pour écarter le film déformant. Il avait soif. Il était trop faible pour définir plus clairement ce qu'il voulait ; ce n'était pas de l'eau ; ce n'était pas de la nourriture ; ce n'était pas une odeur ; mais quelque chose d'amer, de piquant, d'astringent qui serait pour lui les trois. Il voulait quelque chose qui lui nettoierait la bouche, supplanterait cette saleté dans ses narines et nerferait la gelée de sa moelle. Désirant faiblement cette potion, il s'endormit d'épuisement. Il s'est réveillé reposé après un sommeil d'environ huit heures.

Lorsqu'il regarda autour de lui, il vit que Lionel était toujours inconscient. Il était allongé là, inquiet, marmonnant et agité, le visage très rouge. Ses mains lui tiraient et lui grattaient la poitrine. Il y avait chez lui quelque chose qui suggérait une forte fièvre. Roger apporta en toute hâte un thermomètre et prit la température du malade. La température était descendue à moins de

100°. Il écarta le manteau de pyjama et palpa le cœur avec son doigt. Le pouls battait avec un peu le mouvement sourd d'une lumière électrique en gouttière. La poitrine était enflammée, avec une légère éruption rougeâtre.

Roger s'assit sur son lit et prit quelques profondes inspirations pour se stabiliser. Ensuite, il se souvenait s'être dit d'une voix forte et claire qu'il devait aborder cette affaire avec l'esprit clair, très clair. Il s'est aspergé la tête avec l'eau du seau. Lorsqu'il se sentit compétent, il se souvint d'un autre symptôme plus certain. Il s'avança vers le malade et regarda anxieusement ses glandes de la gorge. Il s'était préparé au choc ; mais ce n'était pas moins grave quand il arriva. Les glandes étaient visiblement enflées. Ils étaient également très tendres au toucher. Lionel avait rechuté. Il souffrait de trypanosomiase. La maladie était sur lui.

Roger passa les minutes suivantes à se mordre les lèvres. De temps en temps, il retournait au lit pour examiner les symptômes bien connus. Il en était sûr, trop sûr, mais chaque fois qu'il y allait, il priait Dieu pour qu'il puisse se tromper. Il repensa mentalement à ces symptômes. Température élevée, pouls rapide, glandes du cou enflées, éruption cutanée sur la poitrine, les mains ou les épaules, visage rouge et mouvements faibles. Il n'y avait aucun doute sur les symptômes. Lionel était dans une grave rechute.

Même quand on est certain de quelque chose de terrible, on s'accroche toujours à l'espoir, on a le sentiment de la possibilité de l'espoir. Roger, assis là sur le lit, regardant le corps agité, espérait encore qu'il se trompait. Il s'habillait avec soin, répétant sans cesse qu'il devait garder la tête froide. Il restait encore un test à appliquer. Il fallait en être certain. Il sortit le microscope et stérilisa une aiguille. Quand il fut prêt, il perça une des glandes de Lionel et souffla l'affaire sur un toboggan. Très anxieux, après avoir préparé la diapositive pour l'observation, il a mis au point l'objectif et a regardé le nouveau monde insoupçonné qui s'activait sous lui sur la vitre.

Il contemplait un monde étrange de disques, parmi lesquels de petites membranes ondulées et frétillantes, un peu comme des queues de têtards, s'agitaient lentement et se déchaînaient avec une sorte de museau en forme de coup de fouet. Chacun avait un petit noyau sombre au milieu et une petite tache près de l'extrémité antérieure. Il n'y avait aucun espoir dans l'esprit de Roger lorsqu'il voyait ces petites membranes ondulantes, s'agitant activement, se fendant, se multipliant, fouettant de leurs fouets. Il s'agissait de trypanosomes en forte activité. Il les observa pendant une minute ou deux, horrifié par la brutalité et la faiblesse de l'organisme, ainsi que par sa puissance aveugle. C'était une membrane tremblante d'un millième de pouce de long. Cela avait ramené Lionel devant ce corps agité sur le lit. Cela avait réduit toutes les connaissances, le charme et l'habileté de Lionel à un peu d'arrachage de la peau, un petit mouvement, un petit babillage. C'était la peste visible, la graine vivante de la mort, semée dans le sang.

Roger s'est préparé du thé. Après avoir réussi, il se força à manger, répétant qu'il devait manger pour rester fort, de peur de décevoir Lionel d'une manière ou d'une autre. La nourriture et le stimulant diffusif chaud le rendaient plus joyeux. Il se disait que Lionel n'était qu'en proie à une fièvre trypanosomienne qui revenait fréquemment. Après un jour ou deux de fièvre, il revenait à lui, faible, anémique et se plaignant de maux de tête. Une dose d'atoxyl détruirait tous les symptômes en quelques heures. Même s'il ne prenait pas d'atoxyl, il n'y avait aucune certitude que la fièvre se transformerait en maladie du sommeil. Il y avait une chance ; mais aucune certitude. Le premier devoir d'un médecin était d'être confiant. Eh bien, il allait être confiant. Il allait faire passer Lionel. Il se souvenait d'une conversation entre deux Américains dans un wagon. Il les avait entendus des années auparavant, alors qu'il voyageait vers le sud depuis Fleetwood. Ils parlaient d'un prochain combat entre deux boxeurs notoires qui, pendant leur entraînement, dépensaient beaucoup d'énergie à se mépriser dans la presse, se menaçant mutuellement d'anéantissement, de la forme la plus définitive. "Ces connards mâchent le chiffon pour battre le groupe", a déclaré l'un des hommes. "Pourquoi ne peuvent-ils pas se reposer ? Qu'ils se frappent bien, dans la bagarre. De hell wid dis chin music."

"Oh, va-t'en", dit l'autre. "Ces lâches, s'ils ne parlaient pas jusqu'à ce qu'ils y croient, ils ne s'approcheraient jamais du ring."

Il avait toujours gardé précieusement cette conversation dans sa mémoire. Il y pensait maintenant. Peut-être que si les médecins ne se forçaient pas à « parler du vent » jusqu'à ce que leurs patients le croient, très peu de patients quitteraient leur lit. Il a rangé les affaires du petit-déjeuner et a rangé la maison. Il a donné à Lionel un oreiller supplémentaire. Puis il sortit le matin pour réfléchir à ce qu'il devait faire.

Lorsqu'il sortit dans les airs, il se souvint des deux patients. C'était désormais son devoir de les doser et de leur donner à manger. Tout ce qu'il avait à faire était de marcher jusqu'à leur hutte, de veiller à ce qu'ils prennent leur petit-déjeuner et de leur donner ensuite à chacun une pilule bleue. Le médicament aurait eu une emprise plus forte pendant la nuit, et l'action de l'atoxyl est magique même dans les cas graves. Il s'attendait à les trouver alertes et vifs, transformés par la magie de la drogue en deux nègres joyeux et intelligents. Ce n'était peut-être pas trop espérer. Il a prié pour qu'il en soit ainsi. Il n'y avait rien qu'il aspirait autant qu'une preuve solide du pouvoir de l'atoxyl pour arrêter la maladie. Il a dominé la montée et a méprisé son travail.

Tout était calme dans la cabane maladroite. Les nègres ne bougeaient pas. Roger fut vaguement perplexe lorsqu'il vit qu'ils n'étaient pas là. Même s'ils n'étaient pas meilleurs que la veille, ils devraient quand même être debout et ensoleillés. Il se demandait ce qui s'était passé. La peur que le médicament n'ait pas réussi se mêlait au souvenir d'un livre sur les lions mangeurs d'hommes. Il se mit à courir.

Il n'avait qu'à écarter la bâche qui servait de porte pour constater que les deux malades étaient partis. Quand ils furent partis, il n'y avait aucun moyen de le savoir ; mais ils étaient partis. Ils étaient partis à une heure où il y avait suffisamment de lumière pour qu'ils puissent voir les biscuits et le seau ; car les biscuits et le seau avaient disparu avec eux. Il ne voyait aucune trace des deux hommes dans la vaste savane qui s'étendait au-dessous de lui. Il supposait qu'un instinct de retour les avait renvoyés au village. Cette pensée le réconforta. Ils avaient été guéris en deux jours. Ils étaient passés de masses farfelues à des êtres pensants. Désormais, il guérirait Lionel de la même manière. Alors qu'il se précipitait vers « Portobe », il était reconnaissant qu'il leur reste une partie de la drogue. Il aurait été dans un étrange dilemme s'ils avaient consommé toute la drogue deux jours auparavant.

XI

Il y a un gars maigre qui bat tous les conquérants.
Vieux Fortunat .

Lorsqu'il a commencé à se préparer à faire l'injection, il n'a pas pu trouver le flacon d'atoxyl. Il le chercha anxieusement dans la cabane, mais ne le trouva pas. Il s'agissait d'une bouteille en verre caractéristique, à moitié pleine d'eau distillée, au fond de laquelle gisaient une partie des sédiments blancs non encore dissous. Le flacon portait une étiquette carrée blanche, marquée ATOXYL en grosses majuscules, imprimée par Lionel au crayon bleu. Roger ne pouvait le voir nulle part. Il fouilla dans toutes les caisses, les unes après les autres. Il regarda dans les étuis des fusils, sous les plis de la tente, dans les fentes et les recoins, partout. Ce n'était pas là. Après avoir fouillé la cabane à deux reprises d'un bout à l'autre, dans des directions différentes, il décida qu'elle n'était pas là. Il pensa ensuite qu'il avait dû être laissé dans la cabane avec les deux patients et que ceux-ci avaient dû l'emporter comme un trésor. Dans ce cas, peut-être qu'elle disparaîtrait à jamais. Il l'aurait remarqué ce matin-là s'il avait été encore dans la cabane. Puis il pensa qu'il était peut-être encore dans la cabane. Il aurait pu être placé derrière une boîte. Il ne l'a peut-être pas vu. Il fallait s'en assurer. Il se précipita vers la cabane et la fouilla. Quelques minutes de recherche lui ont montré que la bouteille n'était pas là.

Il s'est creusé la tête, essayant de réfléchir à ce qu'il était advenu de cela. Quand l'avait-il vu pour la dernière fois ? Lionel et lui étaient à la cabane l'après-midi précédent. Ils avaient jalonné les montants de l'abri ; puis il s'était reposé, car Lionel ne se sentait pas bien. Pendant le reste, il (Roger) avait apporté l'atoxyl de « Portobe » et avait fait la deuxième injection aux deux patients. Tant de choses étaient claires. Que s'était-il passé alors ? Il essaya de se souvenir. Après cela, il avait continué le chantier, tandis que Lionel s'était reposé. Il se souvenait distinctement de Lionel assis sur le mur avec la bouteille d'atoxyl dans les mains. Qu'en avait-il fait après ça ? Il l'avait sûrement ramené avec lui à "Portobe" ? En tout cas, il ne faisait aucun doute que Lionel avait été le dernier à y toucher. Lionel avait pris la bouteille pour la ranger ; et il semblait désormais trop probable qu'il l'ait rangé dans un endroit où personne d'autre ne pourrait le trouver.

Roger essayait de se rappeler exactement à quel point Lionel avait été malade à son retour à « Portobe ». Il se souvenait qu'il avait été rouge et maussade, mais il ne se souvenait d'aucun symptôme d'étourdissement. Il s'était glissé seul pendant que Roger réparait un faîte du toit. Roger, remarquant soudain qu'il était parti, l'avait suivi jusqu'à « Portobe » et l'avait trouvé assis par terre, le regard vide. Il était certain que la bouteille d'atoxyl n'était pas avec lui à ce moment-là.

" S'il en était ainsi, se dit Roger, il a dû le laisser tomber ou le poser entre Portobe et ceci. Voici où il était assis. Voici le chemin qu'il a emprunté. La bouteille est-elle quelque part sur le chemin, ou à proximité ? Ce n'était pas. Une recherche minutieuse a montré que ce n'était pas le cas. "Eh bien, se dit Roger, il a dû le jeter. La fièvre l'a rendu un instant désespéré ou maussade, et il l'a jeté. Où a-t-il pu le jeter ?"

Malheureusement, il y avait une vaste étendue sur laquelle il aurait pu le lancer. S'il l'avait lancé en bas d'une pente, il aurait pu rouler loin après avoir heurté le sol. S'il l'avait jeté en haut d'une colline, il aurait pu se cacher ou se briser parmi les pierres détachées des ruines. S'étant assuré que Lionel, pour le moment, n'était pas sensiblement plus mal, Roger se dirigea vers le village pour retrouver ses deux patients. Il pensait que si on pouvait leur faire comprendre ce qui manquait, la recherche de la bouteille pourrait être effectuée par trois paires d'yeux au lieu d'une seule. Il lui vint à l'esprit la possibilité, ou, pour être plus exact, l'espoir d'une possibilité, que le flacon soit en possession des patients. L'idée que la vie de Lionel dépendait peut-être du caprice de deux joyeux garçons noirs le faisait trembler.

Il n'y avait aucune trace des patients dans le village. Ils n'étaient pas là, et Roger n'était pas non plus assez doué en matière de suivi pour savoir s'ils étaient là. Comme ils n'étaient pas là, il ne pouvait que supposer que, se trouvant entiers, parmi les débris de leur tribu, ils s'étaient mis à suivre leurs semblables par les traces laissées par le bétail. Il pensait qu'il était possible qu'ils reviennent bientôt, dans un jour ou deux, voire le jour même. Mais il n'y avait pas beaucoup de chance qu'ils reviennent avec la bouteille d'atoxyl, même s'ils étaient partis avec. Il se figurait le cheminement d'une bouteille dans l'appréciation émue d'un nègre qui n'en avait jamais vu auparavant. Premièrement, il apparaîtrait comme un riche trésor, quelque chose à voler avec audace, mais terriblement prisé. Il apparaîtrait alors comme quelque chose d'une capacité cubique, contenant éventuellement des boissons potables. Ensuite, après prélèvement du liquide potable, dans ce cas désagréable, celui-ci serait vidé. Sa position finale se situait entre l'ornement personnel et le timide. Pendant ce temps, Roger avait des malades à nourrir.

Après cela, il revint vers Lionel. La température de Lionel avait légèrement baissé, mais il était à peine conscient. Roger le quitta tandis qu'il commençait ses recherches fatigantes et infructueuses sur un espace d'Afrique de cent mètres de long sur quatre-vingts de large. Il mesura un espace de quarante mètres de chaque côté de la piste entre la cabane et « Portobe ». Si la bouteille avait été jetée, elle avait été jetée dans cet espace. Il est peu probable qu'il soit tombé à plus de quarante mètres de la piste. Une bouteille trapue à col court n'est pas une chose facile à jeter. S'il n'y était pas, il devrait alors conclure que les patients l'avaient pris. Ce fut une recherche longue et épuisante. C'était aussi fastidieux que la recherche d'une balle perdue au cricket. Mais dans ce cas, le chercheur savait que la vie de son camarade dépendait de sa réussite. Il allait et venait, foulant chaque centimètre carré du sol mesuré, le frappant sous ses pieds, piétinant pour effrayer les serpents, sentant son sang bondir chaque fois qu'il frappait une pierre. Le soleil remplissait la terre et le ciel de rides de laiton et de verre dans une chaleur blanche et tremblante, suintant en disques de son vortex d'éclat débordant. Plusieurs fois, dans l'agonie de cette recherche, Roger dut s'interrompre pour regarder Lionel et boire de l'eau bouillie dans le seau en toile. Il pria pour que Lionel reprenne connaissance, ne serait-ce que pour une minute, afin qu'il puisse lui dire dans quelle direction la bouteille avait été lancée. Mais Lionel n'a pas repris conscience. Il restait allongé dans son lit, marmonnant pour lui-même, disant des bêtises d'une petite voix basse et indifférente. Tout ce que Roger pouvait dire de lui, c'était qu'il était plus silencieux. Ses mains étaient plus calmes ; sa voix était plus calme. Il n'y avait pas de quoi être reconnaissant. Cela signifiait simplement que le patient était plus faible.

Une fois ce travail terminé, Roger pensa que sa recherche de la bouteille perdue était la meilleure chose qu'il ait jamais faite. Il avait soigneusement piétiné chaque centimètre carré du terrain mesuré. Il n'avait pris aucun risque, il n'avait négligé aucun trou ni touffe possible. Un large espace d'herbes foulées et d'arbustes battus témoignait de la minutie de sa chasse douloureuse. Et tout était inutile. La bouteille n'était pas là. L'atoxyle a été perdu.

Une fois auparavant, plusieurs années auparavant, Roger avait assisté à la mort prochaine d'une personne intimement connue. Il avait vu mourir son père ivre. Il n'avait pas aimé son père ; il n'avait ressenti que peu de chagrin pour lui. Mais la vue de sa mort éveilla en lui une pitié aveugle pour toutes les pauvres âmes humaines tâtonnantes, « qui se font si mal » dans un monde si beau donné pour si peu de temps. Il avait considéré cette mort comme si c'était une force naturelle, grave et impitoyable comme la sagesse, cachant quelque chose d'erré qui s'en écartait. Il avait pensé à la mort d'Ottalie, au fond de la cabane, parmi les décombres des tables de souper. Dans son esprit, il avait vu Ottalie, si souvent, jetée au rang des chaises tournantes et luttant avec des yeux fous, mais avec un courage noble même alors, pour affronter le flot choquant qui allait la tuer. Cette mort lui paraissait une horreur monstrueuse et inutile. Désormais, le lien qui le liait à Ottalie était sur le point de se rompre. Il surveillait le lit d'un homme qui lui avait souvent parlé, un homme qui la connaissait intimement. Lionel, à l'esprit simple et charmant, si semblable à bien des égards à ce qu'aurait été Ottalie si elle était née homme, était mortellement malade. La vue de lui allongé là, inconscient, le frappa au cœur. Ce corps marmonnant sur le lit était son ami, son cher camarade, un lien qui le liait à tout ce qu'il chérissait. Un voile se dessinait sur l'esprit de son ami. Il le regardait se rapprocher de plus en plus, et la maison intérieure devenir sombre. Dans peu de temps, il se rapprocherait, enfermant la vie pour toujours. S'il n'agissait pas immédiatement, il serait trop tard ; Lionel mourrait. Si Lionel venait à mourir, il serait seul en Afrique, avec ce truc sur le lit.

Il s'agenouilla près du lit dans un tourbillon de suggestions discordantes. Que devait-il faire ? L'anxiété l'avait fait sortir de lui-même sur un autre plan, un plan d'émotions torturantes. Il ressentait une clarté douloureuse de l'intellect et une totale mortalité de la volonté de contrôle. Ses idées grouillaient dans sa tête, mais il n'avait aucun pouvoir pour choisir parmi elles. Il a vu tant de choses qu'il pourrait faire ; construire un radeau pour les emmener à Malakoto, fabriquer ou essayer de fabriquer un sérum pour annuler l'infection ; il y avait beaucoup de choses. Mais comment laisser Lionel dans cet état, et comment faire sortir Lionel de cet état ? Il se dit que de fortes doses d'arsenic pourraient être utiles ; l'instant d'après, il réalisa qu'ils seraient inutiles. Il avait tenté de faire prendre de l'arsenic à Lionel lors du voyage en amont, à titre prophylactique. Lionel avait répondu que l'arsenic ne lui faisait aucun bien. "Les trypanosomes", avait-il dit, "se sont habitués à certaines drogues. Le mien s'est habitué à l'arsenic la dernière fois que je suis venu ici. Si mes trypanosomes réapparaissent, vous devrez essayer autre chose." Que devait-il essayer d'autre ?

Il avait lu qu'une nette amélioration temporaire se manifeste après divers traitements, après tout traitement en fait, qui tend à améliorer la santé de certains organes. Il essaya le plus simple et le moins dangereux de ceux dont il se souvenait. De toute façon, cela ne pourrait faire aucun mal. Si cela fonctionnait bien, il se sentirait prêt à essayer quelque chose de plus approfondi.

Le simple fait d'administrer la dose le renforçait. L'action est toujours une cordiale pour un esprit en guerre contre lui-même. Dans les moments d'incendie, le violon a sauvé plus que Néron d'une pensée inquiétante, tendant au suicide. Lorsqu'il eut enfin forcé sa volonté à choisir un cours, il se sentit plus sûr de lui. Il se mit à préparer la nourriture pour le patient et, une fois celle-ci préparée et donnée, il stérilisa ses mains pour commencer la délicate tâche de création de la culture. Il disposait de nombreux tubes de médias de toutes sortes. Il a sélectionné ceux qui étaient les plus susceptibles de donner des résultats rapides. C'étaient des milieux de bouillon et d'agar. L'un d'eux, un mélange spécial de chair de lapin et de peptone de Witte, avait été préparé par Lionel des mois auparavant, dans la lointaine Londres. Roger se souvenait de la façon dont ils avaient parlé ensemble, dans leur enthousiasme, lors de la réalisation de ce média. Il n'avait alors guère pensé aux circonstances dans lesquelles il serait utilisé. Il n'avait jamais eu le mal du pays auparavant. Il avait désormais le mal du pays. Il avait envie de retrouver Londres avec Lionel, dans la salle nue et aérée de Pump Court, où le bruit du Strand ressemblait à celui de trains lointains qui ne passaient jamais. Il avait envie d'être de retour là-bas, hors de cette solitude, avec Lionel à nouveau bien. Le souvenir de leurs petites disputes lui revint. On dit que les voyages bouleversent les angles d'un homme. Si l'homme a du feu en lui, le processus peut brûler les doigts de ceux qui se trouvent à proximité. De petits moments d'irritation, après des nuits blanches, après de la fièvre, après un surmenage, s'étaient enflammés entre eux. Aucun Européen ne peut parcourir ensemble des centaines de kilomètres sous les tropiques sans ces moments d'irritabilité. Ils proviennent d'une certaine sorte de faiblesse physique, plutôt que d'une quelconque faiblesse de caractère, bien que les liens qui unissent les deux soient, bien entendu, étroits et subtils. Il se disait cela ; mais il ne fallait pas le consoler. Le souvenir de ces secousses occasionnelles et momentanées lui causait une vive douleur. Si Lionel se remettait de cette maladie, il se rattraperait. Il réfléchit à de nombreux moyens par lesquels il pourrait faire de leur voyage ensemble une aventure plus raffinée. "Lionel," dit-il à voix haute, en regardant le malade, "je veux que tu me pardonnes."

Il n'y avait aucun signe de compréhension de la part de Lionel. Il resta là, marmonnant nerveusement. Sa peau était brûlante au toucher de cette chaleur sèche et fébrile qui donne à celui qui la ressent une sensation si choquante de l'usurpation du corps par une puissance maligne. Sa température commençait à montrer la montée marquée et terrible du soir. Roger pouvait en deviner qu'il n'y aurait pas d'amélioration avant le matin de l'automne. Après avoir senti le pouls rapide et palpitant et la faiblesse des mouvements des mains, il eut de sérieux doutes quant à la capacité du corps à supporter la tension de cette chute soudaine.

Il sortit une boîte et resta assis à regarder Lionel, déchiré par de nombreuses pensées. On pensait que ces moments seraient moins terribles si nous pouvions toujours vivre dans ce sens éveillé de la responsabilité et des merveilles de la vie. La vie n'était pas une succession d'actions, planifiées ou non, réussies ou contrecarrées, ni un « matériel de congrès » maintenu pendant un certain temps par la nourriture et l'exercice. C'était quelque chose qui a été testé et développé à partir de ces choses qui étaient, en un sens, ses instruments, les briques avec lesquelles la maison est construite. Il a commencé à réaliser à quel point il était difficile de suivre la vie dans un monde dans lequel les choses de la vie ont des couleurs si vives et des qualités si émouvantes. Il ne s'en était pas rendu compte auparavant, même lorsqu'il avait été touché par la nouvelle de la mort d'Ottalie.

Dans son tourment, il «pensa longuement» à Ottalie. Il se rappelait tous ces beaux jours, dans les vallons, parmi les collines. Les mots qu'elle avait prononcés lui revenaient, chaque phrase étant une pierre précieuse, soigneusement gravée dans son imagination, quelle avait été la pensée qui l'avait poussée à l'esprit. Ottalie avait survécu. Il pouvait imaginer Ottalie jugeant tous les jours de sa vie classés successivement par couleurs devant elle, et n'en trouvant aucun qui ait été vécu sans référence, même inconsciente, à quelque belle conception de ce qui existe de manière immuable, bien que seulement à moitié exprimée par nous.

Il se réveilla. C'est pourquoi les femmes sont tellement plus belles que les hommes ; ils s'occupent de la vie elle-même, les hommes de ses produits ou de sa gestion. Quels que soient ses défauts, il ne s'occupait plus des choses de la vie, mais de la vie elle-même.

Le voici, pour la première fois, carrément face à face avec un test de sa capacité à affronter la vie. Il se força à travailler à nouveau, suivant le processus avec une délicatesse prudente et un soin délicat qu'un artiste plus âgé aurait méprisé comme étant tatillon et pointillé. De temps en temps, il s'arrêtait pour regarder Lionel et prendre la température. La température montait rapidement.

Au bout de quelques jours, la fièvre quitta Lionel. Cela lui a laissé des symptômes bien marqués de la maladie du sommeil. L'homme était parti. Le corps restait faible et tremblant, suffisamment conscient pour répondre à des questions simples, mais ni assez énergique pour parler spontanément, ni pour demander à manger lorsqu'il avait faim. Combien de temps il pourrait vivre dans cet état, Roger ne pouvait pas le deviner. Il pourrait vivre quelques semaines ; il pourrait mourir subitement, secoué par le changement violent de température entre la nuit et le matin. Ce n'est que lorsque la puissance de la parole fut vérifiée que l'horreur de cette parole revint à Roger. Les monosyllabes de Lionel devenaient de moins en moins distinctes, jusqu'à ce qu'il finisse par parler comme si sa langue était devenue trop grande pour sa bouche. La vue de son ami devenu brutal sous ses yeux fit pleurer Roger. La tension se faisait sentir ; sa fièvre récurrente le secouait. Il sentait que si Lionel mourait, il deviendrait fou. Il ne pouvait pas quitter son ami. Même de jour, avec le travail à accomplir, il supportait à peine de le quitter. La nuit, son seul réconfort était de regarder son ami, dans une agonie de pitié morbide, en se rappelant ce que cet homme avait été pour lui avant la fermeture du voile. Le voile se resserrait chaque jour davantage. Roger imaginait le changement qui s'opérait à l'intérieur des morts, à la surface du cerveau, derrière les beaux yeux maintenant si somnolents. Une si petite chose arrêterait ce changement. Deux centimètres cubes d'une poudre blanche soluble. Il y réfléchit jour après jour, jusqu'à ce que l'envie d'un peu de cette poudre devienne plus qu'il ne pouvait supporter. "Lionel", disait-il. "Lionel, Lionel." Et la tête somnolente se relevait patiemment et grognait, montrant une sorte de reconnaissance. Si Lionel avait été un étranger (se disait-il), cela aurait pu être supportable ; mais chaque attitude et chaque geste du malade étaient liés à sa vie intime par cent liens délicats. Le fait qu'il ait connu Ottalie était la chose la plus dure à supporter. En perdant Lionel, il perdait quelque chose qui liait Ottalie à lui. Un autre tourment était la conscience de sa propre insuffisance. Il pensait aux soldats et aux scientifiques très efficaces qui avaient étudié la maladie. Il détestait les années de complaisance émotionnelle qui l'avaient rendu inapte à une telle crise. Il aspirait à disposer, pendant une demi-heure, des connaissances et des compétences de ces scientifiques, de leur certitude clinique scrupuleuse, de leur réserve de ressources alternatives.

En réalité, il s'en sortait très honorablement. L'une des qualités les plus marquées de son caractère était cette tendresse émotionnelle extrême, ou sensibilité, si forte, et, en l'absence de fibres plus robustes, si vicieuses, un ingrédient de l'intellect artistique ou générateur. Cette sensibilité avait été la cause chez lui d'un scrupuleux éloignement du monde. Cela lui avait fait conserver une sorte de chasteté d'idées, non pas tant par appréciation de la valeur de la blancheur d'esprit que par une aversion inhérente et exigeante pour la noirceur. À mesure qu'il cédait de plus en plus à la domination de cette réserve, comme est tenté de le faire l'ouvrier dans un art émotionnel, ses activités positives s'affaiblissaient jusqu'à ce qu'il en soit venu à rechercher et à apprécier chez les autres ces qualités qui, essentielles à la nature virile, avaient été étiolé en lui-même par la superposition de l'irréel. Ce désir d'être vertueux par procuration, en possédant des amis vertueux, avait été satisfait agréablement, avec avantage pour lui-même, et avec un réel plaisir pour les plus robustes qui sentaient son charme. Mais l'éloignement des amis avait montré un besoin essentiel. L'homme était comme une femme sans enfant, cherchant aveuglément un exutoire émotionnel. Dans sa misère, il trouvait une satisfaction constante dans une tendresse intense envers ceux qui souffraient près de lui. Dans sa connaissance de lui-même, il avait craint que son propre inconfort physique ne fasse de lui un infirmier égoïste, irritable et insensible. Avant que Lionel ne tombe malade, il avait tendance à se plaindre de douleurs, souvent bien réelles pour une nature faible et très sensible, exposée, après des années de vie facile, aux rigueurs des voyages tropicaux. La maladie de Lionel avait changé la donne. Cela l'avait plongé dans un état d'exaltation mentale. Dans leurs formes spirituelles plus intenses, de tels états ont été appelés traduction, dégustation de Dieu, ingression vers l'ombre divine, communion avec le soi supérieur. Ils peuvent être définis comme des états dans lesquels l'esprit, cessant d'être conscient du corps en tant que véhicule, le conduit superbement jusqu'au but dicté, avec l'indifférence d'un conducteur de char conduisant pour de gros enjeux.

Bien que dans cet état d'esprit il ait été encouragé à accomplir de belles actions, on lui a refusé la connaissance de son succès dans ces actions. Son cœur était serré de pitié pour les malades dont il prenait si tendrement soin, jour après jour ; mais la profondeur de sa pitié faisait de son impuissance à aider une agonie. Il voyait trop clairement que tout ce qu'il pouvait faire n'était rien. Dans les recoins les plus sombres de son esprit planait l'horreur de céder et de rechuter devant la barbarie qui l'entourait. Ses nerfs avaient commencé à trembler sous la tension. Ce qu'il ressentait, c'était la réapparition d'une humeur religieuse intense qui avait envahi son esprit au début solennel de sa virilité. Il découvrait maintenant, après des années d'indifférence, la force de l'ancienne division entre le bien et le mal. Comme dans son enfance, au cours de cette phase religieuse, il avait parfois un sentiment étrange et déraisonnable du caractère pécheur de certaines pensées et actions, qui, aux autres, non éveillés, et à lui-même, dans des humeurs plus aveugles, semblaient inoffensives. Il commença à résoudre toutes choses en termes de guerre spirituelle. Toute cette horreur extérieure était une tentation du diable, contre laquelle il fallait lutter de peur que l'âme ne périsse en lui. Les petites choses, les petites pensées momentanées, les incitations momentanées des sens, peut-être seulement un désir de repos, devinrent chargées, dans sa nouvelle conception des valeurs, de significations terribles. Souvent, après trois heures de travail au village, après avoir nourri et lavé ces enfants mourants somnolents, sous le soleil brûlant, jusqu'à ce qu'il soit épuisé et malade de cœur, la crainte de céder au diable le poussait à leur appliquer quelques-uns des les allègements connus, l'arsenic, le mercure ou similaire. Il se levait et les administrait soigneusement, sachant que cela ne servirait à rien, que cela ne ferait que prolonger une mort vivante ; mais sachant aussi que le faire, à tout prix, était le devoir de celui qui avait prêté le serment militaire de naissance dans une race chrétienne. Il apprit que les notes les plus aiguës d'un sifflet plaisaient à ceux qui étaient même très avancés dans le sommeil. Il trouvait chaque jour le temps de les siffler pendant les quelques minutes plus animées qui précédaient les repas, lorsque les somnolents devenaient presque alertes. Il jugeait que tout ce qui les stimulait devait nécessairement être bon pour eux. Il essaya patiemment et tendrement sur eux de nombreuses excitations sensuelles douces, leur donnant du parfum ou du tabac à inhaler, les laissant sucer des morceaux de son précieux sucre, allumant des lumières bleues la nuit devant eux, leur donnant de légères décharges électriques de sa batterie. Il sentait que par ce moyen il maintenait vivantes les facultés du cerveau pendant quelques jours encore. De Tiri, la vieille vieille ridée, la seule personne non infectée là-bas, il s'est efforcé d'apprendre le dialecte ; mais l'âge lui avait gelé le cerveau, il ne pouvait rien apprendre d'elle sauf "Katirkama". Il n'a jamais vraiment su ce qu'était Katirkama. C'était quelque chose de très amusant, car cela la faisait rire de bon cœur chaque fois qu'on en parlait. Cela avait quelque chose à voir avec le fait de jouer du tambour sur un tambour indigène. Katirkama. Il a battu le tambour, et le vieux corps est devenu un rire, s'inclinant au rythme avec des rires. "Katirkama", cria-t-elle en riant. "Katirkama." Après

Katirkama, elle le suivait partout, lui tenant la main, en couinant, jusqu'à ce qu'il lui donne du sucre.

Les travaux du village terminés, il revenait à pied vers Lionel, qu'il trouvait somnolent, juste comme il l'avait laissé. Dans les bons jours, il avait quelques petites expériences à faire. Il répétait quelque tour ou geste accidentel qui avait retenu l'attention mourante d'un indigène. S'il avait de la chance, l'astuce ramenait une ombre vivante de Lionel. Même si elle est décédée immédiatement, c'était réconfortant de voir cette ombre. Le plus souvent, l'astuce échouait. Ayant constaté leurs effets occasionnels, il s'est intéressé aux astuces qui pourraient aider à maintenir les services de renseignement en alerte. La vue de Lionel lui donnait une sensation si bouleversante de ce qui se passait dans le cerveau affecté, qu'il lui était facile d'imaginer des fantaisies qui, à son avis, l'arrêteraient. La combustion d'un fil de magnésium et la rotation d'un hochet de policier furent ses efforts les plus réussis. Un jour, alors qu'il versait soigneusement de l'acide phénique dilué dans un nid de chegua posé sur le pied de Lionel, il constata que la sensation de brûlure lui procurait du plaisir. Cela semblait atteindre le cerveau comme un chatouillement engourdi. Lionel eut un petit rire inquiet, nerveux. C'était le seul rire entendu à "Portobe" depuis plusieurs jours.

Même si son travail l'occupait dix heures par jour, il ne l'occupait pas entièrement. Une grande partie de ce travail, comme la préparation de la nourriture et la désinfection quotidienne des cabanes, était mécanique. Son esprit était libre de se consoler du mieux qu'il pouvait par la spéculation. Ses premières impressions de solitude furent horribles et accablantes. Au réveil et au sommeil, il ressentait l'horreur de la perspective de perdre Lionel. Ce n'était pas qu'il redoutait la perspective de se retrouver seul. Sa peur était religieuse. Il craignait que la barbarie de la solitude ne l'emporte sur sa petite force expérimentée de sentiment civilisé. Il luttait contre la barbarie. Lionel était son puissant allié. En regardant de sa cabane sur la colline, il voyait la barbarie tout autour de lui, dans un paysage menaçant, vaste et très silencieux, secret dans la forêt, maussade dans sa rivière rouge et rétrécie, couvant dans la grande plaine, parsemée d'ossements et de pierres. Même la petitesse d'un paysage anglais aurait été difficile à supporter, mais cette immensité de sauvagerie l'impressionnait. Il doutait qu'il serait capable de supporter la présence de ce spectacle sans son allié.

Il savait que s'il laissait cela commencer à l'énerver, il serait ruiné. Il se ressaisit au deuxième jour de fièvre de Lionel. Sa situation lui a rappelé une conversation entendue des années auparavant dans ses appartements de Westminster. O'Neill et un jeune journaliste australien, du genre grossier et vigoureux élevé par le *Bulletin* , avaient passé la soirée à causer avec lui. L'Australien leur avait parlé de la solitude de l'Australie, ainsi que des bergers et des colons devenus fous dans la solitude des clairières au fond de l'au-delà.

O'Neill avait dit qu'à l'heure actuelle, la littérature australienne était le produit d'Anglais ayant le mal du pays ; mais qu'une véritable littérature australienne commencerait parmi ces solitaires. "L'un de ces types qui devient fou commencera une littérature. Et cette littérature sera la littérature australienne distinctive. Dans les villes, vous n'aurez que des imitations bruyantes de ce qu'il y a de plus courant dans la littérature de la mère patrie." Ils étaient restés à discuter jusqu'à quatre heures du matin. Il n'avait jamais revu l'Australien depuis. Il se souvenait maintenant de ses histoires de bergers qui s'enfermaient dans leurs huttes pour tenter d'échapper à la solitude qui leur avait brisé les nerfs. Il doit faire attention, dit-il, à ne pas se laisser envahir par cet état d'esprit.

Il a commencé à aller à l'école lui-même ce soir-là. Il s'est forcé à gravir la colline, au Zimbabwe, au moment étrange où le crépuscule devient vaguement plus sombre et où les étoiles sont encore pâles. Toute l'obscurité des ruines et de la jungle couvait avec méchanceté, informée par la menace. De légers bruits d'objets rampants bruissaient dans l'allée entre les murs. La rosée se formait rapidement. Les gouttes l'arrosaient d'éclaboussures froides alors qu'il traversait les plantes grimpantes. Au-dessous de lui s'étendait le continent. Aucune lumière humaine ne brûlait dans cette étendue. Il y avait une forêt noire et une herbe fantomatique, le tout immobile. De la nuit derrière lui surgit une approche furtive, plus un sentiment qu'une perception sensorielle. Arrivant la nuit si secrètement, il était difficile à localiser. Il y avait cette ventriloquie protectrice des sons produits dans l'obscurité. Il existe en nous un sens animal, pas encore presque éteint, qui nous fait réagir rapidement à un léger bruit dans la nuit. Cela nous rend alertes de tous côtés ; mais avec une vigilance tremblante, car nous avons dépassé la connaissance instinctive de ce qui se passe la nuit. Roger se retourna vivement, le cœur battant. Le bruit, quel qu'il soit, cessa. Après un instant de pause, une gerbe, jusque-là épinglée, se détacha, comme si la griffe qui l'épinglait s'était levée. Il s'envola avec un léger bruit de bruissement, suivi d'un crépitement de gouttes. Après cela, il y eut un silence pendant que l'auditeur et l'observateur caché regardaient dans l'obscurité ce qui allait suivre. Le bruit des éclaboussures donna à Roger une idée de la direction du danger, si c'était un danger. Il a sorti son revolver. Un autre spray a renversé une goutte ou deux. Puis, l'espace d'un instant, près du sol, non loin de là, deux points verdâtres brûlèrent comme des vers luisants, comme des lucioles rampantes, comme deux petites lumières électriques brusquement allumées. Ils furent éteints instantanément. Ils sont morts dans la nuit, la rendant plus noire. Après qu'ils se soient évanouis, il y eut un bruissement sourd qui aurait pu être proche ou lointain. Quand celui-là aussi fut mort, il y eut un silence.

C'était si calme que les gouttes de rosée faisaient de la nuit un véritable caveau mortel. Des étoiles terribles et impénétrables brûlaient dans le ciel. Roger appuya son dos contre le mur. De haut en haut se dressait le mur, un travail immense, un tas cynique, empreint des cruautés de la luxure. Il y avait presque de la vie, comme on le voit. Devant se trouvait l'inconnu ; derrière, cette chose étrange. Roger attendit, tendu, jusqu'à ce que l'obscurité soit vivante de toute peur. Tout était là dans la nuit, les visages bafouillants, la mort, le nez froid et soudain du groin de cochon de la mort sur le cœur. Il a brandi son revolver au-dessus de son coude gauche et a tiré.

Le rapport s'écrasa parmi les ruines, envoyant les robots nocturnes vite et loin. Chur-ra-rak! cria la volaille dispersée. Roger n'y prêtait guère attention. Il se penchait en se serrant le front. Le marteau du revolver à coups de pied s'était enfoncé dans son front avec une marque qui le rendait malade. Il redescendit la colline à tâtons, s'estimant chanceux que le fer ne lui ait pas fracassé l'œil. Il ne pensait plus à la terreur cette nuit-là.

Mais la nuit suivante, il faisait noir. Le vieux diable sauvage des ténèbres était là ; les ténèbres de la solitude, la solitude du silence, la terreur immanente des lieux non encore conquis, encore gouvernés par les vieux dieux impurs, pas encore exorcisés par la vertu. En le regardant, une fois la nuit tombée, depuis la porte de « Portobe », il semblait plein de promesses de mort. Les petits bruissements étaient là ; la suggestion d'une mort furtive ; la rumination de tout cela. Un homme plus courageux aurait été impressionné. Ce n'était pas que la lâcheté qui intimidait Roger. C'était ce quelque chose d'animal pas encore étiolé, qui, par une nuit sombre, dans un endroit solitaire, au bruit d'un mouvement, fait battre le cœur d'un homme comme celui d'un cerf. Regarder l'obscurité avec les yeux encore éblouis par le feu de camp donnait une impression de contraste difficile à surmonter. Le réconfort du feu était quelque chose de civilisé, de conquis, d'humain. Et le personnage bien-aimé malade était un des siens, ligué avec lui contre les inhumains. L'immensité de l'inhumain l'emportait sur sa volonté. Il n'osait pas y faire face. Une terreur soudaine lui révéla quelque chose derrière lui. Il s'est précipité dans la cabane et a entassé des cartons contre la porte en bâche.

Le moment de peur passa, le laissant honteux. Il cédait à la nervosité. Cela ne suffirait pas. Il doit se préparer à affronter les ténèbres. Il s'est forcé à descendre la colline jusqu'au village, puis à entrer dans le village. A genoux, il regarda dans la cabane où la vieille Tiri se berçait près d'un feu de roseaux, comme la belle flétrie de Villon. Elle ne l'a pas vu. Elle chantonnait une chansonnette. De temps en temps, d'un mouvement nerveux du bras, elle lançait une poignée de roseau qui crépitait et s'enflammait, si bien qu'elle riait. Il fut réconforté par sa vue. Toute endurance résolue dans la vie est réconfortante pour ceux qui sont perplexes. Il remonta la colline sans les tremblements qu'il avait ressentis en descendant. Quelque chose dans la promenade, la fraîcheur et le calme de celle-ci, lui faisaient oublier ses peurs. Il éprouvait un sentiment animal de ne faire, pour l'instant, qu'un avec la nuit.

« Assurément, pensait-il, si l'homme peut concevoir un état spirituel, calme et auguste comme la nuit, il peut l'atteindre. » Il se pourrait même qu'en méditant seul, comme la nuit elle-même, on parvienne à la vérité plus tôt que par les méthodes agitées laissées derrière soi. De nouveau devant la porte de sa cabane, l'obscurité l'exalta, non pas, à la manière ordinaire, en lui donnant le sentiment de la splendeur de la nature, mais en augmentant un instant sa connaissance de la splendeur supérieure des hommes.

Il resta un moment à regarder dehors avant qu'un accès de délire ne l'appelle vers son ami. Plus tard, lorsqu'il eut fini son travail de la nuit, il pensa sombrement à ce que serait son sort si la mort de Lionel le laissait seul là, à tant de kilomètres de ses camarades. Que devait-il faire ? Comment allait-il parcourir quatre cents milles de pays tropical jusqu'à la colonie blanche la plus proche ? Aucun homme civilisé n'y était resté depuis que les Phéniciens ont livré leur dernier combat d'arrière-garde autour des wagons du dernier train d'or. Quatre cents milles signifiaient un mois de marche difficile, même si tout se passait bien. Il ne pouvait pas compter y parvenir en moins d'un mois. Et comment allait-il vivre ce mois-là, comment se guider ? Même à distance, la marche était difficile. C'était une promenade semblable à celle, disons, de The Land's End à Aberdeen, mais avec toutes les difficultés naturelles multipliées par dix et toutes les aides artificielles supprimées. Cela allait lui être imposé. Il devrait tenter cette marche ou mourir seul, là où il se trouvait, après avoir vu son ami mourir. Il jeta un regard anxieux à Lionel pour voir s'il y avait une chance que Lionel soit traîné et aidé sur cette distance. Il ne voyait aucune chance. Il devrait voir Lionel mourir. Il lui faudrait essayer d'éviter la mort de Lionel par tous les moyens à sa connaissance, sachant à chaque instant que tous les moyens étaient inutiles. Puis il enterrait Lionel, après l'avoir vu mourir. Après cela, il devrait regarder les villageois mourir ; puis, quand tout seul, il partit.

Et vers quoi se dirigerait-il ? Qu'avait la vie à lui donner, si, ce qui était très improbable, il parvenait à regagner la vie ? Sa vie était celle d'Ottalie. Il lui avait consacré son talent, il lui avait consacré tous ses pouvoirs. Le meilleur de son talent avait été une chose sentimentale obscure, par laquelle aucune grande vie ne pouvait être vécue, aucun grand chagrin ne pouvait être surmonté. Le meilleur de ses pouvoirs l'avait laissé au centre d'un continent, impuissant à accomplir ce qu'il avait décidé de faire. Il n'avait pas rendu le monde « plus noble à cause d'elle ». Ah, mais il le ferait, dit-il en se levant, soudain rempli d'une vision de cette beauté morte. Il aiderait le monde à récupérer tout ce qu'il avait perdu en elle. Il doit être l'esprit juste d'Ottalie toujours à l'œuvre, bénissant le monde. Ainsi son esprit la posséderait, s'insinuant autour de son âme, buvant de plus en plus d'elle, jusqu'à ce que sa force soit la force avec laquelle il se déplaçait. Elle était alors très près de lui, il le sentait. Il sentait que tout son monde extérieur n'était qu'une image de son esprit, et qu'étant dans son esprit, elle était avec lui. Son cœur était un cœur misérable en Afrique, dans lequel un malade babillait à un homme fatigué. Mais là, dans son cœur, il sentait qu'il y avait cette invitée silencieuse, belle comme autrefois, attendant dans la pénombre, attendant tranquillement, le regardant, voulant qu'il fasse la bonne chose, attendant que ce soit fait, pour qu'elle puisse lève-toi, marche vers lui et prends-lui les mains. Il ne doit pas la décevoir.

Il se tourna vers le coin dans lequel il sentait sa présence. "Ottalie ! Ottalie !" dit-il à voix basse. "Ottalie, chérie, aide-moi à faire ça. Je vais échouer, chérie. Aide-moi à ne pas le faire." Lionel gémit un peu, se tournant à nouveau sur le côté. Un courant d'air attise légèrement le feu. Aucune réponse ne bougeait dans son cœur. Il s'était presque attendu à ce que la réponse parle en lui, en trois mots courts. Aucun mot n'est venu. Au lieu de cela, il ressentit avec brûlure l'image d'Ottalie telle qu'il l'avait vue une fois au Craga' Burn, un été au coucher du soleil. Ils s'étaient tenus ensemble parmi les landes, sur la berge herbeuse et plate du brûlage, près d'une petite chute tambourinante qui riait sous le balancement des joncs. Le coucher du soleil avait donné une gloire aux landes. Toutes les grandes collines se dressaient dans la clarté visionnaire d'une soirée irlandaise après la pluie. Une lueur semblable à celle de la santé était sur eux. La joue d'Ottalie était rougeâtre, tandis qu'elle tournait vers lui ses yeux noisette graves, souriants, pour lui demander s'il avait vu la Maison de Repos. Elle parlait d'une maison de repos magique, qui, selon la légende populaire, se trouvait quelque part sur la colline, sur le chemin de Craga. Roger avait parlé avec des hommes qui affirmaient avoir été séduits par « eux » pour y passer la nuit. Ottalie et lui avaient déterminé les endroits où ils pouvaient se trouver presque jusqu'à l'endroit où ils se trouvaient ; et elle s'était retournée, souriante, le soleil sur elle, pour lui demander s'il l'avait vu. Ils ne l'avaient jamais vu, même s'ils l'avaient souvent cherché à des moments magiques de la journée. Maintenant, en regardant en arrière, il revoyait ce vieux jour avec toute la lueur du soleil couchant depuis longtemps. Ottalie, et lui-même, et le Craga' Burn, le balancement des joncs qui traînait, l'odeur agréable et légère du fléau sur la parcelle au-delà, l'odeur de la fumée de gazon. Ottalie. Ottalie. Ottalie dans la tombe aveugle avec l'églantier sur la poitrine.

Vivre seul favorise une intensité de vie personnelle qui éteint parfois l'instinct social, même chez ceux qui vivent seuls par la contrainte du hasard. C'était devenu le sort de Roger de chercher du réconfort en lui-même. La plupart de ces choses que la société lui avait données au cours de sa vie courte et impressionnable lui étaient inutiles. Il devait désormais dépendre de l'intensité de sa propre nature. Il a évalué l'étendue de sa civilisation, comme le montre la quantité conservée dans sa mémoire. Cela se résumait, en fin de compte, compte tenu de ce qui était inconsciemment absorbé par le caractère, à une variété de traits, certains agréables, d'autres intéressants, et tous teintés par la vivacité de sa prédilection personnelle. Il avait lu, soit en original, soit en traduction, tous les chefs-d'œuvre de la littérature européenne. Il avait vu, soit en original, soit en reproduction, tous les chefs-d'œuvre de l'art européen. Sa mémoire pour l'art et la littérature était bonne en général ; mais les connaissances générales lui étaient désormais inutiles. Ce qu'il voulait, c'était une connaissance particulière, une mémoire d'images intellectuelles précises, fermes, en mots, ou en couleurs, ou en bronze, pour donner à son esprit la force de leur ordre divers, alors qu'il les méditait menacés de mort. Il était surpris de voir à quel point il restait peu de tout ce qu'il avait lu et vu. L'histoire de Troie est restée très vivante, avec de nombreuses tragédies qui en ont découlé. Dante est resté. La Morte D'Arthur est restée. Une grande partie de la Bible est restée. De Shakespeare, il possédait un petit volume de poche contenant huit pièces. Ceux-ci, ainsi que les souvenirs qui y sont liés, étaient dans son esprit avec une réalité qui ne lui était pas connue jusqu'alors. Parmi les petits écrivains, il constata que sa mémoire était plus douce pour ceux qu'il avait appris par cœur dans son enfance que pour ceux qu'il avait lus avec intérêt dans son enfance. Il connaissait plus Scott que Flaubert, et plus Mayne Reid que Scott. En réfléchissant à ces idoles littéraires antérieures, avec une tendresse féroce qui ne peut être comprise que par ceux qui ont été contraints, comme lui, à la construction d'une vie intérieure intense, il a commencé à prendre conscience de la profondeur et de la force de l'émotion. de l'indulgence de la mémoire.

Il fit désormais plaisir à sa mémoire chaque fois que son œuvre épargnait son intelligence. Il revécut son passé plus intensément qu'il ne l'avait jamais vécu. Sa vie en Irlande, ses journées avec Ottalie, ses paroles, ses manières et ses regards, il les répéta minutieusement avec une exactitude qui était peut-être à moitié imaginative. Il troublait sa paix avec la douceur de ces visions. Plus ils étaient profondément vrais, plus leur couleur était forte ; plus la vibration de leur parole était intense, plus la conscience de leur irréalité était aiguë, plus le désir de la réalité était amer. Il avait le mal du pays à cause des collines irlandaises qui surgissaient si clairement dans son esprit, filées par un éclair d'argent. Il y pensait heure après heure avec une vision nostalgique et maussade qui lui rongeait les cordes sensibles.

Après quelques semaines, il réalisa qu'il pouvait penser à eux sans ce tourment. Il en avait perfectionné son imagination par une intensité de pensée. Ils étaient devenus pour ainsi dire un véritable pays dans son cerveau, à travers lequel son esprit pouvait marcher à volonté, presque comme il avait marché dans la réalité. Grâce à un effort mental, absorbant sa vie extérieure désormais rétrécie, il pouvait s'imaginer marchant avec Ottalie sur les eaux et les emprunts bien connus, de manière si poignante, avec une telle précision de détails imaginés, que le pays qu'il voyait en le traversant était aussi profondément ressenti comme la scène réelle. La solennité de sa vie rendait son imagination d'Ottalie plus profonde et plus précieuse. Parfois, il la sentait à ses côtés, comme si une sœur aînée et surnaturelle marchait avec lui, moitié amie, moitié guide. D'autres fois, quand il avait de la chance, dans les rêves intenses et splendides qui viennent à ceux des vies de nain, il la voyait en vision. De telles époques étaient des époques blanches, qui rendaient des journées entières précieuses ; mais il avait toujours d'elle des souvenirs clairs et précis ; et, mieux encore, une connaissance plus vraie d'elle, et, par là, une connaissance plus vraie de la vie. Il pensait à elle plus qu'à son travail. En pensant à elle, il était reconnaissant que tous ses meilleurs travaux aient été écrits à sa louange. "Son esprit était le sien, la meilleure partie de lui." S'il avait quelque chose de bon en lui, ou qui tendait vers le bien, elle l'avait mis là dans la beauté de son décès. S'il pouvait trouver ce remède, aidant un pauvre homme souffrant, ce ne serait qu'une étincelle d'elle, couvant jusqu'à une brûlure soudaine dans un tas d'étoupe.

Ses efforts pour créer une culture ont réussi. Avec de très grandes difficultés, il obtint une culture vigoureuse de trypanosomes, de la petite espèce habituellement obtenue par culture. Il s'efforça de rendre la culture virulente, en la cultivant à la température artificiellement égale la plus favorable à la croissance du germe (25° C), et en ajoutant au bouillon dont se nourrissaient les germes des quantités infimes de ces qualités chimiques susceptibles de les renforcer d'une manière ou d'une autre.

C'était un processus lent, et Roger ne pouvait pas consacrer du temps à sa course contre la mort. Il était devenu plus calme et moins impulsif depuis qu'il avait quitté la ville fiévreuse et impulsive ; mais il n'avait pas encore acquis le détachement des circonstances du médecin ou du soldat. La question « Dois-je arriver à temps ? était toujours en contradiction avec le précepte « Il ne faut pas se presser ». Enfin, un jour où Lionel s'était montré moins réceptif que d'habitude, un découragement passager lui fit perdre espoir. Il ne voyait aucune chance d'avoir son antitoxine prête avant la mort de Lionel. Il prit un livre sur la thérapie sérique et tourna les pages sans rien faire. Un titre attira son attention.

" *Le traitement doit commencer peu de temps après que la maladie se soit déclarée* ", titre-t-on. Le paragraphe continuait en disant que l'antitoxine était peu susceptible d'être utile une fois que la toxine avait pris une forte emprise sur le système du patient. Le traitement avait plus de chances de réussir si une injection initiale importante de l'antitoxine était administrée dès que la maladie devenait évidente. C'était là, en noir et blanc ; cela ne servait à rien. Il avait essayé toutes ses mesures d'amélioration, avec un succès temporaire. Dernièrement, il les avait essayés avec parcimonie, craignant d'immuniser le germe. Il avait voulu garder près de lui, inutilisé, un médicament puissant qui retarderait la maladie à la fin. Il n'y avait plus qu'à lui administrer le médicament puissant. Son ami était en train de mourir. Il pourrait brûler ses navires et se coiffer jusqu'à la mort. Il avait essayé et échoué.

L'humeur dépressive avait été introduite par une crise de fièvre différente de ses autres crises. Elle ne s'est pas calmée après avoir suivi une évolution régulière, comme le paludisme récurrent. Cela lui pesait dans un mal de tête constant et coupant, qui lui enlevait toute force. Il s'assit d'un air morne, faible comme l'eau, la tête claquante, répétant que Lionel était mourant. Lionel était en train de mourir. Il suffisait d'y réfléchir un instant pour comprendre que c'était sans espoir. Lionel allait mourir.

Il leva la main, pensant que quelque chose lui avait mordu la gorge. Ses glandes de la gorge étaient enflées. Pendant un instant, il pensa que le gonflement n'était qu'une piqûre de moustique ; mais un regard dans le miroir lui montra que c'était pire que cela. Les glandes enflées étaient le signe que lui aussi avait envie de mourir. Sa fièvre des dernières heures était la fièvre initiale. Tôt ou tard, il s'assoupirait comme Lionel somnolait. Il ne lui restera peut-être plus que deux mois à vivre. Deux mois. Ottalie avait eu deux secondes surprenantes et effrayées avant que la mort ne l'étouffe. C'était donc ce qu'Ottalie avait ressenti pendant ces deux secondes : de la peur, un désir aveugle d'amour pour une demi-douzaine, une pensée de ciel et de liberté, une envie, une agonie, et puis la peur à nouveau. Il s'est levé. « Même si tout cela ne sert à rien, se disait-il, je tirerai toutes mes cartouches avant de partir. Il sortit le filtre Chamberland et se mit au travail.

XII

Qu'ils soient heureux et se reposent si contents
qu'ils paient le tribut de leur cœur et de leurs genoux. *Thiéry et Théodoret* .

Après avoir fait passer certaines de ses cultures au filtre, il a injecté par voie sous-cutanée le filtrat, composé d'organismes morts et de leurs toxines, dans les bras de Lionel et dans les siens. Prenant un des singes à face noire qu'ils avaient amenés avec eux à cet effet, il rasa et nettoya une partie de son cou, et injecta une culture faible dans l'espace préparé, après avoir exposé la culture à une chaleur légèrement inférieure à la chaleur. nécessaire pour tuer les organismes. À un autre singe, il a injecté une culture affaiblie par un léger ajout de carbolique. Il n'a pas beaucoup d'espoir que la mesure qu'il prépare soit utile ; il avait l'intention de tous les essayer. « Si j'avais eu plus de temps, pensa-t-il amèrement, j'aurais peut-être réussi. Il avait perdu tellement de temps à faire grandir la culture. Tout en colmatant les piqûres au collodion, il se disait qu'il avait essayé le remède de Lionel et qu'il était désormais libre d'essayer ses théories personnelles. Il tuait un animal naturellement immunisé, comme un gnou ou un koodoo, et en obtenait du sérum directement, d'une manière aussi propre que possible. Lionel avait dit qu'un tel sérum, ainsi recueilli, serait inutile et probablement septique ; mais qui se souciait d'un éventuel empoisonnement du sang alors que l'alternative était une mort certaine ? Personnellement, il préférerait une mort par morve à cette mort somnolente. S'il pouvait neutraliser une antilope, il pourrait peut-être obtenir le sang par des méthodes antiseptiques formelles dans des pots stérilisés. Cela vaudrait la peine d'essayer. Il avait prélevé du sérum sur un cheval en Angleterre. Il connaissait le processus. Malheureusement, le cœur de l'Afrique n'est pas comme l'Angleterre, pas plus qu'une bête sauvage, cornue, qui déchire la terre dans l'agonie de la mort, comme un cheval calme et brillant soigneusement disposé pour être saigné. "En outre", pensa-t-il, "la bête peut souffrir de toutes sortes de maladies, ou elle peut contenir des germes dans des conditions que le sang de l'homme ne pourrait pas tolérer. Et comment allait-il chasser avec un équipement de pots et de pipes stériles ? sur son dos?"

Cette idée lui plaisait trop pour être effrayé par les difficultés. Cela offrait la possibilité de réussir ; cela lui a donné de l'espoir et cela a gardé son esprit occupé. Même s'il ne voyait aucun gibier sauvage, la chasse serait un changement pour lui. C'était un tireur de fusil moyennement bon. Le fleuret était la seule arme avec laquelle il était vraiment intelligent. En regardant son fusil, il éprouvait du mépris pour l'irréalité de sa vie à Londres. C'était une vie qui supposait une immense artificialité extérieure. Comme peu de choses l'ont bouleversé ! Comme il était impuissant quand il était bouleversé. Et qu'arriverait-il à l'Angleterre si quelque chose bouleversait Londres et dispersait ses poisons constitutifs ? Il partit à la chasse.

Le vent soufflait régulièrement en direction de la forêt. Il n'y avait aucune chance de faire quoi que ce soit de ce côté-là. Il ne pouvait jamais aborder le gibier sous le vent. Il lui faudrait traverser la rivière. Il n'avait jamais essayé de traverser la rivière. Il ne savait même pas si c'était possible. La pensée des crocodiles et la simple vue du flot tourbillonnant l'avaient empêché d'examiner la rivière. Il n'en avait pas approché depuis qu'il cherchait avec Lionel les bouteilles d'atoxyl. À quoi cela ressemblait en amont, il ne le savait pas. Il remonta le courant pour chercher un gué.

Un peu au-delà de la colline, il rencontra quelque chose qui le fit s'arrêter. La terre avait été déchirée par les eaux d'un récent orage. La propreté des déblais rappelait à Roger les petits déferlements de tourbières qu'il avait vus en Irlande après des pluies excessives. Sur l'une des voies, l'eau tumultueuse avait balayé à nu le pavé d'une ancienne route, la laissant dégagée vers le ciel sur une vingtaine de mètres. La route était d'une surface dure et plane, comme le revêtement de sol d'un Zimbabwe. Au toucher, la surface était celle d'une très bonne piste cyclable dans les meilleures conditions. Les ornières des charrettes y étaient faiblement marquées par des bosses. La route semblait avoir été faite de pierres de taille, recouvertes et liées par la poudre de granit pilée utilisée pour les sols des ruines. Elle avait cinq pas de largeur comme Roger. Les bords étaient canalisés avec des gouttières. Au-delà des gouttières se trouvaient des bordures de petits blocs taillés soigneusement disposés, de manière à ce que les végétations proches de la route ne puissent pas s'y étendre. À en juger par la direction de la partie découverte, la route pénétrait dans le Zimbabwe par une porte située dans le mur ouest. Dans l'autre sens, en s'éloignant du Zimbabwe, il se dirigeait obliquement vers le fleuve, en se tenant au sommet d'une crête (peut-être artificielle), afin d'éviter une zone basse encore marécageuse à cause de la crue. La rivière faisait un coude brusque à l'endroit où la route la heurtait. Au-dessous du virage, la pente de la berge avait un aspect étrange, qui rappelait l'effort humain encore aujourd'hui, après tant de siècles. Très excité, Roger s'est dépêché de visiter les lieux.

C'était le port du Zimbabwe. La berge avait été creusée, de manière à former une sorte de quai. Les souches des pieux étaient encore par endroits dans la boue. Il s'agissait de pieux en bois solides et bien brûlés, comme on en utilise partout pour les jetées. D'après la sensation du sol au sommet de la jetée, il y avait des travaux pavés non loin en dessous. Une ou deux fouilles avec une lame de couteau ont montré que c'était le cas. La berge était pavée comme la route. En regardant vers la ruine, Roger pouvait marquer la trace de la route qui montait jusqu'au mur. Même là où elle était envahie par la végétation, il pouvait déterminer où elle se trouvait grâce à la légèreté relative de la couleur de l'herbe qui la recouvrait. Au-delà de la ruine, s'étendant presque tout droit vers le sud-est, il remarqua un ruban similaire d'herbe claire, marquant une autre route. C'était donc un port, ce Zimbabwe, un port au terminus d'une route. La route pourrait mener directement à Ophir, d'où Salomon obtenait son ivoire, ses singes et ses paons. Il y avait probablement des mines d'or à proximité. Cet endroit, si calme désormais, avait autrefois connu une ruée vers l'or. Le quai était bondé de bousculateurs se précipitant vers les champs. Le bassin de boue rouge nauséabonde était autrefois rempli de navires. Et quels navires ? Quelles personnes ? Et quand? "Un peuple brachycéphale d'intelligents orfèvres d'une antiquité inconnue."

Juste au-dessus du « port », la rivière était extrêmement étroite. Dans la partie étroite, sortaient de l'eau des masses de maçonnerie qui auraient pu autrefois servir de piliers à un pont. Ils étaient si rapprochés que Roger traversa la rivière à côté d'eux sans difficulté. De l'autre côté, comme il s'y attendait, le tracé de la route formait une ligne floue en direction de la forêt. Le pays était plus rude de ce côté-là. Le tracé de la route était moins clairement indiqué.

En fin d'après-midi, après une traque épuisante, il a reçu deux coups de feu sur ce qu'il prenait pour une vache koodoo[*]. Il s'avança de bon cœur, croyant que tous deux avaient raté leur coup. Du sang brillant sur l'herbe lui montrait qu'il l'avait frappée. Un peu plus loin, il trouva la vache à terre, l'arrière-train paralysé. Elle eut du mal à se relever pour lui faire face, pauvre brute ; mais elle fut trop durement touchée ; elle était en train de mourir. Lorsqu'elle eut un peu lutté, il parvint à se rapprocher d'elle, évitant les grandes cornes. Il a même pu préparer dans une certaine mesure la gorge à l'opération. Enfin, évitant un ultime combat, il parvint à se stériliser les mains avec une solution provenant d'un des pots en bandoulière autour de lui. La vue de ses mains, même après cela, le désespérait d'obtenir un sérum non contaminé. Mais il n'y avait aucune aide pour cela. Il a sorti le couteau, a fait l'incision dans la gorge et a inséré le tube stérilisé.

[*] C'était probablement un oryx.

Alors qu'il se retournait avec son butin pour rentrer chez lui, il remarqua un petit faon qui se tenait sur une butte au-dessus de lui et qui le regardait. Elle restait immobile, si à l'ombre des herbes que seul un œil chanceux pouvait la distinguer. Elle attendait peut-être qu'il s'en aille pour appeler sa mère. Elle ne fit aucun effort pour le fuir. Quelque chose dans son apparence lui faisait croire qu'elle était malade. Le port de sa tête semblait étrange. Son manteau avait l'air de regarder fixement. Il aurait alors souhaité avoir apporté ses lunettes pour pouvoir l'examiner de près. En se déplaçant un peu, il s'assura que son manteau était en mauvais état. Il jugea qu'elle aurait pu être mutilée par une bête de proie.

Il était sur le point de repartir lorsqu'une pensée lui vint à l'esprit. Et si les jeunes du gibier sauvage n'étaient pas à l'abri ? Et si la piqûre de la mouche tsé-tsé infectée provoquait chez eux une forme bénigne de nagana dont ils se remettraient ? Et si cette maladie bénigne devait conférer une immunité ultérieure à l'individu qui en souffre ? Le résultat serait sûrement évident. La « vaccination » avec le sang du veau ou du faon atteint déclencherait une légère attaque de la maladie chez l'homme et, peut-être, lui donnerait ultérieurement une immunité contre une infection plus virulente. Les maladies des animaux sauvages sont rares. Et si ce faon souffrait d'une légère attaque de la maladie ? Il se rapprocha un peu d'elle, se penchant pour voir s'il pouvait voir les gonflements des jambes et du ventre qui marquent la maladie des quadrupèdes. Il ne pouvait pas en être sûr. Il pouvait seulement être sûr que le pelage le regardait fixement et que le nez et les yeux étaient larmoyants. Il siffla doucement la petite créature, espérant qu'elle serait trop jeune pour avoir peur de lui. Elle le regarda avec de grands yeux, légèrement tremblante, fléchissant les oreilles. Il lui siffla encore. Elle appela plaintivement sa mère. Elle baissa sa petite tête, prête à attaquer, piaffant le sol comme une guerrière. Roger a tiré. Ensuite, il eut l'impression d'avoir tué une fille.

Il revint à « Portobe » lesté de bocaux qu'il vidait soigneusement dans des casseroles stérilisées. Le résultat a fait ressembler "Portobe" à une laiterie cannibale. Un examen du sang a montré que les deux animaux avaient hébergé un grand nombre de trypanosomes. Lorsque le sang était coagulé, il décantait le sérum dans des flacons stérilisés, auxquels il ajoutait d'infimes quantités d'antiseptique. Cette opération lui a donné son sérum. Il devait maintenant le tester pour détecter les bactéries et les toxines. Il a ajouté une portion de chaque bouteille à divers milieux de culture dans des tubes à essai. Il ajoute ces prises d'essai à tous ses milieux, à la glycérine-agar et au glucose ainsi qu'à ceux mieux adaptés à la croissance des trypanosomes.

Il les a mis de côté pour incuber.

S'il y avait des bactéries dans les sérums, elles augmenteraient et se multiplieraient grâce à la délicieuse nourriture des médias. Lorsque Roger est venu examiner les médias, il s'attendait à les trouver grouillant de bactéries de toutes sortes connues. Il était naturellement fier du succès de sa chasse ; mais il savait qu'une opération chirurgicale grossière et à ciel ouvert n'est pas une méthode aussi saine qu'elle pourrait l'être pour obtenir du sérum. Pourtant, un examen attentif lui montra que les cultures n'avaient pas développé de bactéries. Il en était content ; mais son plaisir fut anéanti par la pensée que c'était trop beau pour être vrai. Il aurait pu gâcher l'expérience en ajoutant trop de désinfectant aux sérums lors de la mise en bouteille, en utilisant des cultures qui avaient en quelque sorte perdu de leur attrait, ou en échouant dans la préparation des lames. Après avoir subi son examen une deuxième fois, il a décidé de continuer. Il a injecté de fortes doses de sérum à deux singes.

Encore une fois, il réussit. Les singes ne présentaient aucun symptôme d'empoisonnement. Les sérums, quels qu'ils soient, étaient évidemment inoffensifs pour l'animal « homologue ». Mais le succès a rendu Roger encore plus douteux de lui-même. Cela le rendait réellement inquiet, car il craignait qu'en ajoutant du désinfectant aux sérums, il n'ait détruit les forces protectrices qu'ils contenaient, ainsi que les micro-organismes qu'il avait visés. Il ne tarda plus. Il injecta à Lionel une forte dose du sérum de l'animal adulte ; il s'injecta le sérum du faon. Descendant au village, il examina minutieusement ceux qui étaient les moins malades. Choisissant ceux qui ne présentaient aucun signe extérieur de forme congénitale ou acquise d'empoisonnement du sang, il leur injecta du sérum, pensant que s'ils guérissaient, il utiliserait leur sérum pour d'autres cas. De son côté, il se sentait déjà mieux. L'excitation de l'espoir était sur lui. Il s'était élevé au-dessus de son corps.

Les jours suivants, sa vie fut une fièvre d'espoir, entrecoupée d'heures de désespoir. Un de ses patients est décédé subitement le lendemain de l'injection. Lionel ne semblait pas aller mieux. Un autre patient semblait nettement pire. Il répéta les doses et passa une misérable matinée à regarder Lionel. La température du soir a montré une baisse marquée. Un examen des glandes de la gorge a montré que les trypanosomes étaient devenus moins remuants. Ils se regroupaient en touffes, « s'agglutinaient », avec des mouvements lents et irréguliers. Cela lui semblait être le premier signe d'espoir. En étudiant ses livres, il ne pouvait pas être sûr que ce soit vraiment un bon signe. Un livre semblait dire que l'agglutination rendait les germes plus virulents ; un autre que cela les paralysait. Il put constater par lui-même qu'ils avaient cessé de se multiplier en se divisant longitudinalement. Et à partir de là, il affirmait que leur vitalité avait été affaiblie.

Le lendemain, Lionel allait mieux ; mais les patients indigènes étaient tous pires. Ils étaient bien pires. Ils présentaient des symptômes qui ne figuraient pas dans les livres. Ils enflaient légèrement, comme si la peau avait été gonflée. La chair semblait à la fois vésicale et inélastique. Le pigment de la peau est devenu plus pâle ; les patients sont devenus d'une couleur gris cendré. Le sang d'un de ces malades a tué un cobaye en trois heures. Après une courte période de souffrance évidente, ils moururent l'un après l'autre, apparemment de l'épuisement consécutif à une forte fièvre. Roger, dans un état d'angoisse épouvantable, resta avec eux jusqu'à leur mort, essayant remède sur remède. Il avait l'impression de les avoir tous tués. Il sentait que leur sang coulait sur ses mains. Il pensait que tous ces gens auraient pu être encore en vie s'il n'avait pas essayé sur eux sa misérable panacée. Il ne faisait aucun doute que les sérums avaient causé leur mort. Ceux qui n'avaient reçu aucune injection de sérum n'étaient pas pires qu'avant. Il se demandait combien de temps il faudrait avant que ces symptômes de gonflement et de forte fièvre n'apparaissent chez lui et chez Lionel. Il retourna à "Portobe" s'attendant à trouver Lionel en forte fièvre, prenant la route de Marumba.

Il trouva Lionel marchant faiblement à l'extérieur de la tente, conscient, mais pas encore capable de parler de manière intelligible. Il ne s'attendait pas à revoir Lionel marcher. Cette vue lui fit oublier les morts dans le village. Il a crié de joie. Un examen plus approfondi le rendait moins joyeux. La peau du bras de Lionel, très terne et peu élastique au toucher, était légèrement enflée, avec un peu de cet aspect vésical qu'il avait remarqué chez les hommes aujourd'hui morts. C'était comme si le corps avait été enfermé dans une substance vésicale légèrement gonflée. Il n'avait pas le cœur de tester les symptômes sur le corps d'un autre animal. Il y avait assez de mort sans ça. Il s'assit devant le microscope et examina ses sérums encore et encore. Il n'a trouvé aucune trace de micro-organisme vivant. Les sérums semblaient stériles. Mais il voit maintenant que cela a des effets néfastes sur les personnes infectées par les trypanosomes. Il ne pouvait pas deviner la nature chimique exacte de l'effet. Cela a probablement affecté les constituants du sang d'une manière ou d'une autre. Le poison présent dans les sérums semblait avoir besoin de la présence de trypanosomes pour compléter sa virulence.

Alors qu'il travaillait au microscope, il remarqua que sa propre chair développait le symptôme. Il a mis son travail de côté en voyant cela. Il a conclu que Lionel et lui étaient condamnés à mort dans les vingt-quatre heures. Avant de mourir (comme il l'avait appris au village), ils pouvaient sembler souffrir beaucoup. Après quelques heures de souffrance, ils perdaient connaissance et déliraient. Après avoir déliré pendant un moment, ils mourraient là, dans la cabane isolée, et bientôt les fourmis arrivaient en rangs réguliers pour les enterrer proprement. Leurs os gisaient sur les lits jusqu'à ce qu'un orage les engloutisse sous la boue. Personne n'en entendrait jamais parler. Ils seraient oubliés. Les gens en Angleterre se demanderaient ce qu'ils étaient devenus ; ils s'interrogeraient moins à mesure que le temps passerait, et enfin ils cesseraient de s'interroger. Les journaux faisaient parfois allusion à lui dans des paragraphes de deux lignes. Puis, à mesure que ses contemporains vieilliraient, cela cesserait également. Il serait complètement oublié, et personne ne le saurait, et personne ne s'en soucierait.

C'était épouvantable pour lui de penser que personne ne le saurait. Il pouvait compter sur une heure ou deux sans douleur. Avant que la douleur ne lui coupe le monde, il essaierait de laisser une trace de ce qu'ils étaient. Il s'est assis pour écrire une lettre de mort. Cela ne servait à rien, bien sûr, et pourtant, peut-être, par un rare hasard, cela parviendrait un jour à la connaissance de ceux qu'il avait connus en Angleterre. Il se demandait qui trouverait la lettre, si jamais elle était retrouvée. Un grand scientifique allemand sur le point de bannir la maladie. Un chercheur d'or anglais ivre avec un accent cockney. Un missionnaire, un sportif ou un voyageur de commerce. Il s'agirait plus probablement d'un sauvage errant avec une tabatière dans le lobe de l'oreille et une pierre de fil de cuivre autour de ses membres. Il écrivit une courte lettre :

"Lionel Uppingham Huntley Heseltine, Roger Monkhouse Naldrett. Mourant ici d'un empoisonnement du sang, suite à l'utilisation de sérum de koodoo pour la trypanosomiase. Si cela tombe entre les mains d'un Européen, il est prié de communiquer avec le Dr Heseltine, 47A Harley Square, Wimpole. Street, W., Londres, Angleterre, et avec le consul britannique à Shirikanga, CFS"

Il ajouta encore quelques mots ; mais ensuite je les ai effacés. Il avait donné l'essentiel. Il n'était pas nécessaire d'en dire davantage. Il a traduit le bref message en français, espagnol et allemand et a signé les copies. Il a placé le document dans une boîte à savon en fer blanc qu'il a enchaînée à une barre de fer enfoncée dans le sol de la cabane. Quand cela fut fait, il sentit qu'il avait fait ses adieux à la vie.

Il pensa à Ottalie, sans espoir d'aucune sorte. Il était intimidé par la pensée d'elle. Il ne pouvait pas sentir que son âme parviendrait un jour à son âme, à travers toutes ces étendues sauvages. Il était accablé par le changement grandissant sur lui. Cette mort à laquelle il avait tant pensé lui paraissait bien stupide maintenant qu'il commençait à la connaître. Il se souvenait avoir reproché à un jeune poète la remarque selon laquelle la mort ne pouvait pas être aussi stupide que la vie. Il était monstrueux de supposer que le jeune poète pouvait avoir raison après tout. Et encore--

Il sortit précipitamment et relâcha tous les animaux du laboratoire : cobayes, singes et rats blancs. Ils ne devraient pas mourir de faim, pauvres bêtes. Ils couinèrent et bafouillèrent avec enthousiasme pendant une minute ou deux, alors qu'ils partaient explorer. Les serpents les ont probablement tous eus en une semaine.

Après quelques heures d'attente pour que l'agonie commence, Roger s'endormit et dormit jusqu'au lendemain matin. Lorsqu'il se réveilla, il se redressa et regarda autour de lui, n'étant pas tout à fait sûr au début s'il était encore en vie. Son pouls était normal, sa langue était normale, son cœur était normal. Il se sentait particulièrement bien. Il regarda sa chair. L'aspect vésical avait rechuté, la peau était redevenue normale. Regardant vers le lit de Lionel, il vit que Lionel n'était pas dans la cabane. Craignant d'avoir erré dehors pour mourir dans un accès de délire, il sortit à découvert pour le chercher.

C'était une matinée tropicale, lumineuse et venteuse, avec une fraîcheur tonique dans l'air comme on en ressent parfois en Angleterre, en avril et à la fin septembre. L'un des singes relâchés était de nouveau attaché par le cou sur son perchoir. Il grignotait un biscuit de toute sa vitalité. Lionel était assis contre le mur, se prélassant au soleil dans une couverture. Son attitude suggérait à la fois une grande faiblesse physique et une totale confiance en lui.

"Je dis, Roger," commença-t-il. "C'est dommage. Vous êtes un imbécile ! Vous avez laissé tomber toute notre ménagerie. Que devons-nous faire pour les animaux de laboratoire ? J'ai attrapé McGinty ici. Sinon, nous n'en serions pas restés un seul. Chaque cage de l'endroit est grand ouvert. Qu'as-tu fait ?

"Mon Dieu!" dit Roger. "Il est guéri !"

"Guéri, monsieur?" dit Lionel. "Pourquoi ne devrais-je pas le faire ? Je n'ai rien de mal à part la fièvre. Mais je ne plaisante pas. Je veux en savoir plus sur ces animaux. À quoi pensais-tu pour les laisser sortir ?"

"Lionel, dit Roger, depuis cinq semaines tu meurs de la maladie du sommeil. L'atoxyl a été perdu. Je crois que tu l'as jeté."

"Voilà l'atoxyl", dit Lionel en le désignant. "Dans le trou dans le mur là-bas. Je l'ai mis là hier, après avoir dosé ces deux-là."

Effectivement, la bouteille se trouvait là dans la pénombre d'un trou dans le mur. Roger a dû le passer une cinquantaine de fois.

"Je l'ai cherché partout", a déclaré Roger.

Les yeux de Lionel se rétrécirent sous l'acuité de l'examen médical. Il examina Roger pendant un certain temps.

"Laisse-moi prendre ton pouls, Lionel," dit Roger en me regardant.

"Mon pouls va bien", a déclaré Lionel. "Va-t'en chercher des cobayes." Le pouls allait bien ; la chair du poignet aussi.

"Je suppose que la prochaine chose que vous voudrez me faire croire, c'est que j'ai toujours la maladie du sommeil ? Eh bien, regardez ma langue. Peut-être que cela vous convaincra." Lionel attendit une réponse un instant, la langue tirée. La langue était ferme. Lionel revint à la charge. "A quoi as-tu joué avec ces pots à sérum Weissner ?" Il a demandé. "Avez-vous saigné les singes ? Vous semblez avoir passé une journée bien remplie en général."

"Je te le dis", dit Roger, "que tu meurs de la maladie du sommeil depuis cinq semaines. Regarde ton tableau de température. Regarde mon journal. Après la perte de l'atoxyl, j'ai essayé toutes les choses mortelles que nous avions. Et rien. ça servait à rien. Tu as somnolé jusqu'à la mort pendant des jours, tu ne t'en souviens pas ? »

"Je me souviens avoir eu de la fièvre, et toi ou quelqu'un avoir joué avec une aiguille. Mais, cinq semaines, mec ! Cinq semaines. Viens !"

"Je vous le dis, vous l'avez fait. Vous avez été inconscient la moitié du temps."

"Eh bien. Si j'ai eu la maladie du sommeil, comment se fait-il que je sois là, à te parler ? Tu dis toi-même que l'atoxyl a été perdu."

"Lionel", dit Roger, "je t'ai injecté une culture morte. Après cela, j'ai tué quelques koodoos (si c'étaient des koodoos), une vache et un faon. Le faon avait du nagana ou quelque chose comme ça. J'ai pris leur sérum , et nous avons injecté les sérums à tous les deux. Dans les deux cas, j'ai injecté les sérums à sept pauvres diables, et ils ont tous enflé et sont morts. C'était horrible, Lionel.

"Je ne sais pas", a déclaré Lionel. "Je suppose que ça pourrait être l'anthrax. Y avait-il de la fièvre ?"

" Douleur intense, fièvre très élevée et mort apparemment par épuisement. Et toi et moi avons un peu enflé ; et j'ai fait en sorte hier que nous allions tous les deux mourir aussi. J'ai écrit des lettres et je les ai collées sur un bar à l'intérieur. ".

"Oh, alors c'était à ça que servait le bâton ? J'ai trouvé que c'était quelque chose de drôle. Et maintenant nous sommes tous les deux guéris ?"

"Oui. Mon Dieu, Lionel, je suis reconnaissant d'entendre à nouveau ta voix. Tu ne sais pas ce que c'est."

Ils se serrèrent la main.

"Vous êtes un bienfaiteur public", dit Lionel. Il regarda Roger durement. "Je vous donne le meilleur", a-t-il ajouté. "Je pensais que tu étais un griffon. Mais tu as trouvé un remède, semble-t-il. Hein ? Regarde-le. C'est la première fois qu'il s'en rend compte !"

— Mais, balbutia Roger, j'en ai tué sept ; ce n'est pas ce que j'appelle un remède.

"Avez-vous d'abord injecté aux sept la culture morte?" » demanda Lionel.

"Non. Seulement toi et moi."

"Voilà", dit Lionel. " Vous, les griffons, faites des découvertes et n'avez pas le courage de les voir. Mon Dieu ! C'est aussi évident que la rougeole. Vous injectez la culture morte. C'est la première étape. Cela fait agglutiner les trypanosomes. Très bien, alors. Vous injectez votre sérum quand ils sont agglutinés, pas avant. Quand ils sont agglutinés, le sérum les détruit, après avoir provoqué des symptômes bizarres, le sérum vous détruit par l'excès de ce qui cause les symptômes bizarres. Vous comprenez ces symptômes. Ils sont tout à fait inattendus. Avez-vous examiné le sang ? »

"Un centimètre cube de sang veineux a tué un cobaye en trois heures."

"Oui, sans aucun doute. Mais avez-vous regardé le sang au microscope ?"

"Non", dit Roger honteux. "J'ai regardé mes sérums à la recherche de streptocoques."

"Espèce de costauds !" dit Lionel. "Et pourtant, vous avez trouvé un remède. Eh bien, eh bien ! Vous êtes un chien chanceux. Entrons et regardons nos glandes." Roger remarqua qu'il marchait avec le chancelant d'un homme fraîchement relevé d'une violente crise de fièvre.

Quatre mois plus tard, les deux hommes atteignirent Shirikanga à bord d'une pirogue de leur propre fabrication. Ils ont été pagayés par quatre survivants du village. Tous les autres étaient morts, soit de la maladie du sommeil, soit du sérum. Lionel n'avait pas découvert ce qui était dans le sérum à l'origine des symptômes mortels. Il contenait une certaine qualité qui provoquait l'augmentation des streptocoques, ou microbes générateurs de pus ; mais, d'après ce qu'il a pu découvrir, cette qualité ne s'exerçait que lorsque le sang du patient contenait des trypanosomes virulents, ou d'autres micro-organismes actifs producteurs de toxines à l'état non agglutiné. Ils ont guéri quatre des villageois. Ils auraient pu économiser davantage s'ils avaient pu commencer le traitement plus tôt dans la maladie. Ils n'étaient pas mécontents de leur succès. Ils « n'avaient pas un peu de powler », comme les Jovial Huntsmen. Ils étaient parvenus à une certaine connaissance les uns des autres et à une certaine extension de leurs facultés.

Scientifiquement, ils avaient fait moins qu'ils ne l'avaient espéré ; mais plus que ce à quoi ils s'attendaient. Ils avaient été les premiers à guérir des cas avec du sérum animal. Ils avaient été les premiers à étudier de quelque manière que ce soit l'effet du nagana sur les jeunes de gibier sauvage et à préparer un vaccin (non encore testé) à partir de jeunes antilopes, quaggas et élands. Ils avaient découvert un lavis de vert de Paris et de chaux qui détruisait les pupes de glossines. Ils avaient dégagé environ trois miles de ceinture anti-mouches. Ils avaient étudié la mouche tsé-tsé. Ils avaient étudié l'ensemble et fouillé une partie du Zimbabwe. Enfin, ils avaient posé entre eux les bases de l'amitié.

C'était peut-être le meilleur résultat de l'expédition. Ils avaient noué une amitié susceptible de durer toute la vie. Ils étaient convaincus qu'ils feraient de grandes choses ensemble. Shirikanga était en vue à l'embouchure de la rivière. Deux barques de campagne y étaient ancrées, avec des auvents crasseux sur leur dunette. A terre, dans la flamme du jour, se trouvaient quelques huttes blanchies à la chaux, d'où flottait un Union Jack. Dans l'enceinte d'une autre hutte, un nègre hissait lentement la boule d'un drapeau. Il l'a amené au camion et l'a démonté pour qu'il flotte librement. C'était un burgee rouge, la lettre B du code.

"Jour du courrier", a déclaré Lionel. "Nous sortirons d'ici ce soir. Nous serons à Banana mercredi. Cela signifie Anvers mercredi dans trois semaines. Londres n'est pas loin."

"Bien", dit Roger. Il ne pensait pas à Londres. Il pensait à une colline irlandaise isolée, où se trouvaient de nombreux marteaux jaunes. Les arbres se dressaient là comme des fantômes. Autour d'une vieille maison grise à deux étages, les abeilles murmuraient. Il pensait que peut-être une ou deux roses pourraient être en fleurs autour de la maison même un mois plus tard, lorsqu'il se tiendrait là.

Il pensa à sa vie en Afrique et à ses conséquences sur lui. Cela lui avait fait du bien. Il valait plus pour le monde qu'il ne l'avait été un an auparavant. Il ne pensait pas beaucoup à son succès. Cela avait été une chance. Cela avait sauvé Lionel. Quand il repensait à sa vie antérieure, il soupirait. Il savait qu'il aurait obtenu plus que ce triste triomphe s'il avait été entraîné. Sa vie avait été improvisée, jamais organisée. De grandes choses ne sont réalisées que lorsque l'esprit improvisateur s'appuie sur une grande organisation.

Il repensa à tout cela alors qu'il était allongé sur sa couchette dans une cabine du *Kabinda* , en remontant la côte. Il était en paix avec le monde. Les draps propres, les visages européens et les repas civilisés au saloon avaient effacé la mémoire du passé. L'Afrique lui était déjà très obscure. Le Zimbabwe surgit dans son esprit comme quelque chose vu dans un rêve, une forme floue mais plutôt grandiose. Les misères du camp étaient faibles. Il avait été triste ce matin-là en faisant ses adieux aux quatre dont il avait sauvé la vie. Jellybags, Toro, Buckshot et Pocahontas. Il répéta leurs noms et considéra leurs traits attachants. Jellybags était le meilleur d'entre eux. Il avait aimé les Jellybags. Jellybags avait voulu les accompagner. Il ne reverrait plus jamais Jellybags. Il s'en fichait particulièrement. Les draps de la couchette étaient très confortables. A la fin d'une grande aventure, les choses apparaissent dans de fausses proportions. Seule la pensée que ces hommes avaient partagé sa vie pendant un certain temps lui donnait l'impression d'un scrupule avant de les chasser de son esprit.

Il pensa à Ottalie. Il la voyait plus clairement qu'autrefois. Autrefois, il l'avait vue à travers les brumes roses du sentiment amoureux. Le sentiment avait disparu. L'action l'avait assommé. Il la voyait maintenant telle qu'elle était. Elle était plus merveilleuse sous une lumière plus claire ; plus merveilleux que jamais ; un esprit fin, entraîné et scrupuleux, entraîné à faire un beau choix de vie infaillible. Elle était proche et réelle de lui, si réelle qu'il semblait être dans son esprit, suivant son intrépidité. Il sentait qu'il la comprenait maintenant. Avec un élan d'émotion, il sentit qu'il pouvait apporter ce qu'elle avait été dans la vie de son temps.

À bord du bateau à vapeur de Banana se trouvait un scientifique allemand en route pour la Sierra Leone. Il parlait anglais. Il a interrogé les deux amis sur leur réussite. Lionel lui dit qu'ils avaient découvert un sérum pour guérir la trypanosomiase. L'Allemand sourit. "Ah," dit-il. "Il y a déjà des sérums. Le bactériologiste japonais, quel était son nom ? Shima ? Oshima ? Shiga ? Non, Hiroshiga. Il a trouvé un bon sérum, qui fait parfois mourir les gens. Et puis il y a Mühlbauer qui a amélioré le sérum de Hiroshiga. . Il a ajouté un peu de trypanroth ou un peu de mercure ou quelque chose. Maintenant, il a guéri tout le monde. Je m'étonne que vous n'ayez pas vu Hiroshiga dans les journaux. Il a fait ses expériences au printemps et Mühlbauer est maintenant à Nairobi en train de guérir tout le monde. . Il a des camps de vaccination.

"Eh bien," dit Lionel. "Nous avons été battus sur le poteau. Tu entends, Roger ? Tout ce que nous avons fait est fait."

"Attends", dit Roger. "Nous ne faisons que commencer."

Après, il était triste que cela se termine ainsi. Il aurait été fier d'avoir donné un remède au monde. Cela aurait été une offrande à Ottalie. Elle aurait adoré partager cet honneur. Il avait cueilli pour elle cette pauvre petite fleur au péril de sa vie. Après tout, il était difficile de constater qu'il ne s'agissait que d'une fleur en papier. Il pensait à Ottalie debout à la fenêtre du passage supérieur, le regardant. Elle lui semblait être quelque chose de toute pureté et d'intrépidité, attendant qu'il la conduise au monde, afin que les hommes puissent la servir.

Dans l'ancienne maison d'Ottalie, un mois plus tard, il a trouvé sa voie. Leslie, Lionel et lui étaient assis ensemble dans le crépuscule et parlaient d'elle. Roger était profondément ému par le sentiment de sa présence là. Il se pencha vers eux et leur parla avec sérieux, leur demandant de se donner la main pour construire un mémorial en son honneur. "Elle était comme un nouvel esprit venant au monde", a-t-il déclaré. "Comme le nouvel esprit. Nous devons apporter ce nouvel esprit au monde. Formons une fraternité de trois pour ce faire. Nous sommes trois passionnés non formés. Préparons une organisation pour les passionnés qui viendront après nous. Construisons nous intéresser à la nouvelle hygiène et à la nouvelle science ; à tout ce qui est propre et sans peur. Nous pourrions fonder une petite école et un laboratoire ensemble, et publier un journal mensuel prêchant nos principes. Tous les maux de la vie moderne viennent de la saleté et des sentiments. , et la lâcheté que les deux impliquent. Si nous nous unissons et attaquons ces maux, année après année, nous nous en débarrasserons peu à peu, si l'on se tient au coin d'une rue, la foule se rassemble.

"Oui", dit Leslie. "Et tu penses que la saleté et les sentiments sont de mauvaises choses ? Eh bien, peut-être que tu as raison. Ils sont tous deux dus à un manque d'ordre dans l'esprit. Qu'en penses-tu, Lionel ?"

"JE?" dit Lionel. "Je dis, certainement. Nous vivons tous les trois une époque des plus merveilleuses. Le monde commence tout juste à comprendre que la science n'est pas un substitut à la religion, mais une religion d'un type très profond et austère. Nous n'en voyons que le début. ".

Ils ont établi ensemble un plan d'action.

Roger sortit dans le jardin et descendit la colline en pensant à la croisade contre la lassitude et la saleté des villes. Il y avait une rémanence sur les collines. Elle tomba avec un éclat rougeâtre sur la fenêtre de son rêve. Cela l'excitait. La lumière y tomberait bien après la chute de la maison. Cela avait éclairé Ottalie. La vitre avait brûlé lorsque la mère d'Ottalie se tenait là. La nature était durable ; La nature imparfaite ; La nature est l'ennemie, qui a détruit la rose et répandu les mauvaises herbes. Pensant à la femme qui l'avait attendu là dans sa vision, il pria pour que son influence en lui puisse aider à amener sur terre cette vie promise, dans laquelle l'homme, contraignant la nature à son usage, affirmerait une nouvelle loi et gouvernerait comme un roi, où maintenant, même dans sa force, il marche condamné, en proie à toutes choses plus basses.

LA FIN